全国中等卫生职业教育规划教材

供中等卫生职业教育各专业使用

病原生物与免疫学基础

（修订版）

主　编　饶洪洋　张晓红

副主编　郑小波　张小青　李　英

编　者　（以姓氏笔画为序）

刘元洲　江苏省宿迁卫生中等专业学校

李　英　凉山卫生学校

李　辉　安徽省淮南卫生学校

张小青　新乡卫生学校

张晓红　郑州市卫生学校

郑小波　重庆市医药卫生学校

饶洪洋　四川省宜宾卫生学校

崔　佳　郑州市卫生学校

科学出版社

北　京

内 容 简 介

本书按照中等职业学校护理专业教学标准，针对中职护理学生的认知能力和掌握知识的程度，遵循"必须为准，够用为度，实用为先"的基本原则进行修订。针对中职学生的特点采取了"分段描述，适时点拨"方法，用"学习要点""重点提示"和"讨论与思考"等强化学习效果。内容包括免疫学基础、医学微生物学和人体寄生虫学3门学科。书后附病原生物与免疫学基础实验指导、数字化教辅内容(包括教学大纲、重要知识点、PPT课件和相关练习题等)，便于教与学。建议用54学时完成教学内容。

本教材供全国中等卫生职业院校护理、助产等各专业使用。

图书在版编目(CIP)数据

病原生物与免疫学基础 / 饶洪洋，张晓红主编．—修订本．—北京：科学出版社，2016.6

全国中等卫生职业教育规划教材

ISBN 978-7-03-048661-5

Ⅰ．病…　Ⅱ．①饶…②张…　Ⅲ．①病原微生物-中等专业学校-教材②医学-免疫学-中等专业学校-教材　Ⅳ．①R37②R392

中国版本图书馆CIP数据核字(2016)第127412号

责任编辑：郝文娜　杨小玲 / 责任校对：刘亚涛

责任印制：霍　兵 / 封面设计：黄华斌

科学出版社 出版

北京东黄城根北街16号

邮政编码：100717

http://www.sciencep.com

天津文林印务有限公司 印刷

科学出版社发行　各地新华书店经销

*

2016年6月第 一 版　开本：787×1092　1/16

2024年1月第九次印刷　印张：11　插页：2

字数：256 000

定价：25.00元

(如有印装质量问题，我社负责调换)

全国中等卫生职业教育规划教材
编审委员会
（修订版）

全国中等卫生职业教育规划教材
教 材 目 录
（修订版）

1	解剖学基础	于晓谟　袁耀华	主编
2	生理学基础	柳海滨　林艳华	主编
3	病理学基础	周溢彪　刘起颖	主编
4	生物化学概论	高怀军	主编
5	病原生物与免疫学基础	饶洪洋　张晓红	主编
6	药物学基础	符秀华　付红焱	主编
7	医用化学基础	张彩霞　张　勇	主编
8	就业与创业指导	丁来玲　万东海	主编
9	职业生涯规划	宋建荣	主编
10	卫生法律法规	李云芝	主编
11	信息技术应用基础	张伟建　程正兴	主编
12	护理伦理学	王晓宏	主编
13	青少年心理健康	高云山	主编
14	营养与膳食指导	靳　平　冯　峰	主编
15	护理礼仪与人际沟通	王　燕　丁宏伟	主编
16	护理学基础	王　静　冉国英	主编
17	健康评估	张　展　袁亚红	主编
18	内科护理	董燕斐　张晓萍	主编
19	外科护理	王　萌　张继新	主编
20	妇产科护理	王春先　刘胜霞	主编
21	儿科护理	黄力毅　李砚池	主编
22	康复护理	封银曼　高　丽	主编
23	五官科护理	陈德荣	主编
24	老年护理	生加云	主编
25	中医护理	韩新荣　朱文慧	主编
26	社区护理	吴　苇	主编
27	心理与精神护理	杨明荣	主编
28	急救护理技术	杨建芬	主编
29	护理专业技术实训	曾建平	主编
30	产科护理	潘　洁　李民华	主编
31	妇科护理	王月秋　吴晓琴	主编
32	母婴保健	王海燕　王莉杰	主编
33	遗传与优生学基础	田廷科　赵文忠	主编

全国中等卫生职业教育规划教材
修 订 说 明

《全国中等卫生职业教育规划教材(护理、助产专业)》在编委会的组织下,在全国各个卫生职业院校的支持下,从2009年发行至今,已经走过了8个不平凡的春秋。在8年的教学实践中,教材作为传播知识的有效载体,遵照其实用性、针对性和先进性的创新编写宗旨,落实了《国务院关于大力发展职业教育的决定》精神,贯彻了《护士条例》,受到了卫生职业院校及学生的赞誉和厚爱,实现了编写精品教材的目的。

这次修订再版是在前两版的基础上进行的。编委会全面审视前两版教材后,讨论制定了一系列相关的修订方针。

1. 修订的指导思想　实践卫生职业教育改革与创新,突出职业教育特点,紧贴护理、助产专业,有利于执业资格获取和就业市场。在教学方法上,提倡自主和网络互动学习,引导和鼓励学生亲身经历和体验。

2. 修订的基本思路　首先,调整知识体系与教学内容,使基础课更侧重于对专业课知识点的支持、利于知识扩展和学生继续学习的需要,专业课则紧贴护理、助产专业的岗位需求、职业考试的导向;其次,纠正前两版教材在教学实践中发现的问题;最后,调整教学内容的呈现方式,根据年龄特点、接受知识的能力和学习兴趣,注意纸质、电子、网络的结合,文字、图像、动画和视频的结合。

3. 修订的基本原则　继续保持前两版教材内容的稳定性和知识结构的连续性,同时对部分内容进行修订和补充,避免教材之间出现重复及知识的棚架现象。修订重点放在四个方面:①根据近几年新颁布的卫生法规和卫生事业发展规划及人民健康标准,补充学科的新知识、新理论等内容;②根据卫生技术应用型人才今后的发展方向,人才市场需求标准,结合执业考试大纲要求增补针对性、实用性内容;③根据近几年的使用中读者的建议,修正、完善学科内容,保持其先进性;④根据学生的年龄和认知能力及态度,进一步创新编写形式和内容呈现方式,以更有效地服务于教学。

现在,经过全体编者的努力,新版教材正式出版了。教材共涉及33门课程,可供护理、助产及其他相关医学类专业的教学和执业考试选用,从2016年秋季开始向全国卫生职业院校供应。修订的教材面目一新,具有以下创新特色。

1. *编写形式创新* 在保留“重点提示，适时点拨”的同时，增加了对重要知识点/考点的强化和提醒。对内容中所有重要的知识点/考点均做了统一提取，标列在相关数字化辅助教材中以引起学生重视，帮助学生拓展、加固所学的课程知识。原有的“讨论与思考”栏目也根据历年护士执业考试知识点的出现频度和教学要求做了重新设计，写出了许多思考性强的问题，以促进学生理论联系实际和提高独立思考的能力。

2. *内容呈现方式创新* 为方便学生自学和网络交互学习，也为今后方便开展慕课、微课等学习，除了纸质教材外，本版教材创新性提供了手机版 APP 数字化辅助教材和网络教学资源。其中网络教学资源是通过网站形式提供教学大纲和学时分配以及讲课所需的 PPT 课件（包含图表、影像等），手机版数字化教辅则通过扫描二维码下载 APP，帮助学生复习各章节的知识点/考点，并收集了大量针对性强的各类练习题（每章不低于 10 题，每考点 1～5 题，选择题占 60% 以上，专业考试科目中的案例题不低于 30%，并有一定数量的综合题），还有根据历年护士执业考试调研后组成的模拟试卷等，极大地提高了教材内涵，丰富了学习实践活动。

我们希望通过本次修订使新版教材更上一层楼，不仅继承发扬该套教材的针对性、实用性和先进性，而且确保其能够真正成为医学教材中的精品，为卫生职教的教学改革和人才培养做出应有的贡献。

本套教材第 1 版和第 2 版由军队的医学专业出版社出版。为了配合当前实际情况，使教材不间断地向各地方院校供应，根据编委会的要求，修订版由科学出版社出版，以便为各相关地方院校做好持续的出版服务。

感谢本系列教材修订中全国各卫生职业院校的大力支持和付出，希望各院校在使用过程中继续总结经验，使教材不断得到完善和提高，打造真正的精品，更好地服务于学生。

编委会

2016 年 6 月

修订版前言

《病原生物与免疫学基础》教材已出版6年多了,6年来,该教材获得全国各地卫生类中等职业(中职)学校广大师生的好评。近几年来随着中职教育迅速发展,中职生源的变化、教学理念和学科知识的更新等,要求中职教材要切合学生、切合就业、切合中职教育的特点。秉承“提升、延续、发展”的原则,实施精品战略,对教学内容进行优化,提高教材的实用性和可读性,我们对该教材进行了修订再版。

《病原生物与免疫学基础》修订版教材的主要内容包括免疫学基础、医学微生物学和人体寄生虫学三门学科。教材按照中等职业学校护理等专业教学标准,针对中职学生的认知能力和掌握知识的程度,遵循“必须为准,够用为度,实用为先”的基本原则进行修订。编写的指导思想是保持前两版教材的基本风格、基本体例不变。在教材编写中,一是注意把握知识的深度与广度,删繁就简,由浅入深,循序渐进,并注重文字精练、内容简洁、通俗易懂便于阅读;二是内容的编排方面,针对中职学生的特点仍采取了“分段描述,适时点拨”方法,用“学习要点”“重点提示”和“讨论与思考”等强化学习效果。另外,书后还编写了《病原生物与免疫学基础实验指导》和数字化教辅内容(包括教学大纲、重要知识点、PPT课件和相关练习题等),使之更便于教与学本教材供全国中等卫生学校的护理、助产等各专业使用,建议用54学时完成教学内容。

这次教材的编者来自全国7所中等职业卫生学校的教师,长期从事教育教学工作,具有较为丰富的中职教学和教材编写经验,这对保证教材质量发挥了重要的作用。本次修订工作得到各位编委所在学校的大力支持在此表示衷心感谢。

最后,由于我们的水平和能力有限,若有错误或疏漏之处希望读者批评指正,以使本教材在修订过程中日臻完善。

编　者

2015年1月

目 录

第一篇 免疫学基础

第二篇　病原生物

附录　病原生物与免疫学基础实验指导

第一篇

免疫学基础

Part 1

第 1 章

免疫学概述

学习要点

1. 免疫的概念
2. 免疫的功能

第一节　免疫的概念与功能

人们对免疫的认识源于传染病的抵抗力。免疫的原意是免除或逃避"税捐"或"兵役",后被用于医学领域将其含义引申为"免除瘟疫"(瘟疫即指传染病),是指机体对病原生物所致疾病的抵抗能力,其结果对机体都有利。人们长期以来已习惯用"免除瘟疫"来释义免疫,对免疫学的研究也局限于抗感染的范畴。因此,免疫学长期隶属于医学微生物学的分支学科。进入20世纪后,随着科学技术的不断发展和对免疫学的深入研究,人们发现了一些与传染因子无关的免疫现象,如临床上血型不符的输血会引起严重的输血反应;异体之间的植皮会出现强烈的移植排斥反应;使用青霉素等药物会引起过敏反应以及植物花粉引起的过敏反应等。这些现象都说明机体具有识别"非己"物质的能力,而这些"非己"物质并不一定都是病原生物,其反应的结果也并非都对机体有利。人们透过这些免疫现象进一步认清了免疫的本质,从而改变了以往对免疫的片面认识,形成了现代免疫的概念。

一、免疫的概念

免疫是指机体识别和排除抗原物质,维持自身平衡与稳定的一种生理功能。这里的抗原物质就包括了病原微生物、移植的器官、青霉素等药物及植物花粉等"非己"物质,因此,现代免疫的概念突破了抗感染的范畴。

二、免疫的功能

机体完成免疫功能的物质基础是免疫系统。免疫系统在识别"自己"和"非己"物质的过程中所发挥的作用可通过下列3个方面体现出来(表1-1)。

表 1-1 免疫的功能及表现

免疫功能	正常表现	异常表现
免疫防御	抵抗各种感染	超敏反应/免疫缺陷病
免疫稳定	清除衰老、损伤的细胞	自身免疫病
免疫监视	清除突变细胞	肿瘤

1. *免疫防御* 即通常所指的抗感染免疫，是机体针对外来抗原（如病原微生物及其毒素）侵害机体时表现的一种生理性保护反应。功能正常时，对入侵机体的病原微生物及其毒性产物能及时进行清除，以保护机体免受感染；若此功能过低，病原微生物即可在体内大量生长繁殖而引起免疫缺陷病，如反复感染；倘若此功能表现过高，即会引起机体组织细胞损伤或生理功能异常而导致超敏反应的发生。

2. *免疫稳定* 是指机体识别和清除衰老死亡或损伤的细胞，以保证机体内环境相对平衡与稳定的功能。当功能正常时，能及时清除体内出现的衰老、凋亡或受损伤的细胞，使机体的各项生理功能处于最佳状态；若此功能紊乱，会导致辨“异”失误，使机体正常组织细胞遭到破坏，引起自身免疫病。

3. *免疫监视* 是机体免疫系统对自身各组织细胞是否正常的一种监督机制。主要针对突变的细胞和病毒感染的细胞，主要由体内的淋巴细胞来完成。该功能正常时，可及时发现和清除发生突变的细胞和病毒感染的细胞；若此监督能力降低时，则易发生肿瘤和病毒持续感染。

重点提示

免疫的三大功能对机体均具有双重性，即功能正常时其结果对机体有利，功能异常时其结果对机体有害。

第二节 免疫学发展简史

免疫学是研究机体免疫系统的组成和功能、免疫应答的发生机制及免疫学在临床实践中应用的一门学科。由于免疫学的快速发展及向医学多个学科的渗透，现已衍生出许多免疫学的分支学科，如基础免疫学、临床免疫学、肿瘤免疫学、免疫遗传学、免疫病理学、免疫药理学等，近年来又有营养免疫学问世，使免疫学成为医学和生命科学中的前沿学科之一。

免疫学发展至今大致经历了 3 个时期，即经验免疫学时期、科学免疫学时期和现代免疫学时期。

一、经验免疫学时期（公元 16-18 世纪末）

免疫学起源于中国。公元 16 世纪明朝隆庆年（1567-1573 年），我国首创“人痘接种术”预防天花，并很快传入到邻近国家和地区。1721 年英国驻土耳其大使夫人 Montagu 把这一技术带入欧洲并进行推广。“人痘苗”为世界上最早的原始疫苗。

二、科学免疫学时期(18世纪末-20世纪初)

18世纪末-20世纪初,人们对免疫的认识进入了科学免疫学时期。在此期间取得的代表性成就有:18世纪末,英国乡村医生Jenner(琴纳)成功发明了牛痘苗预防天花,并于1798年出版专著,使该技术的推广成为现实,Jenner被称为“免疫学之父”,为人类最终战胜烈性传染病天花做出了巨大贡献;1880年,法国微生物学家巴斯德成功研制了炭疽杆菌减毒疫苗和狂犬病疫苗;1883年,俄国动物学家梅契尼科夫认为机体抗感染是吞噬细胞吞噬作用的结果,并提出了细胞免疫的学说;1890年,德国学者贝林和日本学者北里发现了白喉抗毒素,并成功用于临床治疗白喉,从而建立了抗原和抗体的概念;1895年,比利时科学家尤里·波尔迪发现了在溶菌现象中能协助抗体发挥作用的补体,并创立了补体结合实验;1896年,肥达将凝集反应用于临床诊断伤寒,开创了血清学诊断方法;1897年,德国学者欧立希认为机体抗感染是血清中的抗体起主要作用,提出了体液免疫学说,并与细胞免疫学说形成了两大派系,两大学派曾一度争论不休。1903年,英国学者A. Wright和Douglas发现抗体可促进吞噬细胞的吞噬作用,人们才认识到机体的免疫机制包括体液免疫和细胞免疫两个方面,最终使体液免疫和细胞免疫两大学说统一了起来。

重点提示

世界卫生组织(WHO)于1980年向全世界庄严宣布,天花已在全球绝迹。这是免疫预防在人类历史上的突出贡献。

三、现代免疫学时期(20世纪中至今)

近几十年来,随着人们对免疫学不断深入研究,众多的新发现和新问题向传统免疫学观念挑战,使免疫学大大超越了抗感染的范畴,成为一门独立的新兴学科。1945年,R. Owen发现同卵双生的两只小牛体内可同时存在两种不同血型的红细胞,由此提出了免疫耐受学说;1958年,澳大利亚学者F. Burnet提出一个免疫学的新理论“克隆选择学说”,阐明了抗体产生的机制、解释了抗原的自我识别问题及其他许多免疫现象,并被多数学者所接受。在这一时期,还发现了腔上囊和胸腺的免疫功能;确认了淋巴细胞为重要的免疫细胞;统一了免疫球蛋白的分类和名称,阐明了免疫球蛋白的结构与功能;相继发现了众多的细胞因子;在器官、细胞和分子水平上揭示了免疫系统的存在;开创了许多新的生物学技术用于免疫学研究,如单克隆抗体技术,各种免疫标记技术、DNA重组技术、核酸杂交技术等。

总之,医学免疫学的理论和技术应用已渗透到了现代医学的各个领域。在21世纪,免疫学必将在医学和生命科学的发展中扮演更加重要的角色。

讨论与思考

1. 免疫的传统概念是“抗感染免疫”,其结果对机体都有利。

(1)免疫的现代概念是什么,与传统概念有何区别?

(2)机体免疫系统通过哪些方面完成免疫功能,结果如何?

2. 免疫学目前已成为推动医学和生命科学迅速发展的重要学科之一。

(1)免疫学发展至今都经历了哪些阶段?

(2)讨论归纳免疫学对医学的突出贡献。

(饶洪洋)

第2章

抗　原

学习要点

1. 抗原、免疫原性、免疫反应性、抗原决定基的概念
2. 完全抗原与半抗原的区别
3. 影响抗原免疫原性的因素
4. 医学上的重要抗原及其医学意义

第一节　抗原的概念与性能

一、抗原的概念

抗原(antigen,Ag)是一类能够刺激机体的免疫系统产生抗体或效应淋巴细胞,并能与之发生特异性结合的物质。医学中常见的抗原物质有各种病原微生物及代谢产物、疫苗和类毒素、动物免疫血清、植物花粉以及移植的器官等。

二、抗原的性能

抗原具备两种基本性能。

1. 免疫原性　是指能刺激机体的免疫系统产生抗体或效应淋巴细胞的性能。

2. 免疫反应性(又称抗原性)　是指能与相应的抗体或效应淋巴细胞发生特异性结合的性能。

根据抗原物质的性能不同分类,将同时具有免疫原性和免疫反应性的物质称为完全抗原,习惯上简称为抗原,如大多数的蛋白质抗原、各类病原微生物等;将只具有免疫反应性而无免疫原性的物质称为不完全抗原或半抗原,如某些多糖、类脂和药物等小分子的化合物。半抗原一旦与大分子物质结合也可获得免疫原性,成为完全抗原。

重点提示

免疫原性的有无是区分完全抗原和半抗原的关键。

第二节 影响抗原免疫原性的因素

一、异 物 性

异物性是指抗原物质的结构与机体组织细胞结构之间存在的差异。通常抗原物质必须是异物,而自身物质一般不具有免疫原性,异物性是构成抗原物质的首要条件。免疫学中的异物是指在胚胎期从未与机体的免疫活性细胞接触过的物质。根据物质的来源不同异物性可分为3种情况。

(一)异种物质

一般来说在不同种系之间,种属关系越远,组织细胞结构差别越大,免疫原性越强,如鸡血清蛋白对兔的免疫原性强,而对鸭的免疫原性弱。异种器官的移植要引起强烈的移植排斥反应就是一个例证,故一般不做。

(二)同种异体物质

同一种属不同个体之间,由于遗传基因的不同,其组织细胞表面的化学结构也有差异,当这些物质进入另一个体时,即可引起强弱不等的移植排斥反应,故器官移植前要进行组织细胞配型试验。

(三)自身物质

机体的自身组织细胞或成分对自身一般不具有免疫原性,但机体由于受感染、辐射、外伤和药物等多种因素的影响,使自身成分的化学结构发生了改变;或胚胎期未与免疫细胞接触过的隐蔽组织成分(如精子、眼晶状体蛋白、甲状腺球蛋白等)因手术、外伤等原因一旦释放出来,均可被机体视为异物而具有免疫原性。

重点提示

①异物性是构成抗原物质的首要条件;②免疫就其本质来讲,就是识别异物和排斥异物的一种功能。

二、理 化 性 状

物质要成为抗原除了需要具有异物性以外,还必须具备一定的理化性状。

(一)大分子物质

凡具有免疫原性的物质,通常为大分子的有机物质,分子量一般在10千道尔顿(kD)以上,且分子量越大,免疫原性越强,低于4kD者一般无免疫原性。因为大分子物质一般结构复杂,并且化学结构稳定,在体内存留时间长,不易被酶降解,故有助于持久刺激机体的免疫系统。

(二)一定的化学组成和结构

抗原物质必须有较为复杂的化学组成。多数大分子蛋白质具有良好的免疫原性,尤其是含有大量芳香族氨基酸(如酪氨酸、苯丙氨酸等)时,免疫原性较强。以直链氨基酸为主的蛋白质,免疫原性较弱,如明胶蛋白,分子量高达100kD,但主要成分为直链氨基酸,在体内易被降解,故免疫原性很弱;胰岛素的分子量仅为5734D,因其中含有芳香族氨基酸,故也有较强的免疫原性。复杂的多糖、糖蛋白、脂蛋白及糖脂也具有免疫原性,核酸分子一般无免疫原性,若与蛋白质结合形成核蛋白则具有免疫原性。

(三)分子构象和易接近性

分子构象是指抗原分子中的一些特殊化学基团的立体结构,是决定抗原是否具有免疫原性的关键。抗原的分子构象与免疫细胞表面的抗原受体构型越吻合,免疫原性就越强。但其必须暴露于抗原分子表面,才易与免疫细胞的抗原受体结合,从而引起免疫应答。若隐匿于抗原分子内部,则表现不出免疫原性。

三、机 体 因 素

决定某一物质是否具有免疫原性,除与上述影响因素外,还受机体的遗传、年龄、性别、健康状况、生理状态等诸多因素的影响,如正常情况下,青壮年个体大于幼儿和老年个体,女性高于男性,正常健康人优于体质虚弱或健康状态不佳的人。

此外,抗原进入机体的途径、剂量、次数等因素也影响免疫原性的强弱。如皮内注射大于皮下注射,皮下注射大于腹腔或静脉注射,口服强度最低,所以临床上做药物过敏试验通常采用皮内注射。

第三节　抗原的特异性与交叉反应

一、抗原的特异性

特异性可理解为专一性,如钥匙和锁的关系。抗原的特异性表现在免疫原性上,也表现在免疫反应性上,前者是指抗原只能刺激机体相应的淋巴细胞产生抗体或效应淋巴细胞;后者是指抗原也只能与相应的抗体或效应淋巴细胞发生特异性结合。如接种甲型H_1N_1流感病毒疫苗只能预防甲型H_1N_1流感,而不能预防其他型别的流感。特异性是免疫应答中最重要的特点,也是免疫学诊断和免疫学防治的理论依据。

决定抗原特异性的结构基础是抗原分子上的抗原决定基。抗原决定基是指存在于抗原分子表面决定抗原特异性的特殊化学基团,又称表位或抗原决定簇,一般由5~8个氨基酸、单糖或核苷酸残基组成。抗原决定基是被淋巴细胞抗原受体识别的重要标志,同时也是抗原与抗体或效应淋巴细胞特异性结合的部位。一个抗原分子可具有一种或多种不同的抗原决定基,抗原决定基的性质、数目和空间构象决定着抗原的特异性。

重点提示

①抗原特异性的结构基础是抗原决定基;②免疫学中抗原决定基、表位、抗原决定簇的含义相同,是同一结构的不同名称。

二、共同抗原与交叉反应

抗原结合价是指能和抗体分子特异性结合的抗原决定基的数目。半抗原一般可理解为单价,天然抗原物质(细菌、病毒、蛋白质分子等)的化学结构十分复杂,其表面常带有多种不同的抗原决定基,为多价抗原。例如,一种细菌感染机体后在体内可测到鞭毛抗体、菌体抗体、荚膜抗体等。一般来说,一种抗原决定基都能刺激机体产生一种抗体,因此,复杂抗原能使机体产生多种抗体。

两种不同的抗原分子之间存在着相同或相似的抗原决定基,称为共同抗原。抗体与具有相同或相似抗原决定基的不同抗原出现的反应,称为交叉反应(图 2-1)。共同抗原和交叉反应在临床上有重要意义,比如是某些疾病的发病机制,也可造成误诊,在进行血清学诊断时应予注意。

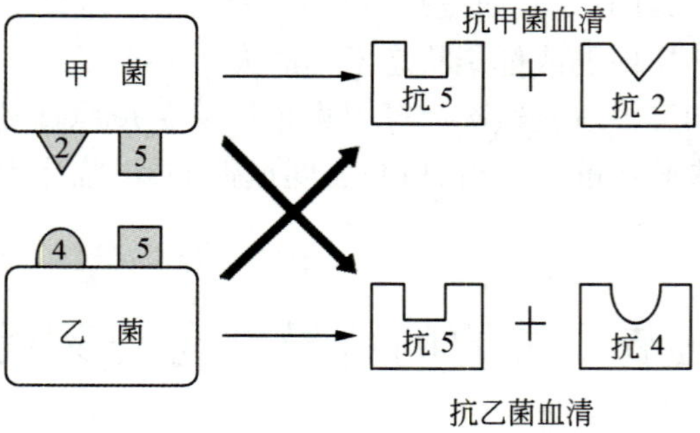

图 2-1 共同抗原与交叉反应

第四节 医学上的重要抗原

一、异种抗原

(一)病原微生物及其代谢产物

各种病原微生物如细菌、病毒、立克次体及螺旋体等,虽然结构简单,但其化学组成却相当复杂,是多种抗原组成的复合体,免疫原性较强。

病原微生物的一些代谢产物也是良好的抗原,如细菌外毒素化学成分为蛋白质,具有很强的免疫原性,可刺激机体产生相应的抗体即抗毒素。外毒素经 0.3%~0.4% 的甲醛溶液处理后,失去毒性保留其免疫原性即成为类毒素。注射类毒素可刺激机体产生相应的抗毒素,能中和外毒素，可用于预防由外毒素引起的疾病。

重点提示

临床上利用病原微生物和细菌外毒素的免疫原性较强的特点，分别制成疫苗和类毒素，并进行预防接种，提高人群免疫力。

（二）动物免疫血清

将类毒素注射到动物（如马）体内，动物血清中可含有大量相应的抗毒素，即动物免疫血清。这种动物免疫血清对人体具有双重性，一方面可为机体提供特异性抗体（抗毒素），有中和相应外毒素的作用，另一方面作为异种蛋白质，对人来说又是抗原，具有很强的免疫原性，可引起Ⅰ型超敏反应。故在注射动物免疫血清前要做皮肤过敏试验。目前，动物免疫血清纯化技术提高，发生Ⅰ型超敏反应概率也随之减少。

（三）其他异种抗原

鱼、虾、蛋等食物，植物花粉，青霉素等药物，油漆、染料、化妆品等化学物质。这些完全抗原或半抗原，均可引起超敏反应的发生。

二、同种异型抗原

在同一种属不同个体之间，由于遗传基因的不同，组织细胞表面存在着不同的抗原决定基，称为同种异型抗原。人类的同种异型抗原主要有以下两种。

（一）红细胞血型抗原

1. *ABO 血型抗原* 依据人类红细胞表面的 A 抗原、B 抗原的不同，将人类血型分为 4 种，即 A 型、B 型、AB 型和 O 型。若不同血型个体间相互输血，可出现输血反应。

重点提示

临床输血前要认真做好血型鉴定和交叉配血（供血者的红细胞加患者血清、患者红细胞加供血者血清）试验，仔细查对，以防止错误输血引起严重的输血反应。

2. *Rh 血型抗原* 人类红细胞表面具有 D 抗原者称为 Rh^+，缺乏 D 抗原者称为 Rh^-。通常情况下，Rh^-者体内无天然的抗 Rh 抗体，但将 Rh^+的血液输给 Rh^-的患者，或 Rh^-的母亲妊娠而胎儿为 Rh^+，导致体内产生抗 Rh 抗体。若再次输入 Rh^+的血液或 Rh^-母亲再次孕育 Rh^+胎儿时，则可引起严重的输血反应或新生儿溶血症。

（二）人类白细胞抗原（HLA）

人类白细胞抗原（HLA）即人类的主要组织相容性抗原，是广泛存在于人体有核细胞表面并代表个体特异性的抗原，因最早发现于人类白细胞表面故而得名。在器官移植时，移植物是否能够存活主要取决于宿主与移植物的 HLA 相符程度，因此，器官移植前尽可能选择与受者 HLA 型别相近的供者。

三、自身抗原

能引起机体发生免疫应答的自身组织细胞成分,称为自身抗原。

(一)隐蔽的自身抗原

正常情况下人体某些组织细胞成分与免疫系统相对隔绝,称为隐蔽抗原,如甲状腺球蛋白、眼晶状体蛋白、精子和脑组织等。由于外伤、感染或手术等原因,使隐蔽抗原进入血流即可成为自身抗原。

(二)修饰的自身抗原

自身物质在正常情况下无免疫原性,但在感染、电离辐射或化学药物等因素影响下,自身组织的分子结构可发生改变,从而成为自身抗原。自身组织由于各种原因一旦成为抗原,免疫细胞即会对自身组织发动免疫应答,导致自身免疫性疾病发生。

四、异嗜性抗原

存在于不同种属生物(人、动物、微生物)之间的共同抗原,称为异嗜性抗原。异嗜性抗原在医学上有重要意义。某些病原微生物与人体的某些组织间存在着此类抗原,如某些A群溶血性链球菌与人肾小球基底膜、心瓣膜和心肌组织间有共同抗原,故感染A群溶血性链球菌后,其刺激机体产生的抗体可与具有共同抗原的心、肾组织发生交叉反应,从而造成组织损伤引起免疫性疾病,是部分肾小球肾炎、风湿性心脏病的发病机制。

此外,某些立克次体与变形杆菌之间存在异嗜性抗原,故临床上常用变形杆菌代替立克次体作为抗原,来检测可疑患者体内立克次体的抗体,辅助诊断立克次体病。

五、肿瘤抗原

肿瘤抗原是指人体细胞在突变过程中出现的新抗原及过度表达的抗原物质。包括肿瘤特异性抗原和肿瘤相关抗原两类。

(一)肿瘤特异性抗原

肿瘤特异性抗原指某种肿瘤细胞表面所特有,而正常细胞或其他肿瘤细胞表面不表达的抗原,如黑色素瘤的抗原。

(二)肿瘤相关抗原

肿瘤相关抗原并非肿瘤细胞本身所特有,正常细胞也可微量表达,但在细胞发生癌变时其含量明显增加。这类抗原只表现量的变化而无严格的肿瘤特异性,如肝细胞癌变时体内甲胎蛋白(AFP)含量显著增高。

甲胎蛋白(AFP)是早期发现和诊断原发性肝癌的生物标志物,现已广泛用于原发性肝癌的普查、诊断、判断疗效和预测复发的可靠指标。

六、佐剂

先于抗原或与抗原同时注入机体内,可增强机体对抗原的免疫原性或改变免疫应答类型的物质,称为佐剂。人体常用的有氢氧化铝、明矾等佐剂,动物实验中常用的弗氏完全佐剂和弗氏不完全佐剂等。佐剂的应用很广,例如预防接种时加用佐剂可增强疫苗的免疫效果,佐剂还可作为免疫增强剂用于肿瘤和慢性感染患者的辅助治疗。

讨论与思考

1. 根据抗原的性能不同,将抗原分为完全抗原和半抗原。

(1)完全抗原与半抗原有何不同?

(2)病原微生物属于完全抗原还是半抗原,说明其原因。

2. 抗原的特异性是指抗原只能刺激机体相应的淋巴细胞产生抗体或效应淋巴细胞,并只能与相应的抗体或效应淋巴细胞发生特异性结合。

(1)决定抗原特异性的结构基础是什么?

(2)解释接种乙肝疫苗只能预防乙肝而不能预防甲肝的原因。

(饶洪洋)

第3章

免疫系统

学习要点

1. 免疫系统的组成与功能
2. 抗体、免疫球蛋白、免疫活性细胞、补体的概念
3. T细胞的亚群及主要功能
4. 免疫球蛋白的结构与功能及5类免疫球蛋白的特性与功能
5. 补体的生物学作用

免疫系统是由免疫器官、免疫细胞及免疫分子组成。免疫系统是机体执行免疫功能的物质基础。本章从宏观至微观依次介绍免疫器官、免疫细胞和免疫分子。

第一节　免疫器官

免疫器官根据其功能不同分为中枢免疫器官和外周免疫器官两类。二者通过血液循环和淋巴循环相互联系。

一、中枢免疫器官

中枢免疫器官是各类免疫细胞发生、分化与成熟的场所,人类的中枢免疫器官包括骨髓和胸腺,鸟类的中枢免疫器官则是腔上囊和胸腺。

(一)骨髓

骨髓是造血器官,也是各类免疫细胞发生、分化和成熟的场所。骨髓中的造血干细胞又称为多能干细胞,它能分化发育为髓样干细胞和淋巴干细胞,前者最终分化成熟为红细胞、粒细胞、单核细胞、血小板,后者发育为淋巴细胞。其中一部分淋巴干细胞在骨髓中继续分化成熟为具有免疫活性的B淋巴细胞,然后随血液循环迁至外周免疫器官定居,发挥体液免疫功能。骨髓是B淋巴细胞发生、分化、成熟的场所。

鸟类与人类不同,其B淋巴细胞是在腔上囊(鸟类泄殖腔的后上方)中发育成熟的。

(二)胸腺

胸腺是T淋巴细胞分化、成熟的场所。骨髓中的一部分淋巴干细胞进入胸腺后,在胸腺

微环境的作用下，分化成熟为具有免疫活性的T淋巴细胞，移行至外周免疫器官定居发挥细胞免疫功能，并辅助B淋巴细胞发挥体液免疫功能。

人体的胸腺其大小、结构随年龄和机体状态而改变，出生后两年内生长迅速，此后增长缓慢，至青春期体积最大，以后逐渐萎缩退化。故老年人细胞免疫功能下降，机体容易发生感染和肿瘤。

重点提示

①骨髓功能缺陷时，将严重损害机体的造血功能和免疫功能；②老年期胸腺萎缩，功能减退，导致细胞免疫功能下降，机体容易发生感染和肿瘤。

二、外周免疫器官

外周免疫器官是免疫细胞定居、增殖的场所，也是T淋巴细胞、B淋巴细胞接受抗原刺激后发生免疫应答的重要部位，主要包括淋巴结、脾和黏膜相关的淋巴组织。

（一）淋巴结

人体有500~600个淋巴结，沿淋巴管道分布，主要含T淋巴细胞、B淋巴细胞及巨噬细胞，其中T淋巴细胞约占淋巴结内淋巴细胞总数的75%，B淋巴细胞约占25%。淋巴结的主要功能是清除进入淋巴液中的病原微生物及有害物质，防止病原体扩散，其中T、B淋巴细胞接受抗原刺激后能活化、增殖、分化，产生体液免疫应答和细胞免疫应答。

重点提示

当人体发生感染时，常伴有局部淋巴结肿大，其实质是发生了免疫应答，随着病原微生物被清除，淋巴结将逐渐恢复正常。

（二）脾

脾是人体内最大的淋巴器官，也是T、B淋巴细胞定居和接受抗原刺激后产生免疫应答的重要场所。脾的淋巴细胞约60%为B淋巴细胞，40%为T淋巴细胞。脾具有滤过作用，可清除血液中的病原微生物及衰老凋亡的血细胞等，在机体的免疫防御和维持自身稳定中具有重要作用。

（三）黏膜相关淋巴组织

黏膜相关淋巴组织又称黏膜免疫系统，主要指扁桃体、阑尾、肠系膜淋巴结、肠集合淋巴结及呼吸道、消化道及泌尿生殖道黏膜下弥散的淋巴组织等。黏膜相关淋巴组织不仅是全身免疫系统的重要组成部分，还在局部黏膜抗感染中发挥重要作用。

第二节 免疫细胞

凡参与免疫应答或与免疫应答有关的细胞统称为免疫细胞，主要包括淋巴细胞、抗原提呈细胞、粒细胞等。在免疫应答中起核心作用的是淋巴细胞，因T淋巴细胞和B淋巴细胞接受抗原刺激后能活化、增殖、分化、发生免疫应答,故称为免疫活性细胞。

各种免疫细胞在分化成熟过程中,细胞表面出现的或消失的蛋白质分子,称为分化抗原,将同一分化抗原归为一个分化群(CD),现统一用分化群抗原(即 CD 抗原)命名。CD 后的序号代表一类分化抗原分子,现在人 CD 的编号已从 CD_1 命名 CD_{363}。

一、T 淋巴细胞

T 淋巴细胞又称胸腺依赖性淋巴细胞,即在胸腺中发育成熟的淋巴细胞,简称 T 细胞。占外周血淋巴细胞的 75% 左右,主要执行细胞免疫功能。

(一)主要表面标志

1. T 细胞抗原识别受体(TCR)　TCR 为 T 细胞表面特异性识别和结合抗原的结构,也是所有 T 细胞的特征性表面标志。TCR 的结构极为复杂,并富有极度多样性,使得机体几乎具有无限识别抗原的能力。

2. CD3　与 TCR 组成复合物,CD3 分子负责将 TCR 识别抗原产生的活化信号传递到细胞内,并在其他刺激分子的协同作用下使 T 细胞活化、增殖和分化。

3. CD2(绵羊红细胞受体)　也称 E 受体,是人类 T 细胞表面特有的重要表面标志之一,B 细胞表面无此标志。T 细胞与绵羊红细胞混合形成的 E 花环试验可用于体外检测外周血 T 细胞的数量,可间接反映机体的细胞免疫功能。正常人 E 花环形成率为 60% ~ 80%。

4. CD4 和 CD8　CD4 和 CD8 分子的主要功能是辅助 TCR 识别抗原,成熟 T 细胞表面一般仅表达 CD4 或 CD8 一种分子,借此可将外周 T 细胞分成不同的亚群。

(二)分类

按 T 细胞表面的 CD 分子和功能,可将其分为不同的亚群。

1. $CD4^+$T 细胞　细胞表面表达 CD4 分子,称为辅助性 T 细胞(help T cell,Th),包括 Th1 和 Th2。Th1 主要通过分泌细胞因子介导炎症反应或迟发型超敏反应,Th2 主要是辅助 B 细胞引起体液免疫应答。

2. $CD8^+$T 细胞　细胞表面表达 CD8 分子,包括细胞毒 T 细胞(Tc)和抑制性 T 细胞(Ts)。Tc 细胞可特异性杀伤带有致敏抗原的靶细胞,Ts 细胞可抑制免疫应答(表 3-1)。

表 3-1　T 淋巴细胞的种类及作用

种　类	细胞名称	作　用
$CD4^+$T 细胞	辅助 T 细胞 1(Th1)	分泌 IFN-γ、TNF-β、IL-2,介导炎症反应
	辅助 T 细胞 2(Th2)	分泌 IL-4、IL-5、IL-6,促进体液免疫应答
$CD8^+$T 细胞	细胞毒 T 细胞(Tc)	发挥细胞毒作用
	抑制性 T 细胞(Ts)	抑制体液免疫应答和细胞免疫应答

二、B 淋巴细胞

B 淋巴细胞又称骨髓依赖性淋巴细胞,即在骨髓中发育成熟的淋巴细胞,简称 B 细胞。占外周血淋巴细胞的 10% ~ 15%,执行体液免疫功能。B 细胞的特征性表面标志为 B 细胞抗原识别受体(BCR),即膜表面免疫球蛋白(SmIg),成熟的 B 细胞同时表达 SmIgM 和 SmIgD,未成熟的B细胞只表达SmIgM。BCR能特异性识别和结合抗原分子,并通过与BCR形成复合物的CD79传导抗原信号到细胞内,使B细胞活化、增殖和分化。

此外,B细胞表面还具有IgGFc受体、补体受体、丝裂原受体及多种细胞因子受体等。

重点提示

B细胞主要介导体液免疫,T细胞主要介导细胞免疫。

三、NK 细 胞

NK细胞又称为自然杀伤细胞,是来源于骨髓的淋巴细胞,其表面无T淋巴细胞、B淋巴细胞的特异性表面标志(TCR和BCR),为第三类淋巴细胞,NK细胞的作用为非特异性,它无需抗原刺激即能直接杀伤靶细胞,如病毒感染的细胞和肿瘤细胞。

NK细胞表面表达IgGFc受体,IgG与带有抗原的靶细胞结合后,可通过Fc段结合到NK细胞上,触发NK细胞对靶细胞的杀伤作用,由于这种杀伤作用需要抗体IgG的辅助,故称抗体依赖细胞介导的细胞毒作用,简称ADCC作用(图3-1)。

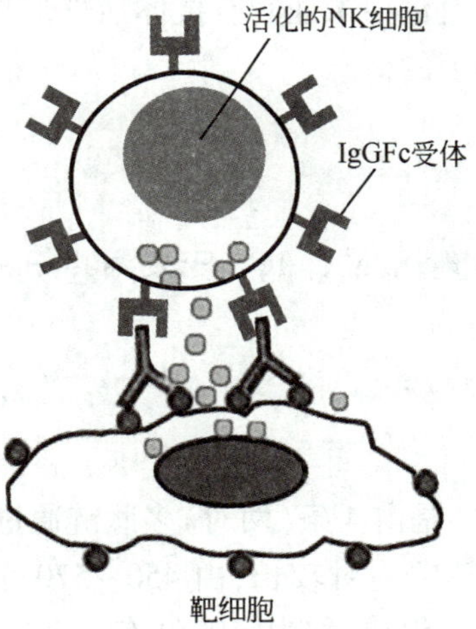

图3-1 ADCC作用

四、抗原提呈细胞

抗原提呈细胞(APC)是指能摄取、加工和处理抗原并能将处理后的抗原信息传递给抗原特异性淋巴细胞的一类免疫细胞。主要包括单核吞噬细胞、树突状细胞、B细胞等,其中单核吞噬细胞是重要的抗原提呈细胞。

单核吞噬细胞包括外周血中的单核细胞和组织中的巨噬细胞,他们在非特异性免疫和特异性免疫中均发挥重要作用。在特异性免疫应答中,绝大多数的抗原需经巨噬细胞通过吞噬、胞饮等方式摄取、经加工处理后,提呈给T淋巴细胞,启动特异性免疫应答。单核吞噬细胞的主要免疫功能有以下几点:①吞噬杀伤作用;②提呈抗原,启动免疫应答作用;③分泌多种细胞因子,发挥多种生物学功能;④抗肿瘤作用。

此外,其他免疫细胞如中性粒细胞、嗜酸粒细胞、嗜碱粒细胞、肥大细胞、血小板和红细胞等,均可在免疫应答中发挥不同的作用。

第三节 免疫分子

免疫分子主要包括抗体、补体和细胞因子等多种生物活性物质。它们免疫应答中既各自发挥作用,又相互协作、相互调节。

一、抗体与免疫球蛋白

(一)抗体与免疫球蛋白的概念

1. 抗体(antibody, Ab) 是指机体接受抗原的刺激后,由 B 细胞增殖分化成的浆细胞合成和分泌的能与相应抗原发生特异性结合的球蛋白,称为抗体。

2. 免疫球蛋白(immunoglobulin, Ig) 将具有抗体活性或化学结构与抗体相似的球蛋白统称为免疫球蛋白。

从概念中可以看出,所有的抗体都是免疫球蛋白,但免疫球蛋白不一定都是抗体,如多发性骨髓瘤、巨球蛋白血症等病人血清中未证实有抗体活性的异常球蛋白。抗体是生物学功能的概念,免疫球蛋白是化学结构上的概念。

重点提示

Ab 与 Ig 的关系:所有 Ab 都是 Ig,但 Ig 不一定都具备 Ab 活性;Ab 是生物学功能的概念,Ig 是化学结构上的概念。

(二)免疫球蛋白的结构

1. 免疫球蛋白的基本结构 是由 4 条(两对)多肽链通过二硫键连接起来的对称结构,呈"Y"形,也称为单体(图 3-2)。其中一对较长,由 450~570 个氨基酸残基组成,称为重链(H 链),另一对较短,约有 214 氨基酸组成,称为轻链(L 链)。

(1)分类:根据重链氨基酸组成及抗原特异性的不同可将重链分为 5 类,即 μ、γ、α、δ 和 ε 链,由它们组成的免疫球蛋白分别称为 IgM、IgG、IgA、IgD 和 IgE。

(2)分区:每条重链和轻链分为氨基端(N 端)和羧基端(C 端)。在多肽链的 N 端,L 链的 1/2 和 H 链的 1/4 区域内的氨基酸的组成和排列顺序,可随抗原特异性的不同发生较大的变化,称为可变区(V 区);H 链和 L 链的 V 区可分别用 VH 和 VL 表示,V 区是 Ig 与抗原特异性结合的部位。多肽链的 C 端,L 链的另 1/2 和重链的 3/4 区域内的氨基酸的种类和排列顺序则相对稳定,称为恒定区(C 区);H 链和 L 链的 C 区可分别用 CH 和 CL 表示,其中 H 链的 C 区从 N 端向 C 端分为 CH1、CH2、CH3,分别具有不同的功能。

此外,位于 CH1 和 CH2 之间的肽链,含有大量的脯氨酸,富有弹性称铰链区,该区易于伸展或弯曲,能改变两个结合抗原部位的"Y"形臂之间的距离,有助于抗体与不同距离的抗原决定基结合,也有利于补体活化。

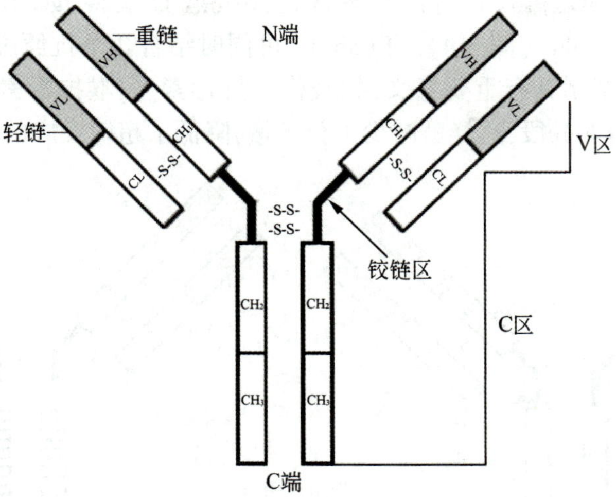

图 3-2　免疫球蛋白基本结构

重点提示

Ig 的基本结构是由“两重两轻”4 条链和“一变一稳一铰链”3 个区构成的。

2. 免疫球蛋白的水解片段　用木瓜蛋白酶水解 IgG,可在铰链区二硫键连接处近 N 端将 IgG 切断,得到 3 个片段(图 3-3),其中 2 个片段完全相同,各含 1 条完整的轻链和部分重链(VH 和 CH1),因能与抗原特异性结合,称为抗原结合片段(Fab 段),每个 Fab 段可与 1 个抗原决定基特异性结合。另一片段含 2 条重链 C 端的 1/2 及重链间二硫键,因在低温下可结晶,故称为可结晶片段(Fc 段),Fc 段具有活化补体、结合细胞等功能。

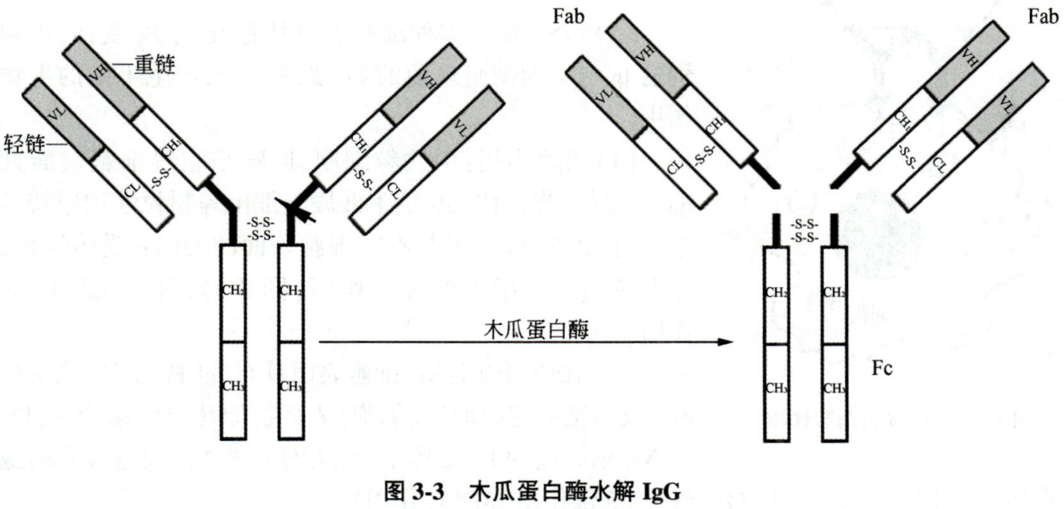

图 3-3　木瓜蛋白酶水解 IgG

用胃蛋白酶水解 IgG,可在铰链区二硫键连接处近 C 端将 IgG 切断,得到 1 个大片段 F(ab′)2 和一些小片段 pFc′(图 3-4)。F(ab′)2 可同时结合 2 个抗原决定基。用胃蛋白酶水解 IgG 对免疫制剂的精制具有重要意义,如破伤风抗毒素、白喉抗毒素血清经胃蛋白酶处理后,去除了 Fc 段,保留 Fab 段,这样就减少了分子量,降低了超敏反应的发生率。

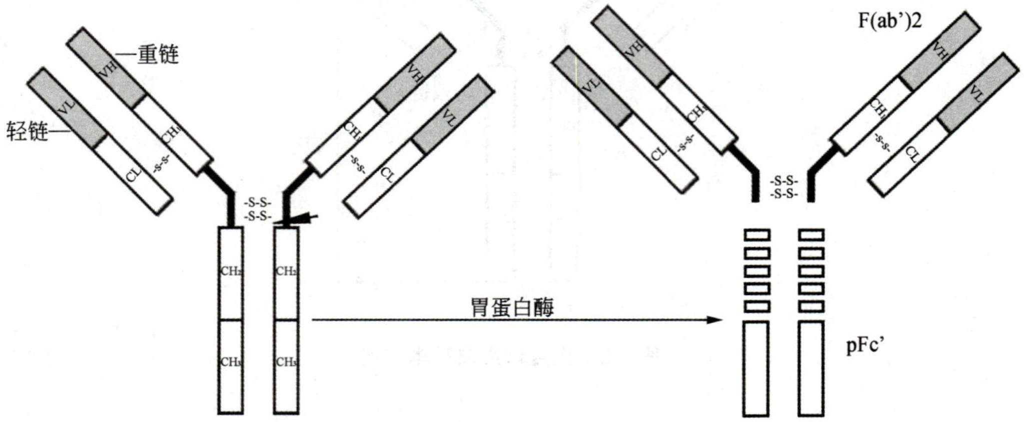

图 3-4 胃蛋白酶水解 IgG

(三)免疫球蛋白的生物学作用

1. 特异性结合抗原 Ig 通过 Fab 段与抗原特异性结合,由于抗原的性质不同,抗体与相应的抗原特异性结合后所发挥的作用不同,如抗毒素与外毒素结合后,即可中和外毒素的毒性;病毒的中和抗体与病毒结合后可阻止病毒进入易感细胞;黏膜表面的 sIgA 与细菌结合后能抑制细菌黏附宿主细胞。

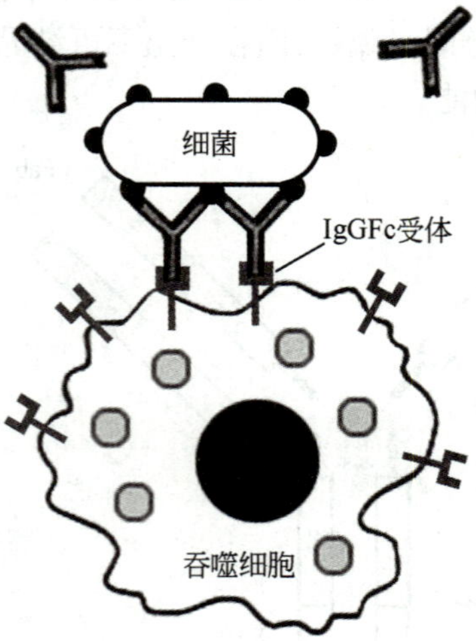

图 3-5 抗体的调节作用

2. 活化补体 当抗体(IgG、IgM)与相应抗原特异性结合后,抗体重链 C 区可结合补体继而活化补体,发挥溶解细胞作用。

3. 结合细胞 多种细胞表面具有 Ig 的 Fc 受体,不同类别的 Ig 与不同细胞表面的 Fc 受体结合,产生不同的生物学作用。

(1)调理作用:中性粒细胞、巨噬细胞等细胞表面具有 IgGFc受体,当抗体 IgG 的 Fab 段与细菌等颗粒性抗原特异性结合后,其 Fc 段即可与吞噬细胞表面的 IgGFc 受体结合,促进吞噬细胞对细菌的吞噬作用(图 3-5),称为抗体的调节作用。

(2)ADCC 作用:NK 细胞表面具有 IgGFc 受体,当 IgG 的 Fab 段与靶细胞(如肿瘤细胞)表面抗原特异性结合后,Fc 段与 NK 细胞上的 Fc 受体结合,从而促进 NK 细胞对靶细胞的杀伤作用,称为抗体依赖细胞介导的细胞毒作用(ADCC 作用)。

(3)介导Ⅰ型超敏反应:肥大细胞/嗜碱粒细胞表面具有 IgE 的 Fc 受体,IgE 的 Fc 段与肥大细胞/嗜碱粒细胞表面的 Fc 受体结合,可引起Ⅰ型超敏反应。

4. 通过胎盘和黏膜 母体的 IgG 能通过胎盘进入胎儿体内，对胎儿抗感染起到非常重要的作用。分泌型 IgA 可穿过黏膜到达外分泌液，在黏膜局部发挥免疫作用。

（四）5 类免疫球蛋白的特性与功能

1. IgG 多为单体，于出生后的第 3 个月开始合成，3~5 岁接近成人水平；IgG 是血清中含量最高的 Ig，占血清 Ig 总量的 75%；广泛分布于全身各个组织和体液中；IgG 的半衰期最长，为 20~23d；大多数的抗菌、抗毒素和抗病毒的抗体属于 IgG，是机体抗感染的主要抗体；IgG 也是体内唯一可通过胎盘的 Ig，在防止新生儿感染方面起重要作用。

2. IgA 分为血清型和分泌型两种类型，血清型 IgA 主要以单体形式存在于血清中，占血清 Ig 总量的 10%~20%。分泌型 IgA(sIgA) 为双聚体，双体间由 J 链和分泌片连接，主要存在于呼吸道、消化道、泌尿生殖道等黏膜表面以及唾液、泪液、初乳等外分泌液中，可阻止病原微生物黏附到黏膜细胞表面，在局部黏膜抗感染中发挥重要作用。

3. IgM 是由 J 链连接 5 个单体构成的五聚体，分子量最大，主要存在于血液中，占血清 Ig 总量的 10%，其凝集作用和激活补体的能力都很强，在防止菌血症方面起重要作用；IgM 是个体发育中最早合成的抗体，胚胎发育晚期即能合成，但不能通过胎盘，故脐带血中 IgM 含量升高，提示胎儿发生宫内感染；免疫应答中产生最早，半衰期较短约 5d，故血清中 IgM 含量增高，提示机体近期有感染；天然的 ABO 血型抗体为 IgM。

4. IgD 仅占血清 Ig 总量的 0.2%，常以抗原受体的形式表达于成熟 B 细胞表面，血清中 IgD 的免疫功能尚不清楚。

5. IgE 个体发育中合成较晚，正常人血清中含量最低，仅占血清 Ig 总量的 0.002%。是亲细胞抗体，IgE 通过其 Fc 段与肥大细胞或嗜碱粒细胞膜上的 IgEFc 受体结合，可介导Ⅰ型超敏反应。

重点提示

抗感染中，IgM 早期抗感染；sIgA 在局部黏膜抗感染中发挥重要作用；IgG 是机体抗感染的主要抗体，并分别和 IgM、sIgA 在防止菌血症方面和防止新生儿感染方面起重要作用。IgD 的免疫功能尚不清楚，IgE 参与Ⅰ型超敏反应。

二、补 体

（一）补体的概念、组成和性质

补体(complement，C)是存在于正常人及动物血清中的一组具有酶活性的球蛋白。

补体的组成较复杂，约有 30 余种成分，也称补体系统，其主要成分有 C_1、C_2、C_3、C_4、C_5、C_6、C_7、C_8、C_9 和 B、D、P 因子等。补体活化后的裂解片段，以该成分的符号后面附加英文小写字母表示，如 C_{3a} 和 C_{3b}、C_{5a} 和 C_{5b} 等，通常 a 为小片段，b 为大片段。活化的补体成分，在其符号上加一横线表示，如 $C_{\overline{567}}$。血清中的补体含量相对稳定，约占血清球蛋白总量的 10%，其中 C_3 含量最高。

补体的性质极不稳定，对许多理化因素敏感，56℃ 加热 30min 即可失去活性，称为补体灭活，室温下也会很快失活，故检测补体时需用新鲜血清，若保存应在 -20℃ 以下。

重点提示

补体是机体固有免疫的重要组成因素，因其具有协助和补充抗体将抗原物质清除的作用而得名。

(二)补体系统的激活

补体系统的各成分通常以非活性状态存在于体液之中，只有在某些激活物的作用下或在特定的固相表面上，补体各成分可按一定顺序依次被激活，表现出多种生物学活性。

补体系统的激活主要有两条途径，即经典途径(又称传统途径)和旁路途径(又称替代途径)。两条途径在激活物、参与成分、激活顺序及作用特点等方面都存在差异(表3-2)，但最终都形成相同的膜攻击复合物(MAC)，使靶细胞破裂溶解。

表3-2 经典途径与旁路途径的比较

区别点	经典途径	旁路途径
激活物	抗原抗体(IgG、IgM)复合物	细菌脂多糖、酵母多糖、菊糖等
参与补体成分	$C_1 \sim C_9$	C_3、B因子、D因子、P因子、$C_5 \sim C_9$
激活顺序	$C_1 \rightarrow C_4 \rightarrow C_2 \rightarrow C_3 \rightarrow C_5 \sim C_9$	$C_3 \rightarrow C_5 \sim C_9$
激活时间	晚，激活依赖于抗体产生	早，细菌进入机体后立即激活
生物学作用	参与特异性体液免疫的效应阶段，在感染后期(或恢复期)发挥作用	参与非特异性免疫，感染早期或初次感染即发挥作用

(三)补体系统的生物学作用

补体系统激活过程中可产生MAC和多种水解片段，这些物质具有多种生物学作用。

1. *细胞溶解的作用* 补体系统被激活后产生的MAC可嵌入靶细胞膜上，使细胞膜表面形成许多小孔，最终导致靶细胞(如细菌、病毒感染的细胞、肿瘤细胞等)溶解。

2. *调理作用* 吞噬细胞表面具有C_{3b}、C_{4b}受体，当C_{3b}、C_{4b}与细菌、病毒等颗粒性物质结合后，可促进吞噬细胞的吞噬作用。

3. *炎症递质作用* C_{2a}具有激肽样作用，能使血管通透性增强，引起炎性充血；C_{3a}、C_{5a}、$C_{\overline{567}}$具有趋化作用，可吸引中性粒细胞聚集至炎症部位，增强对病原微生物的吞噬；C_{3a}、C_{4a}、C_{5a}具有过敏毒素作用，可使肥大细胞等释放活性物质，导致平滑肌收缩，毛细血管扩张、通透性增加、局部水肿等炎症反应。

三、细胞因子

细胞因子(cytokine, CK)是由活化的免疫细胞和非免疫细胞合成并分泌的，在细胞之间发挥作用，具有多种生物学效应的小分子多肽。是不同于抗体和补体的另一类免疫分子。

细胞因子尚无统一的分类方法，目前常依据其功能分为6类：白细胞介素(IL)、干扰素(IFN)、肿瘤坏死因子(TNF)、集落刺激因子(CSF)、生长因子(GF)、趋化因子。

细胞因子主要通过作用于细胞表面的受体而发挥作用，作为细胞的刺激或抑制信号分子，在免疫应答及免疫调节中起重要作用。

讨论与思考

1. 免疫系统由免疫器官、免疫细胞和免疫分子组成，其中T细胞和B细胞是发挥核心作用的免疫细胞，分别执行细胞免疫和体液免疫功能。

(1)说出T、B细胞的成熟场所和定居的部位。

(2)T细胞有哪些亚群？各有何作用？

2. 抗体是介导体液免疫的重要效应分子，是由2条重链和2条轻链经二硫键连接成的一“Y”形结构，分为可变区、恒定区和铰链区。

(1)抗体有哪些功能，其结构基础是什么？

(2)解释破伤风抗毒素等血清制品在精制提纯的过程中用胃蛋白酶处理的原因。

3. 免疫球蛋白有5类，即IgG、IgM、IgA、IgD和IgE，它们都能与相应的抗原特异性结合，但其特性和功能有何不同？

（饶洪洋）

第4章

免疫应答

学习要点

1. 免疫应答、体液免疫、细胞免疫、免疫耐受的概念
2. 免疫应答的基本过程
3. 抗体产生的一般规律
4. 细胞免疫应答的效应机制
5. 体液免疫和细胞免疫的生物学作用

第一节 免疫应答的概述

一、免疫应答的概念

免疫应答是指机体接受抗原刺激后，免疫细胞对抗原的识别、活化、增殖、分化并产生免疫效应的全过程。免疫细胞对抗原识别能力是在遗传基因控制下和个体发育过程中完成的。在某些特定情况下，免疫系统对进入机体的抗原呈现出特异性不应答状态，称免疫耐受，常把它看作是免疫应答的一种特殊表现。免疫应答的生物学意义是识别“自己”和“非己”，并在此基础上排除侵入机体的异己抗原，即清除“非己”的抗原性异物，以维持内环境的相对稳定，如病原微生物及其产物等，以保持机体生理平衡，使机体免受损害，称生理性免疫应答。但某些情况下，当免疫系统在排除异物（异种蛋白质、半抗原药物、自身抗原等）时，免疫应答也可对机体造成损伤，发生不同类型的超敏反应性疾病或免疫相关性疾病。

二、免疫应答的类型

机体免疫应答的类型取决于抗原的质和量，以及机体免疫功能状态和反应性。广义的免疫应答包括固有免疫应答和适应性免疫应答，前者是具有防御功能的天然免疫应答，称非特异性免疫应答，狭义的免疫应答是指机体接受抗原刺激后产生的适应性免疫应答，也称为特异性免疫应答。

特异性免疫应答根据介导的免疫细胞及效应机制的不同，可分为 T 细胞介导的细胞免疫

应答和B细胞介导的体液免疫应答。正常情况下,机体对"非已"抗原产生正应答,以免遭外源性抗原侵害;机体对自身抗原则产生负应答(免疫耐受),以保护组织器官不受自身免疫系统攻击而发生损伤。

三、免疫应答的基本过程

外周免疫器官(主要是淋巴结和脾)是产生免疫应答的主要场所。外源性抗原进入机体后,经淋巴液转移至外周免疫器官被吞噬细胞捕获。侵入血液的病原微生物在脾被捕获;黏膜感染的病原微生物可经淋巴管引流至局部集合淋巴结或扁桃体。外周淋巴组织中均含有抗原提呈细胞(APC),能捕获外源性抗原,并将其加工、处理为多肽,后者与主要组织相容性复合体(MHC)分子结合成复合物,表达于APC表面,供抗原特异性淋巴细胞识别,从而诱导免疫应答。

免疫应答的基本过程实际上是抗原刺激特异性淋巴细胞,从而触发淋巴细胞发生一系列生物学及分子免疫学变化,并产生免疫效应的生理或病理过程。主要有3个阶段(图4-1)。

1. *感应阶段* 是指APC对抗原的捕获、加工、处理和传递,以及免疫活性细胞(T、B细胞)通过抗原受体(TCR、BCR)识别抗原后启动活化,也称抗原提呈与识别阶段。

2. *反应阶段* 指免疫活性细胞接受抗原刺激后,在细胞因子的参与下,活化、增殖和分化成为效应淋巴细胞(效应T细胞或浆细胞)阶段。在此阶段,有部分T细胞和B细胞停止分化,转变为记忆细胞。当记忆细胞再次接触相同的抗原时,可迅速增殖分化为效应T细胞或浆细胞,产生免疫效应。

3. *效应阶段* 指效应细胞和效应分子(抗体、细胞因子)共同发挥作用,产生体液免疫和细胞免疫效应清除非已抗原的阶段。

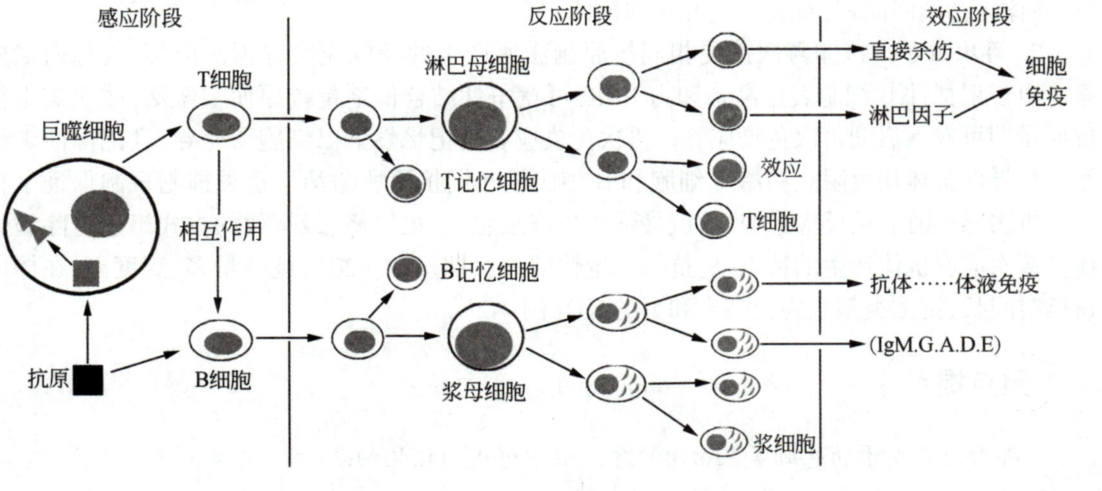

图4-1 免疫应答基本过程示意图

第二节 B细胞介导的体液免疫应答

B细胞介导的免疫应答是指B细胞接受抗原刺激后,活化、增殖、分化为浆细胞合成并分泌抗体,由抗体发挥生物学效应的特异性免疫应答。由于抗体主要有存在于血清等各种体液中，故B细胞介导的免疫应答又称体液应答。

一、抗体产生的一般规律

抗原初次侵入机体所引发的应答称为初次免疫应答。在初次应答的晚期，随着抗原被清除，多数T细胞和浆细胞均发生死亡，同时抗体浓度逐渐下降。但是，应答过程中所形成的记忆性T细胞和B细胞具有长寿命而得以保存，一旦再次遭遇相同抗原刺激，记忆性淋巴细胞可迅速、高效、特异地产生应答，此即再次免疫应答。

重点提示

①体液免疫应答过程中，效应淋巴细胞是浆细胞，效应分子是抗体；②体液免疫主要针对体液中细胞外的抗原物质发挥免疫效应。

1. *初次应答* 机体第1次接受抗原刺激后发生的免疫应答称初次应答。机体初次接受抗原刺激后，抗体产生的过程可人为划分若干阶段。①潜伏期：历时1~2周，其长短受机体状况、抗原的性质及其进入机体的途径等因素影响，在此期体内不能检出抗体；②对数期：抗体水平呈指数增长；③平台期：抗体水平相对稳定，到达平台期所需时间及平台期的抗体水平和持续时间，依抗原不同而异；④下降期：由于抗体被降解或与抗原结合而被清除，体内抗体水平逐渐下降。初次应答主要产生IgM类抗体，后期可产生IgG，所产生抗体总量及其与抗原的亲和力均较低。初次应答抗体产生的特点是：抗体产生慢即潜伏期长（1~2周），抗体量少、滴度低，在体内持续时间短，首先产生IgM型抗体。

2. *再次应答* 机体再次接受相同抗原刺激所产生的免疫应答称再次应答，或称回忆应答。由于记忆性B细胞表达高亲和力BCR，可竞争性结合低剂量抗原而被激活，故仅需很低抗原量即可有效启动再次免疫应答。再次免疫应答由记忆性淋巴细胞所介导，且记忆性T细胞和特异性抗体均可阻止初始T细胞和B细胞被相同抗原所激活。这种抑制机制保证了宿主在再次感染时启用反应最快、效应最强的免疫细胞，以最经济、最有效的方式迅速清除病原体。再次应答抗体产生的特点是：抗体产生快即潜伏期短（1~2d），抗体量多、滴度高，在体内持续时间长，抗体类型主要为高亲和力的IgG（图4-2）。

重点提示

再次应答发生的基础是在初次应答过程中形成的记忆细胞。

抗体产生的一般规律在医学实践中具有重要的指导作用。预防接种或制备免疫血清，应采用多次和再次加强免疫，使机体产生高滴度、高亲和力的抗体，获得良好的免疫效果；由于IgM产生早，消失快，故检测特异性IgM可作为病原微生物早期感染的诊断指标；检测抗体含量变化，有助于了解患者病程并评估疾病转归。

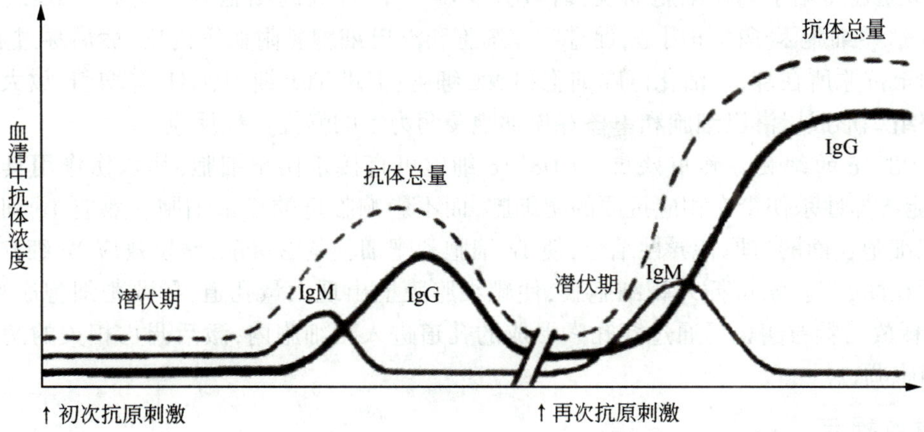

图 4-2　抗体产生一般规律示意图

二、体液免疫的生物学作用

1. *中和作用*　抗毒素抗体能中和相应外毒素的毒性作用；抗病毒的中和抗体可阻断病毒进入易感细胞，使病毒失去感染能力。

2. *免疫调理作用*　IgG、IgA 抗体与病原体结合借助其 Fc 段与吞噬细胞表面 FcR 结合，从而促进吞噬细胞吞噬病原体，此效应即抗体介导的调理作用。

3. *激活补体*　IgG、IgM 类抗体与抗原结合形成免疫复合物，通过激活补体系统发挥补体介导的溶菌、溶细胞作用。

4. *抗体依赖性细胞介导的细胞毒作用（ADCC）*　通过 ADCC 作用杀伤携带特异性抗原的靶细胞。

5. *分泌型 IgA 的局部抗感染作用*　分泌型 IgA 分泌至呼吸道、消化道和泌尿生殖道黏膜表面，可阻止细菌、病毒和其他病原体入侵。

6. *免疫损伤作用*　由抗体引起的免疫损伤见于Ⅰ、Ⅱ、Ⅲ型超敏反应和自身免疫病。

第三节　T 细胞介导的细胞免疫应答

由 T 细胞介导的免疫应答称细胞免疫应答。指 T 细胞接受抗原刺激后，活化、增殖和分化为效应 T 细胞而发挥的免疫效应。即初始 T 细胞接受抗原刺激后增殖、分化为效应 T 细胞，其细胞表面高表达 FasL，可介导靶细胞凋亡；效应 T 细胞可分泌多种活性分子，如细胞毒素、各种蛋白酶、细胞因子等发挥不同的生物学效应。

一、细胞免疫应答的效应机制

不同类型效应 T 细胞作用于不同靶细胞，其生物学效应及机制也各异。这里主要介绍 $CD4^+Th1$ 细胞和 $CD8^+Tc$ 细胞。

1. *$CD4^+Th1$ 介导的炎症反应效应*　$CD4^+Th1$ 细胞与相应抗原特异性结合后通过释放淋

巴因子，多途径作用于巨噬细胞而发挥作用。$CD4^+$Th1 释放的细胞因子主要有 IL-2、TNF-β、IFN-γ 等，这些细胞因子的作用是：促进巨噬细胞和淋巴细胞黏附血管内皮，然后穿过血管壁，趋化运动至抗原所在部位；活化巨噬细胞和 NK 细胞；促进 Th1 细胞、CTL 等增殖，放大免疫效应。局部组织形成以淋巴细胞和单核吞噬细胞浸润为主的慢性炎症反应。

2. $CD8^+$Tc 的细胞毒作用效应　$CD8^+$Tc 细胞可直接杀伤靶细胞，其杀伤作用具有特异性，即只能选择性杀伤带有相应抗原的靶细胞，而不影响临近的正常细胞。效应 Tc 细胞通过 TCR 与靶细胞表面的抗原特异性结合，使 Tc 细胞和靶细胞紧密接触，激发效应 Tc 细胞释放穿孔素和颗粒酶，穿孔素可插入靶细胞膜，使靶细胞膜上出现大量孔道，导致靶细胞崩解死亡。此外，Tc 释放的颗粒酶也可通过穿孔素形成的孔道进入靶细胞内，激活凋亡相关的酶系统而介导靶细胞凋亡。

重点提示

①细胞免疫应答过程中，效应淋巴细胞是 $CD4^+$Th1 和 $CD8^+$Tc，效应分子是各种活性分子，如细胞因子、各种蛋白酶等；②细胞免疫主要针对细胞抗原和胞内寄生物发挥作用。

二、细胞免疫的生物学作用

1. 抗感染　细胞免疫主要针对的是胞内寄生菌（如结核分枝杆菌、伤寒沙门菌、麻风分枝杆菌等）、病毒、真菌及某些寄生虫感染。

2. 抗肿瘤　细胞免疫在机体抗肿瘤效应中发挥关键作用。Tc 细胞可直接杀伤带有相应抗原的肿瘤细胞，细胞免疫过程中产生的某些细胞因子（TNF、IFN-γ、IL-2 等）也可直接或间接增强巨噬细胞和 NK 细胞的抗肿瘤作用。

3. 免疫损伤作用　细胞免疫应答可参与迟发型超敏反应、移植排斥反应及某些自身免疫病等病理过程的发生和发展。

第四节　免疫调节和免疫耐受

一、免疫调节

免疫调节是指免疫应答过程中，免疫细胞之间、免疫细胞与免疫分子之间以及与神经内分泌系统之间相互作用、共同调节免疫应答全过程，使免疫应答维持适合的强度，从而保证机体内环境的稳定。

1. 抗原、抗体的调节　抗原刺激是诱发免疫应答发生的前提，抗原的性质、浓度以及进入机体的途径等均会影响和调节免疫应答的类型和强度，如蛋白质抗原既可诱导发生体液免疫又可诱导发生细胞免疫；多糖及脂类抗原可诱导发生体液免疫；核酸一般不能诱导免疫应答发生。抗体是免疫应答的效应产物，反过来又可以对免疫应答产生负反馈调节作用，主要是通过中和相应抗原、抑制 B 淋巴细胞活化等方式抑制免疫应答。

2. 免疫细胞的调节　抗原提呈细胞通过摄取、处理、提呈抗原诱导特异性免疫应答；Th1

细胞分泌 IFN-γ 抑制 Th2 细胞的增殖和功能,同时分泌 IL-2 促进 Tc 细胞增殖分化;Th2 细胞分泌 IL-4、IL-10,抑制 Th1 细胞活性;Ts 细胞则可分泌多种细胞因子,抑制细胞免疫和体液免疫,发挥负反馈调节作用。

3. 神经-内分泌系统的调节　神经-内分泌系统主要是通过神经纤维、神经递质和激素对免疫系统发挥调节作用,如糖皮质激素、雄激素等可抑制免疫应答,而雌激素、生长激素、甲状腺素、胰岛素等则增强免疫应答,如果机体的神经-内分泌系统受到干扰、调节失常时,会导致免疫功能下降或异常。

二、免疫耐受

免疫耐受是指机体免疫系统接受某种抗原作用后所产生的对该抗原特异性免疫无应答状态。对某种抗原产生耐受的个体,接受同一抗原再次刺激后,不产生体液免疫或细胞免疫应答,但对其他抗原刺激仍具有正常的免疫应答能力。诱导产生耐受的抗原称为耐受原。

1. 诱导免疫耐受的重要条件　免疫耐受的发生主要取决于抗原和机体两方面的因素。

(1)抗原方面:抗原方面的因素包括抗原的性质、剂量、途径和刺激的持续时间等。如小分子可溶性抗原和分子结构小而简单的抗原易成为耐受原;过低和过高剂量抗原均可能诱导免疫耐受;经口服和静脉注射进入机体的抗原最易引起免疫耐受,抗原经皮下、肌内注射最难诱导免疫耐受。

(2)机体方面:机体免疫功能状态、免疫系统的发育成熟程度、遗传因素等与免疫耐受的形成密切相关。胚胎期或新生儿期个体免疫系统不成熟,容易产生免疫耐受;免疫系统发育越成熟,越不容易形成免疫耐受,因此诱导免疫耐受一般在胚胎期最易,新生期次之,成年期最难。免疫功能处于抑制的机体较易形成免疫耐受,此外,免疫耐受诱导和维持的难易程度随动物种属和品系不同而异。

2. 研究免疫耐受的意义　对"自己"免疫耐受和对"非己"特异性免疫应答是维持机体正常生理功能的关键。免疫耐受的产生、维持和破坏与许多临床疾病的发生、发展及转归密切相关。机体对自身组织维持正常的免疫耐受可避免自身免疫病的发生,对感染的病原体或肿瘤细胞产生免疫耐受,则会导致感染持续及肿瘤的发生,而解除对病原体和肿瘤细胞的免疫耐受,则有利于清除病原体和控制肿瘤。器官移植时,正常情况下,如机体对移植物发生特异性免疫应答,则会发生移植排斥,如诱导机体对移植物发生免疫耐受,则可提高移植物成活率。因此,研究免疫耐受的产生原因、产生机制,通过人工干预手段诱导或终止免疫耐受,具有重要的临床应用意义。

重点提示

免疫耐受和免疫应答一样,均需抗原的诱导,均具有特异性和记忆性。

讨论与思考

1. 免疫应答的正常生理学效应是清除"非己",维持机体平衡和稳定。人体肠道中有数十亿个细菌,为什么我们的免疫系统无法将他们"清除"掉呢?

2. 患者，男，12岁，因高热、头痛、右侧腹股沟疼痛，行走不便入院，患儿于6天前外出玩耍时不慎右足底被刺伤，因伤口小未引起重视，未进行任何处理。3天后，伤口有轻度肿痛。第5天开始出现高热，右侧腹股沟疼痛，行走不便。入院后体格检查见右侧腹股沟淋巴结肿大。患者右足底被刺伤，局部感染，为什么右侧腹股沟淋巴结会肿大、疼痛同时发生高热？

（郑小波）

第 5 章

临床免疫

学习要点

1. 超敏反应的概念
2. Ⅰ、Ⅱ、Ⅲ、Ⅳ型超敏反应的发生机制及常见疾病
3. Ⅰ型超敏反应的防治原则

第一节　超敏反应

超敏反应指致敏机体再次接触相同抗原的刺激时，发生的以组织损伤或生理功能紊乱为主的免疫应答。即抗原与抗体或致敏淋巴细胞反应，在排除抗原的同时，造成了机体的免疫损伤，是一类异常的病理性免疫应答，又称变态反应。

1963 年 Coombs 和 Cell 根据反应发生的速度、发病机制和临床特征将超敏反应分为Ⅰ、Ⅱ、Ⅲ和Ⅳ型，其中Ⅰ、Ⅱ、Ⅲ型超敏反应由抗体介导；Ⅳ型超敏反应由 T 细胞介导。引起超敏反应的抗原称变应原或过敏原。某一变应原刺激机体产生何种应答产物，引起何种超敏反应，与致敏所用的抗原种类、佐剂、致敏途径、不同个体及动物种属有关。

一、Ⅰ型超敏反应

Ⅰ型超敏反应是由 IgE 介导的超敏反应，在四型超敏反应中发生速度最快，一般在第二次接触抗原后数分钟内出现反应，故称速发型超敏反应或变态反应，也称过敏反应。其特点是：①反应发生迅速，消退也迅速；②由 IgE 抗体介导，多种血管活性胺类物质参与反应；③以生理功能紊乱为主，无明显组织损伤；④有明显的个体差异和遗传倾向，个体差异可能与缺乏分泌型 IgA、胆碱能兴奋性增高、缺乏胆碱酯酶、缺乏某些补体成分等有关。

根据Ⅰ型超敏反应发生的快慢，可分为即刻相和迟发相反应。即刻相反应指再次接触变应原后 20min 内发作，并能迅速消退的反应，一般为 IgE 与肥大细胞、嗜碱粒细胞细胞膜上的 FceRⅠ型受体介导的，以功能紊乱为主；迟发相反应指接触变应原后 4～12h 甚至更晚发作，能持续数小时或 1 天以上，以各种炎细胞浸润为主，24h 后才逐渐消退的反应。

重点提示

Ⅰ型超敏反应是由IgE介导的超敏反应，一般发生比较快，又称速发型超敏反应。

(一)发生机制

变应原通过多种途径进入体内，刺激机体产生IgE抗体，IgE通过Fc段结合在肥大细胞或嗜碱粒细胞表面的Fc受体上，使机体处于致敏状态称为致敏阶段。当相同变应原再次进入致敏机体时，即可与吸附在上述细胞表面的IgE的Fab段结合，引起细胞发生一系列反应，致使细胞膜通透性增加，细胞内碱性颗粒脱出，释放组胺、白三烯、激肽原酶等多种生物活性介质，引起平滑肌收缩，毛细血管通透性增高，腺体分泌增加，使机体发生过敏反应，此阶段为发敏阶段(图5-1)。

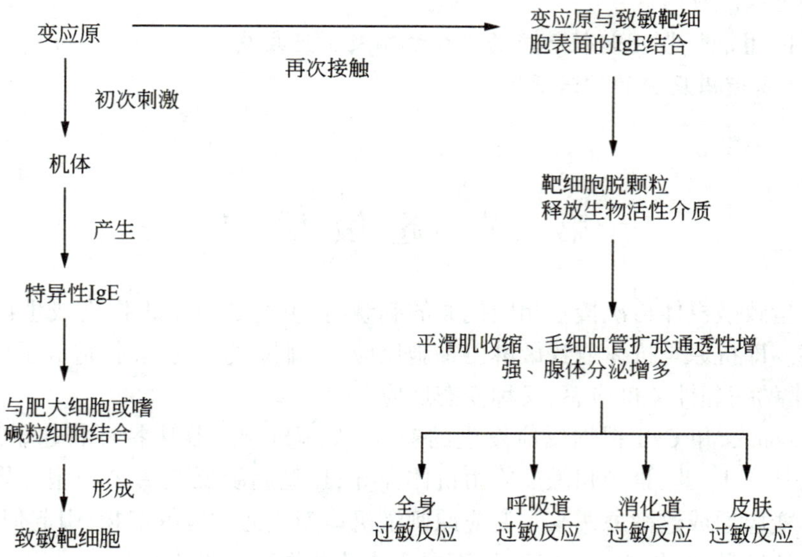

图5-1 Ⅰ型超敏反应发生机制

(二)常见疾病

1. 过敏性休克　是最严重的Ⅰ型超敏反应性疾病。患者在接触变应原后数分钟内出现休克症状，如抢救不及时可导致死亡。

(1)药物过敏性休克：可由多种药物引起，但以青霉素过敏性休克最常见。多在注射后数秒钟至数分钟内发生胸闷、气急、呼吸困难、脉细、血压下降等一系列严重症状，抢救不及时可导致死亡。青霉素为半抗原，进入机体后发生降解，降解产物青霉噻唑醛酸和青霉烯酸与机体的组织蛋白结合后成为完全抗原，刺激机体产生特异性IgE，诱发Ⅰ型超敏反应。提高青霉素制剂质量，使用新鲜配制的青霉素溶液是预防发生青霉素过敏性休克的有效措施。其他药物，如普鲁卡因、头孢菌素、链霉素、磺胺类、有机碘等也可以引起过敏性休克。

重点提示

临床发现少数人在初次使用青霉素时也可发生过敏性休克。原因可能是以往接触过青霉素,已使机体处于致敏状态。例如,曾使用污染了青霉素的注射器,皮肤黏膜接触过青霉素或其降解产物,从空气中吸入过青霉菌孢子等。

(2)血清过敏性休克:一些患者接受动物免疫血清制剂治疗或紧急预防时,因其曾注射过免疫血清制剂而致敏,再次注射时也可发生过敏性休克。例如使用破伤风抗毒素等。

2. *呼吸道过敏反应* 呼吸道过敏反应主要是由于吸入花粉、尘螨、真菌孢子、动物皮屑等变应原引起。主要有支气管哮喘和过敏性鼻炎两种类型。

3. *消化道过敏反应* 因食入了鱼、虾、蟹、牛奶、蛋等食物或某些药物后,出现腹痛、腹泻、呕吐等症状。原因是患者肠黏膜防御功能减弱,常伴有蛋白水解酶缺乏,某些食物蛋白未完全消化即被吸收,从而作为变应原诱发消化道过敏反应,也称过敏性胃肠炎。

4. *皮肤黏膜过敏反应* 因摄入某些药物、食物、花粉或肠道内寄生虫感染或冷、热刺激时,主要表现为荨麻疹、特应性湿疹、血管性水肿等症状,为皮肤黏膜过敏症。

(三)防治原则

Ⅰ型超敏反应的防治主要针对变应原和机体免疫状态两个方面。一是尽可能查找变应原,避免再次接触。二是从超敏反应的发生发展过程入手,通过切断或干扰某些环节,特别是控制组胺等介质释放以消除对机体的影响,是防治上的重要措施。

1. *查明变应原* 查明变应原、避免再次接触是预防超敏反应的最佳措施。通常采用询问病史和皮肤过敏试验等方法。对可疑变应原、待用的药物或免疫血清制剂可通过皮肤过敏试验确定变应原。

2. *脱敏疗法* 是指对动物免疫血清皮试阳性但又必须注射的患者。可采用小剂量、短间隔(20~30min)、连续多次注射的方法。其机制是小剂量变应原进入机体,与有限数量的致敏靶细胞膜表面的IgE结合后,靶细胞释放的生物活性介质较少,不足以引起明显的临床症状,可在短时间内小量多次注射变应原可使致敏靶细胞分期分批脱敏,解除致敏状态,所以当大剂量注射抗毒素血清时,不会发生超敏反应。但这种脱敏作用是暂时的,一段时间后机体还恢复为致敏状态。

3. *减敏疗法* 对一些经皮肤试验查明但却难以避免接触的变应原(如植物花粉、尘螨等),可采用小量多次、长间隔(1周左右)、逐渐增量,反复皮下注射的方法,即减敏疗法。经减敏治疗后,患者对有关变应原的反应性降低,症状缓解或消失。其机制可能为改变了抗原进入体内途径,诱导机体产生出IgG类抗体,降低了IgE抗体应答的水平,这种IgG类抗体也称封闭抗体。

4. *药物治疗* 用药物选择性地阻断或干扰过敏反应过程中的某个环节,以阻止和减轻超敏反应的发生。

(1)抑制生物活性介质合成和释放的药物:色甘酸钠可稳定细胞膜,防止靶细胞脱颗粒。阿司匹林为环氧合酶抑制药,可抑制前列腺素等介质的合成。肾上腺素、异丙肾上腺素等能激活腺苷环化酶,增加cAMP合成。

（2）生物活性介质的拮抗剂：阿司咪唑等药物为组胺受体拮抗药，对组胺有竞争性抑制作用；阿司匹林为缓激肽拮抗药。

（3）改善效应器官反应性的药物：肾上腺素可解除支气管平滑肌痉挛，还能收缩毛细血管、升高血压。因此，用于缓解哮喘症状和抢救过敏性休克。葡萄糖酸钙等钙制剂和维生素 C 可降低毛细血管通透性，减轻皮肤和黏膜的炎症反应。

二、Ⅱ型超敏反应

Ⅱ型超敏反应是由 IgG 和 IgM 类抗体与靶细胞表面抗原结合后，在补体、吞噬细胞和 NK 细胞参与下，引起以靶细胞溶解破坏为主的病理性免疫反应。所以Ⅱ型超敏反应也称细胞毒型或细胞溶解型超敏反应。

重点提示

Ⅱ型超敏反应参与的抗体主要是 IgG 和 IgM 类抗体，与靶细胞表面抗原结合后在补体、吞噬细胞和 NK 细胞参与下，引起靶细胞溶解破坏。

（一）发生机制

靶细胞表面的抗原与相应抗体结合后，可通过激活补体、巨噬细胞和 NK 细胞，使靶细胞溶解破坏（图 5-2）。

（1）引起Ⅱ型超敏反应的抗原都在靶细胞膜上，或是靶细胞表面抗原，或是外源性抗原吸附于靶细胞。

（2）参与的抗体主要是 IgG 和 IgM。在Ⅱ型超敏反应中，IgM 类抗体主要是 ABO 血型的天然抗体，而针对其他抗原的抗体则以 IgG 为主。

（3）靶细胞损伤的机制可通过补体介导的细胞溶解、吞噬作用和 ADCC 作用 3 种途径引起，针对不同抗原可能会以某一途径为主。

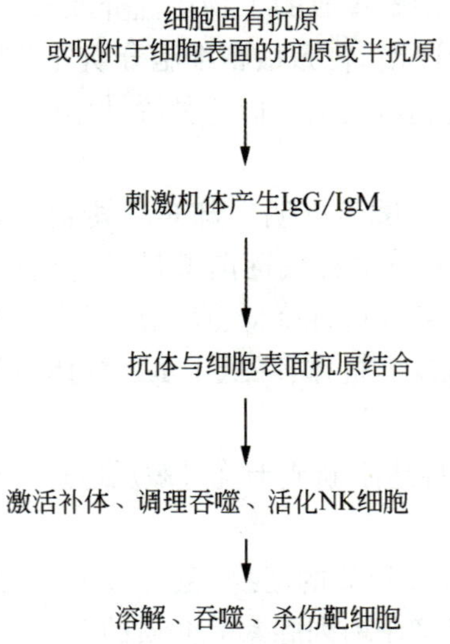

图 5-2 Ⅱ型超敏反应发生机制

（二）常见疾病

1. 输血反应　由于输入异型血液所致。输血反应常见于 ABO 血型系统。输入的供血者异型红细胞很快与受血者体内的天然 ABO 血型抗体（IgM）结合，迅速激活补体，导致输入的红细胞被溶解。例如 A 型血个体血液中含有抗 B 抗体，B 型血个体血液中含有抗 A 抗体。若误将 A 型血输给 B 型个体，供者红细胞表面的抗原与受者血液中的相应抗体结合，在补体的参与下，输入的红细胞被溶解。患者出现发热、恶心、呕吐、低血压等症状。

2. 新生儿溶血症　由母胎间 Rh 血型不符引起，多发生于孕妇红细胞抗原为 Rh^-，胎儿为 Rh^+，分娩时由于胎盘剥离出血，胎儿 Rh^+ 红细胞进入母体，刺激母体产生 Rh 抗体。如已产生 Rh 抗体的母亲第 2 次妊娠，胎儿仍为 Rh^+，母体抗 Rh 抗体（IgG 类）即可通过胎盘进入胎儿体内，与胎儿 Rh^+ 红细胞结合，激活补体及相关细胞，导致胎儿红细胞溶解破坏，引起流产或新生儿溶血症。患儿出现黄疸、贫血、肝大、脾大等。预防措施是分娩后立即给产妇注射 Rh 抗体，及时清除进入母体的 Rh^+ 红细胞。母胎之间 ABO 血型不符发生新生儿溶血症更为多见，但一般症状较轻。

重点提示

我国大多数人为 Rh^+，故因 Rh 血型不合引起的新生儿溶血症比较少见。

3. 自身免疫型溶血性贫血　可由感染、药物、代谢异常、肿瘤等原因使自身红细胞表面抗原发生改变，而诱发免疫应答产生自身抗体引起。

4. 药物过敏性血细胞减少症　包括药物性溶血性贫血、粒细胞减少症和血小板减少性紫癜。作为半抗原的药物，吸附在红细胞、白细胞或血小板上，使之成为靶细胞，刺激机体产生抗体，抗体与血细胞表面吸附的抗原结合导致血细胞溶解破坏。

5. 肺-肾综合征　因感染等原因使肺组织损伤、抗原性发生改变，激发免疫应答，产生抗肺的自身抗体。由于肺泡壁基底膜与肾小球基底膜有共同抗原成分，因此，抗肺的自身抗体与肾小球基底膜发生交叉反应，从而造成损伤。临床表现为咯血、贫血及进行性肾功能衰竭，有明显的蛋白尿及血尿，严重者可死于肺出血或尿毒症。

6. 甲状腺功能亢进症（Grave 病）　为一种特殊类型的Ⅱ型超敏反应。甲状腺上皮细胞膜上存在甲状腺刺激素（TSH）受体，正常情况下，受脑垂体分泌的 TSH 作用，甲状腺上皮细胞分泌甲状腺素，病人体内产生了抗 TSH 受体的抗体，此抗体与受体结合，模拟了 TSH 与 TSH-R 的作用，甲状腺上皮细胞产生大量的甲状腺素，患者出现甲状腺功能亢进症。

三、Ⅲ型超敏反应

Ⅲ型超敏反应又称为免疫复合物型或血管炎型超敏反应，抗原与体内相应的抗体（IgG，IgM）结合，可形成可溶性免疫复合物，在某种条件下所形成的免疫复合物未被及时清除，沉积于毛细血管基底膜，激活补体吸引中性粒细胞的聚集，引起以充血水肿、局部坏死和中性粒细胞浸润为特征的炎症反应和组织损伤。

（一）发病机制

中等大小免疫复合物的形成和沉积是发生Ⅲ型超敏反应的关键。由于抗原和抗体比例及抗原性质差异，抗原与其相应抗体结合后所形成的免疫复合物（IC）大小也不同。不溶性大分子 IC，可被吞噬细胞及时吞噬而清除，可溶性小分子 IC，通过肾小球滤过排出，因此两者均无致病作用；当形成了中等大小的 IC，既不能被吞噬清除，又不能被滤过排出，长期存在于血循环中，随血流沉积在毛细血管基底膜（肾小球、关节滑膜、心肌等处）。免疫复合物可激活补体，产生 C_{3a}、C_{5a}、$C_{\overline{567}}$ 等趋化因子，吸引中性粒细胞大量聚集，中性粒细胞在吞噬免疫复合物的同时，释放出溶酶体酶，损伤血管基底膜及邻近组织；C_{3a}、C_{5a} 可使嗜碱粒细胞和肥大细胞脱颗粒，释放组胺等炎性物质，引起血管扩张、渗出增加，使组织出血、水肿。此外血小板的聚集和活化，使血管通透性增加，激活凝血系统，形成血栓，导致局部缺血、出血，加剧炎症和组织损伤（图 5-3）。

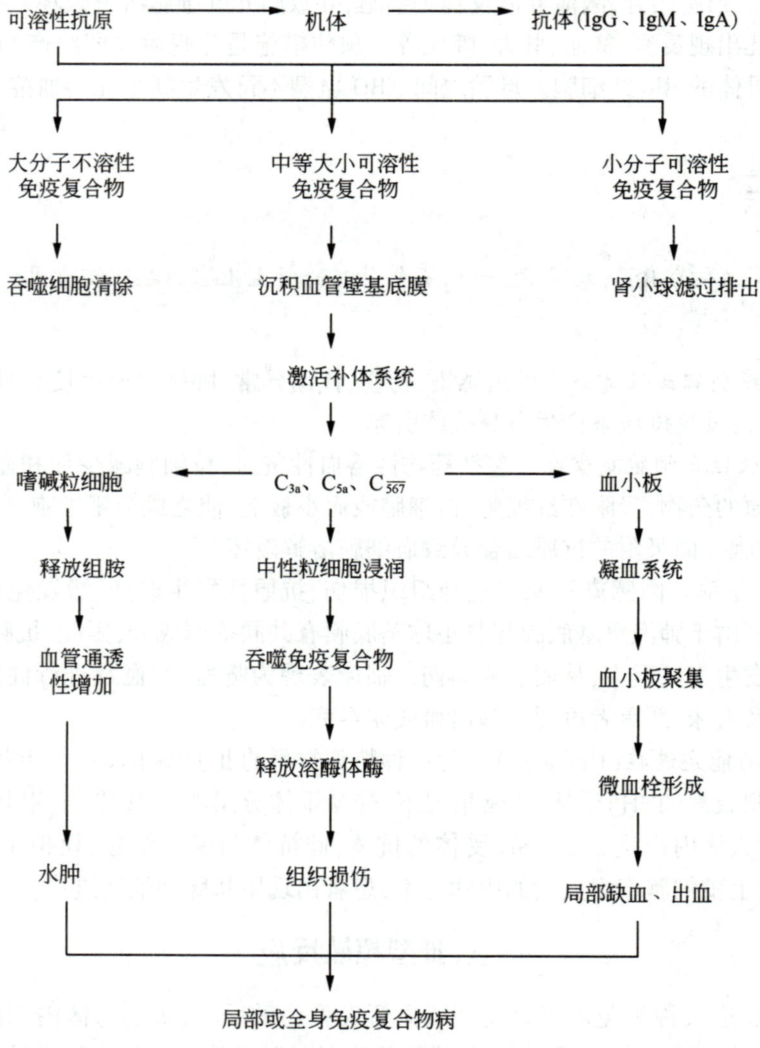

图 5-3 Ⅲ型超敏反应发生机制

重点提示

中等大小的IC沉积在毛细血管基底膜，激活补体，导致中性粒细胞浸润并释放溶酶体酶是Ⅲ型超敏反应引起炎症反应和组织损伤的主要原因。

(二)常见疾病

1. *局部免疫复合物病* 包括实验性局部免疫复合病和人类局部免疫复合病。

(1)实验性局部免疫复合物病(Arthus反应)：1903年，Arthus首次发现给家兔皮下注射马血清，当第4次注射后，局部出现细胞浸润，再次注射时，注射部位可发生水肿、出血、坏死等剧烈炎症反应。这是因为注射的可溶性抗原与体内的抗体结合，形成免疫复合物并在局部沉积所致。

(2)人类局部免疫复合物病：见于糖尿病患者，因多次注射胰岛素后体内产生胰岛素抗体，形成的免疫复合物引起注射局部出现红肿、出血和坏死。又如反复吸入粉尘，个别人可发生变应性肺泡炎，这可能是由于反复吸入粉尘中含有的真菌孢子或动植物性蛋白抗原，与已经产生的抗体在肺泡局部形成免疫复合物引起间质性肺炎。

2. *全身免疫复合物病*

(1)血清病：初次注射大量动物免疫血清，于注射1~2周后出现局部红肿、发热、皮疹、关节肿痛、淋巴结肿大及一过性蛋白尿等症状，称为血清病。在大剂量使用青霉素、磺胺等药物时，也可出现类似血清病样的反应，称为药物热。

(2)链球菌感染后肾小球肾炎：以A群链球菌感染最多见。多发生在链球菌感染后2~3周，患者因链球菌胞壁抗原与相应抗体形成免疫复合物，沉积于肾小球基底膜，发生肾小球肾炎。其他某些细菌、病毒和寄生虫感染也可引起类似疾病。

(3)类风湿关节炎(rheumatoid arthritis, RA)：为慢性免疫复合物病，属自身免疫病，病因未明。可能因微生物感染使体内IgG分子变性，刺激体内产生抗变性IgG的自身抗体。此类自身抗体以IgM为主，称类风湿因子(rheumatoid factor,RF)。不断产生的RF与变性IgG形成免疫复合物，沉积于关节滑膜，引起类风湿关节炎。免疫复合物还可在皮下、肺或其他部位沉积，引起相应部位的血管炎。

四、Ⅳ型超敏反应

Ⅳ型超敏反应，因该型反应均在接触抗原24h后才出现，故称为迟发型超敏反应。是由效应T细胞再次接触相同抗原后引起以单核细胞、巨噬细胞和淋巴细胞浸润为主的炎症性病理损伤。其特点是：①反应发生迟缓，一般再次接触抗原后24h后出现；②抗体和补体不参与反应；③由炎性细胞因子引起的以单核细胞浸润为主的炎症；④无明显个体差异。

(一)发病机制

机体在胞内寄生菌、病毒、真菌、寄生虫、细胞抗原(肿瘤细胞、移植细胞)等变应原的刺激下，使T细胞形成效应T细胞。当再次接触相同变应原时，效应Th1细胞释放TNF-β、IFN-γ和IL-2等细胞因子，在抗原存在部位形成以单核-吞噬细胞和淋巴细胞浸润为主要特征的炎症反应和组织损伤；效应Tc细胞与靶细胞特异性结合，通过释放穿孔素和颗粒酶等途径，使靶细胞溶解和凋亡(图 5-4)。

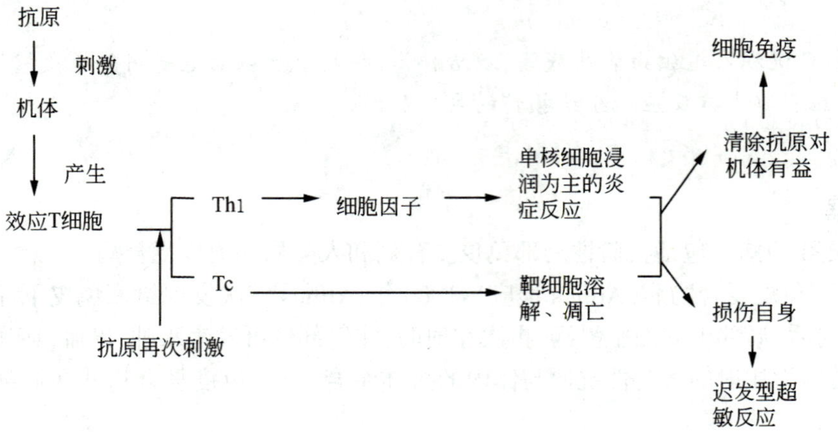

图 5-4　Ⅳ型超敏反应发生机制

重点提示

Ⅳ型超敏反应与细胞免疫的发生机制一致,对机体产生有利影响时称为细胞免疫;当对机体产生不利影响时,则为Ⅳ型超敏反应。

(二)常见疾病

1. 传染性超敏反应　机体对细胞内感染的病原体,如分枝杆菌、病毒、真菌、原虫等,主要产生细胞免疫。在发挥免疫效应的过程中可导致组织炎症损伤,这些胞内感染的病原体及其代谢产物作为变应原,在传染过程中引起的迟发型超敏反应,故名传染性超敏反应。

2. 接触型超敏反应　指再次接触化学品、药物、油漆、染料、农药或碘仿、磺胺等小分子半抗原后,发生以湿疹为表现的接触型皮炎。急性皮损表现为红肿和水疱,重症者可有剥脱性皮炎,慢性表现为丘疹。

3. 移植排斥反应　在进行同种异体器官或组织移植后,因供受体双方组织相容性抗原(HLA)不完全相同,发生排斥反应,导致移植物坏死脱落。故在进行器官或组织移植后,需长期使用免疫抑制药。

4 种类型超敏反应发生机制各不相同,有些超敏反应与疾病并非严格相互对应,有些疾病常常几型超敏反应同时存在,以某一型为主。同时,超敏反应的临床表现复杂多样,同一变应原在不同的个体可引起不同类型超敏反应,如青霉素可引起过敏性休克(Ⅰ型)、溶血性贫血(Ⅱ型)、药物热(Ⅲ型)和接触型超敏反应(Ⅳ型)。4 种类型超敏反应比较,见表 5-1。

表5-1 4型超敏反应比较表

类型	抗原	抗体	补体	参与细胞	应答类型
Ⅰ型（速发型）	吸入性变应原 食入性变应原	IgE	不参加	肥大细胞 嗜碱粒细胞	体液免疫
Ⅱ型（细胞毒型或细胞溶解型）	靶细胞表面抗原 靶细胞吸附抗原	IgG、IgM	溶细胞作用	巨噬细胞 NK细胞	体液免疫
Ⅲ型（免疫复合物型或血管炎型）	游离的可溶性抗原	IgG、IgM	过敏毒素 趋化作用	血小板 中性粒细胞	体液免疫
Ⅳ型（迟发型）	化学物质 胞内寄生菌	无	不参加	单核细胞 淋巴细胞	细胞免疫

第二节 自身免疫病与免疫缺陷病

一、自身免疫病

（一）概述

自身免疫反应是机体免疫系统对自身细胞或分子发生免疫应答，产生低水平的自身抗体或效应性淋巴细胞的现象。自身免疫反应存在于所有的个体，是机体清除衰老细胞和某些自身抗原的方式，即免疫稳定功能。自身免疫耐受和自身免疫保持相对平衡，如果这种平衡被打破，则可能出现自身免疫病。

自身免疫病（autoimmune disease，AID）是自身免疫反应达到一定强度，引起机体病理改变，出现了临床症状的疾病。在对自身细胞或分子发生免疫应答时，人体的免疫系统不能或不易清除自身的细胞或分子，而是持续不断地对其进行免疫攻击，结果造成细胞的破坏或组织的损伤，引发疾病。

（二）临床常见的自身免疫病

1. *系统性红斑狼疮（SLE）* 是一种多发于青年女性的累及多脏器的自身免疫性炎症性结缔组织病，其临床表现为多系统损害症状，患者血清中含以抗核抗体为主的大量不同的自身抗体。该病病因不清，可能通过遗传、雌激素、环境及免疫学等机制发病，有家族聚居倾向，并且可合并其他自身免疫性疾病。

2. *类风湿关节炎（RA）* 是一种慢性、以炎性滑膜炎为主的系统性疾病。症状特征是手、足小关节的多关节、对称性、侵袭性关节炎症，经常伴有关节外器官受累，可致关节畸形及功能丧失。患者血清中的自身抗体为IgM，称类风湿因子（RF），是自身变性IgG刺激产生，又称为抗-抗体。

3. *重症肌无力* 是一种由神经-肌肉接头处传递功能障碍引起的自身免疫性疾病，主要临床表现为部分或全身骨骼肌无力和易疲劳，活动后症状加重，经休息后症状减轻。乙酰胆碱受体抗体的检测对重症肌无力的诊断具有特征性意义，该抗体与神经-肌肉接头处的乙酰胆碱受体结合，导致受体被封闭和破坏，神经冲动不能传至肌组织。

4. 1型糖尿病　多发生在儿童和青少年，也可发生于各种年龄，有家庭遗传倾向。患者血液中可查出多种自身免疫抗体，如谷氨酸脱羧酶抗体（GAD抗体）、胰岛细胞抗体（ICA抗体）等。这些异常的自身抗体可以损伤人体胰岛分泌胰岛素的B细胞，使之不能正常分泌胰岛素。

5. 外伤引起的交感性眼炎　指眼穿通伤或眼内手术后的双侧肉芽肿性葡萄膜炎。受伤眼称为诱发眼，未受伤眼称为交感眼，故名交感性眼炎，属继发性自身免疫病。眼贯通伤引起葡萄膜释放色素抗原，为隐蔽的自身抗原，能致敏T细胞，经增殖扩散，对另一眼的葡萄膜发生免疫攻击，属细胞免疫。

二、免疫缺陷病

免疫缺陷病（immunodeficiendy disease，IDD）是一组由于免疫系统任一成分因先天发育不全或后天因素所致的缺失或功能异常而引起的免疫功能障碍，临床上表现为以感染为主的一组综合征。分为原发性免疫缺陷病和继发性免疫缺陷病两种类型。

原发性免疫缺陷病（PIDD）是免疫系统遗传缺陷或先天发育不全，多伴有其他组织器官发育异常或者畸形，又称为先天性免疫缺陷病（CID），与遗传有关，婴幼儿多见。原发性免疫缺陷病分为T细胞免疫缺陷病、B细胞免疫缺陷病、联合型免疫缺陷病、吞噬细胞缺陷病、补体系统缺陷病等。

继发性免疫缺陷病（SIDD）是出生后因某些原因引起的免疫功能暂时或持续性损害，又称获得性免疫缺陷病，可发生在任何年龄。多因严重感染，尤其是直接侵犯免疫系统的感染、恶性肿瘤、应用免疫抑制药、放射治疗和化疗等原因引起。

讨论与思考

1. 患者，女，16岁，因发热、咳嗽就诊。经医生检查后，诊断为感冒、急性支气管炎，给予抗感冒药和青霉素治疗。护士在给该患者做皮试后发现该患者青霉素皮试为阳性，如果你是该护士，应该如何处理？

2. 患者，女，25岁，正常分娩婴儿发生新生儿溶血症。经检查，婴儿血型为Rh^+，孕妇血型为Rh^-，请讨论如下问题。

（1）如何解释该病病因？

（2）针对该患者情况，如何预防再次发生？

（郑小波）

第 6 章

免疫学应用

学习要点

1. 人工主动免疫、人工被动免疫、血清学反应的概念
2. 人工主动免疫与人工被动免疫的区别
3. 免疫防治的理论基础及常用的生物制品
4. 体液免疫检测的原理及意义
5. 最常用的免疫学检测方法

现代免疫学的发展加深了人们对免疫本质的认识,同时也拓宽了免疫学应用的范围。目前,免疫学在临床上的应用已由传染病的预防、诊断和治疗等领域扩展到对多种疾病,如自身免疫病、免疫缺陷病、超敏反应性疾病、移植排斥反应和肿瘤的预防、诊断和治疗等。

第一节　免疫学防治

一、免疫学预防

免疫学预防是指用免疫学的方法使机体获得对疾病的抵抗力。若是针对特定病原体产生,即为特异性免疫。特异性免疫可自然获得,也可用人工方式获得(表 6-1)。

根据免疫学原理,用人工方法给机体输入抗原或免疫效应物质,使机体获得特异性免疫来预防和治疗疾病的方法称为人工免疫。根据输入机体的物质性质不同,又可分为人工主动免疫和人工被动免疫,两者的主要区别,见表 6-2。

(一)人工主动免疫

1. 概念　人工主动免疫是给机体输入疫苗或类毒素等抗原物质,刺激机体产生特异性免疫力的方法。

2. 特点　免疫力出现较慢,但免疫力持久,故临床上多用于传染病的预防。

3. 常用生物制品

(1)死疫苗:用物理或化学方法将病原微生物杀死制备而成的制剂,称为死疫苗,又称灭活疫苗。由于死疫苗进入人体后不能生长繁殖,对机体的免疫作用较弱,要获得强而持久的

免疫

表 6-1 特异性免疫的类型及获得方式

类　型	获得方式
自然主动免疫	患传染病、隐性感染等
自然被动免疫	经胎盘或母乳由母体输入抗体(IgG/sIgA)
人工主动免疫	预防接种疫苗、类毒素等
人工被动免疫	输入抗血清、丙种球蛋白、胎盘球蛋白等

表 6-2 人工主动免疫和人工被动免疫的比较

项　目	人工主动免疫	人工被动免疫
输入物质	抗原	主要是抗体
免疫力产生时间	慢(2~3 周)	快(输入即生效)
免疫力维持时间	长,数月至数年	短,2~3 周
主要用途	预防	治疗或紧急预防

效果,必须多次大量注射。但死疫苗稳定,易保存。常用的死疫苗有伤寒、流行性乙型脑炎(乙脑)、百日咳、狂犬病及钩端螺旋体病疫苗等。

(2)活疫苗:用减毒的或无毒的活病原微生物制成的制剂,称为活疫苗,又称减毒活疫苗。活疫苗进入机体后可生长繁殖,在体内存留时间长。因此,对机体免疫作用强,接种量较小,一般只需接种 1 次。但活疫苗稳定性差,不易保存。常用的活疫苗有卡介苗、麻疹、脊髓灰质炎疫苗等。

(3)类毒素:常用的类毒素有白喉类毒素、破伤风类毒素。这两种类毒素常与百日咳死疫苗混合制成百-白-破三联疫苗。

(4)新型疫苗:近年来,随着免疫学、生物化学、分子生物学技术的发展,研制出许多高效、安全且廉价的新型疫苗。主要有:①亚单位疫苗,提取病原微生物中能刺激机体产生保护性免疫的抗原成分制备而成的疫苗即为亚单位疫苗,如乙型肝炎血源性疫苗等。②合成肽疫苗,人工合成能诱导机体产生保护性免疫的抗原肽,并结合于载体上,再加入佐剂而制成的疫苗即为合成疫苗。③基因工程疫苗,将病原微生物中能编码诱导保护性免疫的抗原基因与载体重组后导入宿主细胞,目的基因的表达产生大量相应抗原,由此制备的疫苗称为基因工程疫苗,如基因工程乙肝疫苗。

4. 人工主动免疫的注意事项

(1)接种对象:凡是免疫防御能力低、与某些病原微生物接触机会多、疾病危害大和处于流行地区的易感者等均为接种对象。

(2)接种剂量、次数和间隔时间:免疫接种的剂量必须按生物制剂使用规定进行。通常死疫苗接种量大,需接种 2~3 次,每次间隔7~10d;活疫苗一般只需接种 1 次;类毒素 2 次,间隔 4~6 周。我国推荐的儿童基础免疫程序,见表 6-3。

表 6-3 我国推荐的儿童基础免疫程序

年龄	疫　苗
出生时	BCG(卡介苗),HBV(乙肝疫苗)-1
1 月龄	HBV-2
2 月龄	OPV(三价脊髓灰质炎疫苗)-1
3 月龄	OPV-2 ,DPT(百-白-破三联疫苗)-1
4 月龄	OPV-3 ,DPT-2
5 月龄	DPT-3(百-白-破三联疫苗)-3
6 月龄	HBV-3
8 月龄	MV(麻疹疫苗)
1.5~2 岁	DPT
4 岁	OPV
7 岁	MV,TD(吸附精制白喉、破伤风类毒素)

注:①“-”后数字表示第几次接种;②DPT、OPV 基础免疫 3 针(次),最短间隔时间为 28d;③各种疫苗的基础免疫须在 12 个月龄内完成。

(3)接种途径:死疫苗多皮下注射,活疫苗常用皮内注射和自然感染途径接种。

(4)接种后反应:一般反应较轻微,局限在一定的范围之内,常在 24h 内发生,表现为局部红肿、疼痛、淋巴结大;全身反应较轻,可有发热、头痛、恶心、呕吐等,几天后即恢复正常,无需特殊处理;个别接种后反应剧烈,可引起严重的超敏反应及进行性疾病,如出现过敏性休克、接种后脑炎等,应予以注意。

(5)禁忌证:高热、严重心血管或肝病、肾病、急性传染病、恶性肿瘤、活动性结核、活动性风湿病、甲状腺功能亢进症和免疫缺陷病等患者均不宜接种疫苗。孕妇禁忌接种活疫苗。

(二)人工被动免疫

1. 概念　人工被动免疫是给机体输入抗体等免疫效应物质,使机体获得特异性免疫力的方法。

2. 特点　输入抗体后立即获得免疫力,但维持时间短,一般为 2~3 周,临床上主要用于治疗或紧急预防。

3. 常用生物制品

(1)抗毒素:抗毒素是抗细菌外毒素的抗体,主要用于治疗或紧急预防外毒素性疾病。如白喉抗毒素、破伤风抗毒素等。

重点提示

因抗毒素(动物免疫血清)对人体具有双重性,为防止过敏反应的发生,注射前必须做皮试。另外,为取得最佳效果,应早期、足量注射。

(2)人丙种球蛋白:从正常人血浆或健康产妇胎盘中提取制成,分别称为人血浆丙种球蛋白和胎盘丙种球蛋白。肌内注射制剂主要用于麻疹、甲型肝炎和脊髓灰质炎等疾病的紧急预防,静脉注射制剂可用于治疗丙种球蛋白缺乏症。

(3)人特异性免疫球蛋白:主要来源于含高效价特异性抗体的供血者血浆(恢复期病人或接受类毒素和疫苗免疫者的血浆)。用于特定病原生物感染的紧急预防。

二、免疫学治疗

免疫学治疗包括人工被动免疫、过继免疫、免疫增强药和免疫抑制药等的应用。这些方法不仅应用于感染性疾病,也用于免疫缺陷病、自身免疫病以及肿瘤等疾病的治疗。

1. 人工被动免疫　由于人工被动免疫给机体输入特异性抗体后可使机体立即获得免疫力。故临床上用于某些疾病(如破伤风、白喉等)的治疗。

2. 免疫增强药　是一类增强、促进和调节机体免疫功能的生物或非生物制剂。主要用于恶性肿瘤、免疫缺陷病和传染病的辅助治疗。常用的免疫增强药见表 6-4。

3. 免疫抑制药　是一类抑制机体免疫功能的生物或非生物制剂。主要用于抗移植排斥反应、自身免疫性疾病和超敏反应性疾病的治疗,常用的药见表 6-5。

表 6-4　免疫增强药分类

分　类	举　例
微生物制剂	卡介苗、短小棒状杆菌、胞壁酰二肽
多糖类制剂	香菇多糖、云芝多糖 K、黄芪多糖
生物制剂	胸腺激素、转移因子、免疫核糖核酸、干扰素、集落刺激因子
化学合成药物	左旋咪唑、异丙肌苷

表 6-5　常见免疫抑制药种类

分　类	举　例
化学合成药物	糖皮质激素、环磷酰胺等
微生物制剂	环孢素 Q、FK-506
生物制剂	抗淋巴细胞蛋白、抗 T 细胞单克隆抗体等
中草药	雷公藤

4. *过继免疫*　是将供者的淋巴细胞或淋巴因子转移给受者，以增强其细胞免疫功能。可分特异性和非特异性两类，前者是用抗原致敏的淋巴细胞或淋巴因子输入机体，使其获得特异性的免疫力；后者是将正常人的淋巴因子、胸腺素等输入机体，非特异地增强机体的细胞免疫功能。

第二节　免疫学诊断

免疫学检测技术已广泛用于传染病、免疫缺陷病、自身免疫病、超敏反应、移植排斥反应及肿瘤等疾病的诊断、疗效评价及发病机制研究。本节主要介绍常用免疫学检测方法的原理及临床应用。

一、体外免疫学检测

（一）体液免疫检测

抗原能与相应抗体发生特异性结合反应，在体外出现凝集、沉淀等现象，据此可判断检测标本中抗原与抗体是否对应，以协助临床诊断疾病。

重点提示

体液免疫检测时，可用已知抗原（或抗体）检测未知抗体（或抗原），因检测时多采用人或动物的血清作为抗体的来源，故体外的抗原抗体反应又称为血清学反应。

常用体液免疫检测法有如下几种。

1. *凝集反应*　颗粒性抗原与相应抗体结合，在一定条件下，出现肉眼可见的凝集物，称为凝集反应，主要有以下类型。

（1）直接凝集反应：细菌、红细胞等颗粒性抗原直接与相应抗体结合出现肉眼可见的凝集现象，有玻片法与试管法等。玻片法为定性试验，应用于细菌的鉴定、分型及人红细胞 ABO 血型测定等；试管法为半定量试验，以抗原抗体结合出现明显凝集的最高血清稀释度为效价（或滴度），来表示被检测血清中相应抗体的含量，如肥达试验辅助诊断伤寒、副伤寒。

（2）间接凝集反应：是将可溶性抗原或抗体吸附于与免疫无关的微球载体上，形成致敏载体再与相应抗体或抗原进行反应，出现载体颗粒的凝集现象。

(3)协同凝集反应:金黄色葡萄球菌细胞壁成分中的A蛋白(SPA)可非特异性地与IgG的Fc段结合,结合后的IgG Fab段仍保持与相应抗原结合的能力。因此,使金黄色葡萄球菌与IgG连接,再与相应的抗原结合,在一定条件下可出现肉眼可见的凝集反应,此称为协同凝集反应。本试验可检测血液、脑脊液等组织液中存在的微量可溶性抗原,常用于流行性脑炎、伤寒、布氏菌病等的早期诊断。

2. 沉淀反应 可溶性抗原与相应抗体结合,在一定条件下,出现肉眼可见的沉积物,称为沉淀反应。

(1)单向琼脂扩散:单向琼脂扩散是将抗体混入溶解的琼脂中制成含有抗体的琼脂板,在适当位置打孔并将抗原加入小孔内,抗原从小孔向四周扩散,与琼脂中的抗体相遇形成复合物,出现以小孔为中心的沉淀圈,沉淀圈直径与抗原的浓度呈正相关。可用于测定免疫球蛋白和补体含量等。

(2)双向琼脂扩散与对流免疫电泳:双向琼脂扩散是在琼脂板上按一定距离打数个小孔,相邻的两孔内分别加入抗原和抗体材料。抗原和抗体向四周扩散,在两孔间相遇,形成免疫复合物的沉淀线,此法可用于血清中甲胎蛋白(AFP)检测;对流免疫电泳是将琼脂板放入电泳槽内,负极侧孔加入抗原,正极侧孔加入抗体,通电后抗原和抗体很快集中在两孔间的琼脂中形成免疫复合物的沉淀线。该法快速,敏感性高于双向琼脂扩散。

3. 免疫标记技术 是用酶、荧光素、放射性核素等标记抗体或抗原进行抗原抗体反应,以检测未知抗原或抗体。其具有特异性强、敏感性高、反应快速等优点。主要有以下方法。

(1)免疫酶技术:即用酶标记的抗体(或抗原)与标本中的抗原(或抗体)发生特异性结合,加入酶的底物,在酶的作用下产生有色物质,可对抗原或抗体进行定性、定量或定位。目前最常用的是酶联免疫吸附试验(ELISA),其特异性强、敏感性高、操作简单和诊断快速。

(2)免疫荧光技术:用荧光素(异硫氰酸荧光素、罗丹明等)标记的抗体或抗原与组织或细胞中的相应抗原或抗体结合,通过荧光显微镜进行定性或定位检查抗原或抗体。可用于细菌、病毒等感染的诊断。

(3)放射免疫测定:应用竞争性结合的原理,将放射性核素标记的抗原或抗体与相应的抗体或抗原结合,通过测定抗原抗体复合物放射活性判断结果。敏感性高,可进行超微量分析,如测定激素和药物浓度。

(4)胶体金免疫层析技术:是胶体金标记技术和蛋白质层析技术相结合的以微孔滤膜为载体的快带固相膜免疫分析技术。如夹心法检测尿液HCG。

(5)免疫印迹试验:该法能检测多种病毒的抗体或抗原。常用于HIV抗体的检测。

(二)细胞免疫检测

1. E花环试验 人T淋巴细胞表面具有绵羊红细胞受体(又称E受体)。在体外一定条件下,人T细胞能直接与绵羊红细胞结合,形成花环,此试验称为E花环试验。人外周血淋巴细胞中能形成花环的细胞(即T细胞)正常值为60%~80%。

2. 淋巴细胞转化试验 在体外T细胞能被有丝分裂原(PHA、ConA等)激活而转化为淋巴母细胞,依据T细胞的转化率,可判断机体的细胞免疫功能。

二、体内免疫学检测

(一)体液免疫检测

1. Ⅰ型超敏反应皮肤试验　将常见的变应原,如青霉素、动物免疫血清以及植物花粉浸液等,做皮内注射或划痕后,在20min内引起红斑及丘疹。如20min红斑超过1cm或无红肿但注射处有瘙痒感,或全身不适者均为阳性。这一试验原理是进入皮内的变应原与局部结合在肥大细胞或嗜碱粒细胞上的IgE结合,引起的皮肤局部过敏,为Ⅰ型超敏反应所致。

2. 中和反应皮肤试验　为体内的毒素抗毒素中和试验,将微量外毒素注射于受试者前臂屈侧皮内,24~48h局部皮肤出现红肿者为阳性反应,表示受试者对该外毒素无免疫力;若局部无红肿出现,则表明受试者体内有足量的抗毒素中和毒素,为阴性反应,表示受试者对该外毒素有免疫力。常用的有锡克试验(对白喉)和狄克试验(对猩红热)。

(二)细胞免疫检测

体内细胞免疫检测通常应用Ⅳ型超敏反应皮肤试验进行。以特异性抗原或有丝分裂原注入皮内,刺激体内效应T细胞分化增殖,释放淋巴因子,引起局部皮肤的Ⅳ型超敏反应。可用于诊断某些病原微生物感染(如结核等)和细胞免疫缺陷病,也用于肿瘤病人疗效的观察及预后的判断等。

1. 特异性抗原皮肤试验　如结核菌素试验,抗原主要有结核菌纯蛋白衍生物(PPD)等。在受试者前臂内侧注射少量的可溶性抗原,24~48h后,观察局部皮肤红肿、硬结的大小。若硬结>1cm即为阳性,表示受试者对相应病原体有细胞免疫力;若局部皮肤无反应,可能是受试者从未接触过此抗原,也可能由于细胞免疫功能缺陷;或由于严重感染(如麻疹等)所致的免疫无应答。

2. 植物血凝素(PHA)皮肤试验　将PHA注射于受试者前臂屈侧皮内,6~12h后局部出现红斑和硬结,24~48h达反应高峰。PHA皮试敏感性高,安全可靠,临床上常用于检测机体的细胞免疫水平。

讨论与思考

患者男性,22岁,踢球时足底不慎被铁钉戳伤,急诊入院。

(1)为预防破伤风,该患者应做何处理?

(2)注意事项有哪些?

(刘元洲)

第二篇

病原生物

Part 2

第7章

微生物概述

学习要点

1. 微生物和病原微生物的概念
2. 微生物的种类
3. 微生物的分布及与护理工作的关系
4. 正常菌群、条件致病菌、菌群失调的概念
5. 正常菌群的生理和病理意义

第一节　微生物的概念、特点与种类

一、微生物的概念与特点

微生物是自然界中存在的一群体形微小、结构简单、肉眼不能直接观察到，必须借助光学显微镜或电子显微镜放大数百倍至数万倍才能看到的微小生物。微生物广泛分布于土壤、水、空气等自然环境中；在人体、动物和植物的体表及与外界相通的腔道中也存在大量的微生物。绝大多数微生物对人类是有益的，有些甚至是必需的；但也有少数微生物可引起人或动物、植物的疾病，这些具有致病性的微生物称为病原微生物。

微生物具有个体微小、结构简单、种类繁多、分布广泛、繁殖迅速、易于变异等特点，并与人类的关系非常密切。

重点提示

微生物的特点可概括为：小、简、多、广、快、变6个字。

二、微生物的种类

微生物种类繁多，多达数十万种以上，按其结构和组成可分为三型。

1. 非细胞型微生物　体积微小，无完整的细胞结构，由单一核酸(DNA 或 RNA)和蛋白质组成，缺乏酶系统，只能在活细胞内增殖，是最小的一类微生物，如病毒。

2. 原核细胞型微生物　仅具原始核，无核膜和核仁，缺乏完整的细胞器。包括细菌、放线菌、支原体、衣原体、立克次体和螺旋体。

3. 真核细胞型微生物　细胞核分化程度高，有核膜和核仁；胞质内有完整的细胞器。如真菌。

重点提示

微生物的种类可以概括为“三型八大类”或“三菌四体一病毒”。

第二节　微生物的分布

微生物广泛分布在自然界以及正常人体的体表及与外界相通的腔道黏膜上，了解微生物的分布，对于保护环境，加强无菌观念，严格无菌操作和消毒灭菌，预防医院感染等具有重要意义。

一、微生物在自然界的分布

1. 土壤中的微生物　土壤中的微生物种类多，数量大，有细菌、放线菌、螺旋体、真菌等。土壤中的微生物大多数对人体是有益的，如腐生菌参与了自然界的物质循环，生产抗生素的放线菌也多来源于土壤。但土壤中也有一些来自于人和动物的排泄物以及死于传染病的人和动物尸体中的病原微生物，对人体有害。比如土壤中的厌氧芽胞梭菌(如破伤风梭菌等)可伴随泥土污染伤口，引起创伤感染。

2. 水中的微生物　水也是微生物生存的天然环境，水中的微生物主要来源于土壤、人及动物的排泄物。被污染的水中可含有伤寒沙门菌、霍乱弧菌、痢疾志贺菌、甲型肝炎病毒等病原微生物，引起多种肠道传染病的流行。因此，保护好水源，加强粪便管理，是预防和控制肠道传染病流行的重要环节。

3. 空气中的微生物　空气中缺乏营养物质和水分，且受阳光的照射，微生物的种类和数量较少，但仍有致病性微生物的存在。病原微生物来源于土壤、尘埃和正常人畜活动，尤其是传染病人的呼吸道及口腔中的微生物可随唾液、飞沫散布到空气中，如结核杆菌、白喉杆菌、链球菌、金黄色葡萄球菌、流感病毒等，常引起呼吸道传染病和创伤感染。另外，空气中的非病原微生物常造成培养基、药剂、生物制品等的污染。因此，传染病人应隔离治疗，手术室、病房、制剂室等应严格执行空气消毒制度，以防感染和污染的发生。

二、微生物在正常人体的分布

1. 正常菌群　正常人体的体表及与外界相通的腔道(如口腔、鼻咽部、肠道、泌尿生殖道等)黏膜上存在的不同种类和数量的、对人体无害或有益的微生物群称为正常微生物群或正常菌群(表7-1)。

表7-1　正常人体各部位常见的正常菌群

部位	主要微生物种类
皮肤	葡萄球菌、链球菌、类白喉杆菌、铜绿假单胞菌、丙酸杆菌、白色念珠菌等
口腔	葡萄球菌、链球菌、肺炎链球菌、非致病性奈瑟菌、乳杆菌、类白喉杆菌、螺旋体、白色念珠菌、放线菌、梭杆菌等
鼻咽部	葡萄球菌、链球菌、肺炎链球菌、非致病性奈瑟菌、类杆菌、流感杆菌等
眼结膜	葡萄球菌、干燥棒状杆菌、非致病性奈瑟菌等
外耳道	葡萄球菌、类白喉棒状杆菌、铜绿假单胞菌、非致病性分枝杆菌等
肠道	大肠埃希菌、双歧杆菌、产气肠杆菌、变形杆菌、铜绿假单胞菌、葡萄球菌、肠球菌、产气荚膜梭菌、类杆菌、破伤风梭菌、真杆菌、乳杆菌、白色念珠菌等
前尿道	葡萄球菌、类白喉杆菌、非致病性抗酸杆菌、大肠埃希菌等
阴部	乳酸杆菌、大肠埃希菌、阴道棒状杆菌、表皮葡萄球菌、白色念珠菌等

重点提示

正常菌群存在于皮肤和与外界相通的腔道黏膜表面,而正常人体的血液、内脏、骨骼和肌肉等部位是无菌的。

2. 正常菌群的生理意义　在正常情况下,人体与正常菌群之间、正常菌群内各微生物之间相互依存,互相制约,构成了一种生态平衡,其主要生理作用有以下几点。

(1)生物拮抗作用:正常菌群可以抑制病原菌的定居和生长繁殖。如阴道内的乳酸杆菌可维持阴道低pH环境,阻止白色念珠菌等定居。

(2)营养作用:正常菌群参与机体的物质代谢、营养转化、合成和吸收。如肠道内的大肠埃希菌能合成维生素K和维生素B族;乳杆菌和双歧杆菌等可合成烟酸、叶酸及维生素B族等以供人体利用。

(3)免疫作用:正常菌群作为免疫原可促进宿主免疫器官的发育、成熟和免疫应答的发生,限制了正常菌群本身对机体的危害,同时还可抑制或杀灭具有交叉抗原的病原菌。如双歧杆菌可诱导产生的sIgA能与那些具有相同抗原的微生物发生交叉反应,从而阻断它们对肠道黏膜上皮细胞的黏附和定植作用。

(4)抗衰老和抗癌作用:人生的不同阶段,肠道正常菌群的构成和数量是不同的,它们和人体的发育、成熟和衰老有着一定的关系,如儿童及青少年时期肠道内的双歧杆菌、乳杆菌比老年时期多,而到老年时期肠道内的产气杆菌较多;正常菌群还有一定的抗癌作用,其机制可能是激活巨噬细胞,促进其吞噬作用和降解某些致癌物质有关。

3. *正常菌群的病理意义* 通常情况下寄居于人体一定部位的正常菌群和宿主之间处于生态平衡状态下是不致病的,当生态平衡被打破时正常菌群也可引起疾病的发生。这些在特定条件下引起疾病的微生物称为条件致病菌或机会致病菌。条件致病菌常为毒力弱或无明显毒力的菌株。条件致病菌的致病条件主要有以下几个方面。

(1)寄居部位发生改变:如大肠埃希菌在肠道内通常是不致病的,由于手术、外伤、留置导尿管等原因,使细菌进入腹腔、血液或泌尿道等部位,可引起相应部位的感染。

(2)机体免疫力低下:如大量使用皮质激素、抗肿瘤放疗或化疗、长期患消耗性疾病、AIDS患者晚期等,可造成患者免疫功能降低。正常菌群中的某些微生物可引起自身感染而出现各种疾病。

(3)不适当的使用抗菌药物导致菌群失调:由于某种原因,导致宿主某些部位寄居细菌的种类、数量和比例发生较大幅度的变化称为菌群失调。因菌群失调而出现一系列临床表现,称为菌群失调症,由于菌群失调往往是在抗菌药物治疗原有感染性疾病的过程中产生的另一种感染,故在临床上又称为二重感染。如长期使用抗生素的患者,机体正常菌群中的优势菌群如大肠埃希菌、类杆菌等被大量杀灭,而原来数量极少,且对抗生素耐药的金黄色葡萄球菌、白色念珠菌和一些革兰阴性菌大量繁殖而引起疾病。临床表现有假膜性肠炎、鹅口疮、肺炎或败血症等。菌群失调症轻者停用原来抗生素即可恢复;重者可做药敏试验,选用合适药物治疗,同时使用微生态制剂使正常菌群恢复微生态平衡。

重点提示

①正常菌群的生理意义有,生物拮抗作用;营养作用;免疫作用;抗衰老和抗癌作用。②条件致病菌的致病条件为,正常菌群的寄居部位发生改变;机体免疫力低下;不适当的使用抗菌药物导致菌群失调。③合理使用抗生素可有效避免菌群失调。

第三节 微生物学与医学微生物学

微生物学是生物学的一个分支,是研究微生物的形态、结构、生长繁殖、遗传和变异及其与人类、动物、植物、自然界的相互关系的学科。

医学微生物学是微生物学的一个分支,也是基础医学中的一门重要学科。主要研究病原微生物的生物学特性、致病性和免疫性、检查方法及防治原则。学习目的在于掌握和运用微生物学的基本理论和基本技能,为临床护理打下坚实的基础。

第四节 微生物学发展简史

微生物学的发展经历了经验时期、实验时期和现代微生物学时期。

古代人类虽未观察到微生物的存在,但早已将微生物知识用于工农业生产和疾病的防治中。自古以来,民间就有盐腌、糖渍、风干、烟熏等保存食物的方法,就是利用了抑制微生物的生长防止食物腐败变质。公元2000多年前的夏禹时代就有仪狄酿酒的记载;北魏贾思勰的

《齐民要术》中已详细记载了制醋的方法；公元16世纪，意大利Francastoro提出传染病是经直接接触、间接接触和通过空气等多种途径传播的；北宋末年刘真人提出肺结核是由小虫引起；在明朝隆庆年间发明了接种人痘预防天花的方法，并先后传至俄国、日本、朝鲜、土耳其、英国等国家。

1676年，荷兰人列文虎克（Leeuwenhoek）利用自制的能放大266倍的原始显微镜观察了池水、牙垢、粪便等大量标本，发现许多不同形态的微小生物，为证明微生物的存在提供了科学的依据。1861年法国科学家巴斯德（Pasteur）通过著名的曲颈瓶实验向世人证实了食物腐败是由微生物所引起的，并创立了巴氏消毒法，巴斯德的研究开创了微生物的生理学时代；同期德国医生郭霍（Koch）创立固体培养基，进行细菌的纯培养，同时创建了细菌染色法，为发现和研究细菌提供了必需的技术条件和科学方法。巴斯德和郭霍被后人称为微生物学的奠基人。

随着人类对微生物研究的蓬勃发展，到1900年前后大量危害人畜的传染病病原菌被一一分离出来，如炭疽芽胞杆菌、霍乱弧菌、结核分枝杆菌、伤寒沙门菌、破伤风芽胞梭菌等。1892年，俄国植物学家伊凡诺夫斯基（Iwanovsky）在研究烟草花叶病时发现了烟草花叶病毒。1901年，美国科学家Water-Reed首先分离出人类黄热病毒。20世纪30年代，中国的黄桢祥首创了病毒的体外培养技术；20世纪40年代，电子显微镜的问世，极大地促进了对病毒的研究。1956年，中国的汤飞凡采用鸡胚卵黄囊接种法在世界上首次分离培养出沙眼衣原体，促进了对沙眼的研究。人类在不断发现微生物和研究微生物形态和生理的同时，也在不断寻找预防和治疗传染病的方法。1929年，英国细菌学家弗莱明（Alexander Fleming）发现了青霉素，给感染性疾病的临床治疗带来了一次大的革命。随后链霉素、氯霉素、土霉素等抗生素相继被发现，这些抗生素有效地治疗了多种细菌引起的感染。1796年，英国医生琴纳（Edward Jenner）在我国接种人痘预防天花的基础上，开创了接种牛痘预防天花的先河，此后，预防和治疗各种传染病的疫苗和抗血清相继问世。人类在和病原微生物的斗争中取得了辉煌战果，传染病发病率和病死率大大下降。

20世纪中期以来，随着科学技术的发展，对微生物形态结构的研究已进入超微结构，并在分子水平上探讨基因结构的功能、致病的物质基础，微生物基因组的研究已取得很大进展。免疫标记技术、聚合酶链技术（PCR）、核酸杂交技术、蛋白印记技术、基因探针、单克隆抗体技术的应用，使实验室检测方法向着快速、准确、微量、高度敏感的方向发展。在此基础上，新的病原微生物不断被发现，如军团菌、弯曲菌、伯氏螺旋体、庚型肝炎病毒、人类免疫缺陷病毒、SARS病毒、朊粒等。在传染病的预防方面，疫苗的类型从最初的灭活疫苗，经历了减毒活疫苗、亚单位疫苗、基因工程疫苗以及核酸疫苗（DNA疫苗）等的发展阶段，多联疫苗、黏膜疫苗、缓释疫苗等新型疫苗以及新的疫苗佐剂不断被开发出来。新的抗细菌和抗病毒药物的研究也有了突破性进展。

但是，医学微生物学还有很多问题亟待解决，如抗病毒药物的匮乏、细菌的耐药性、病毒新变异株的出现、医院感染的防治等有待进一步研究解决。

重点提示

微生物学的奠基人是巴斯德和郭霍。

讨论与思考

1. 王女士2岁的女儿因肺炎入院治疗，住院期间使用广谱的抗生素进行治疗，病愈出院后，发生腹泻，使用诺氟沙星后，病情加重，出现频繁的大量水样便，呕吐、口渴加剧，并出现39℃的发热。

(1)请分析小儿腹泻发生的原因。

(2)请讨论制订预防方案。

2. 什么是条件致病菌？其致病条件是什么？

（张小青）

第 8 章

细菌概述

第一节　细菌的生物学特性

学习要点

1. 细菌大小的测量单位、细菌的基本形态
2. 革兰阳性菌和革兰阴性菌细胞壁结构的区别及临床意义
3. 细菌的结构及其临床意义
4. 细菌生长繁殖的条件、繁殖方式及速度
5. 细菌的代谢产物及意义
6. 细菌常见的变异现象及医学上的意义

一、细菌的大小与形态

(一)细菌的大小

细菌个体微小,常以微米(μm)作为测量单位。大多数球菌直径为1μm左右,中等大小的杆菌长2~3μm,宽0.5~0.7μm,故须用显微镜放大数百至上千倍才能看到。

重点提示

①细菌的测量单位是微米(μm),1μm=1/1000mm;②常用显微镜油镜观察细菌,需放大1000~1500倍。

(二)细菌的形态

细菌的基本形态有球形、杆形和螺旋形,根据形态特征可将其分为球菌、杆菌和螺旋菌(图8-1)。

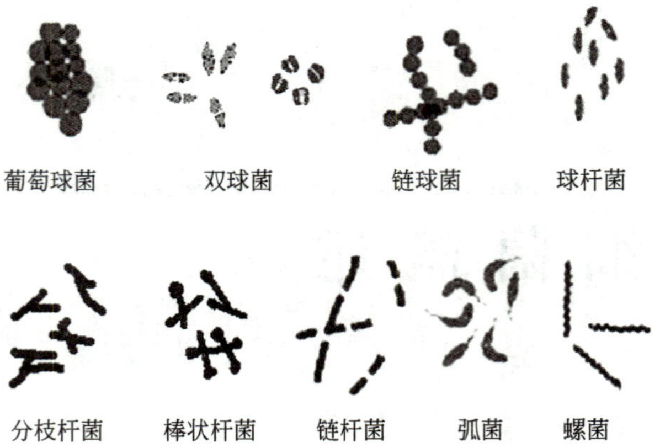

图 8-1 细菌的基本形态

1. 球菌 菌体呈球形或近似球形(肾形、豆型、矛头形等)。根据球菌分裂平面和分裂后菌体之间不同的黏附程度而导致排列方式的不同,可分为双球菌、链球菌、葡萄球菌等。

2. 杆菌 菌体呈杆状或近似杆状。不同杆菌的大小、长短和粗细差别较大。根据杆菌形态上的差异可将杆菌分为球杆菌、棒状杆菌、分枝杆菌等。

3. 螺旋菌 菌体呈弯曲状。菌体只有一个弯曲,呈弧形或逗点状的称为弧菌,如霍乱弧菌;有数个弯曲的称为螺菌,如鼠咬热螺菌。

细菌的形态易受温度、酸碱度、营养条件及培养时间等因素的影响而改变。细菌只有在适宜的条件下才具有典型的形态,在有药物、溶菌酶、抗体以及不适宜的生长条件等不利因素下,其形态常可发生改变。在临床上诊断时应予注意。

二、细菌的结构

细菌的结构包括基本结构和特殊结构:基本结构是指所有细菌都具有的结构,包括细胞壁、细胞膜、细胞质和核质;特殊结构是指某些细菌所特有的结构,包括荚膜、鞭毛、菌毛和芽胞(图 8-2)。

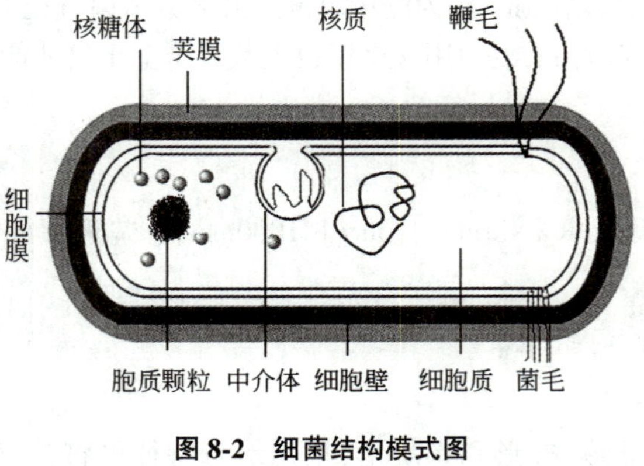

图 8-2 细菌结构模式图

(一) 细菌的基本结构

1. *细胞壁*　细胞壁位于细菌最外层,是紧贴在细胞膜外的坚韧而富有弹性的膜状结构。其厚度因菌种不同而异,其化学组成比较复杂,并随细菌种类不同而有所差异。经革兰染色可将细菌分为革兰阳性(G^+)菌和革兰阴性(G^-)菌,其细胞壁组成有较大差异。

(1)革兰阳性菌细胞壁:革兰阳性菌细胞壁是由肽聚糖和穿插于其内的磷壁酸组成(图 8-3)。肽聚糖又称黏肽,是细菌细胞壁的共有成分,也是革兰阳性菌细胞壁的主要成分。革兰阳性菌细胞壁内肽聚糖含量高,层数多(15~50 层),质地致密坚固,由聚糖骨架、四肽侧链和五肽交联桥 3 部分组成的坚韧的三维立体结构。磷壁酸是革兰阳性菌细胞壁特有成分,横贯肽聚糖层延伸至细胞壁外,根据其结合部位不同可分为壁磷壁酸和膜磷壁酸。磷壁酸免疫原性强,是革兰阳性菌重要的表面抗原,磷壁酸还具有黏附宿主细胞的作用,与细菌的致病性有关。

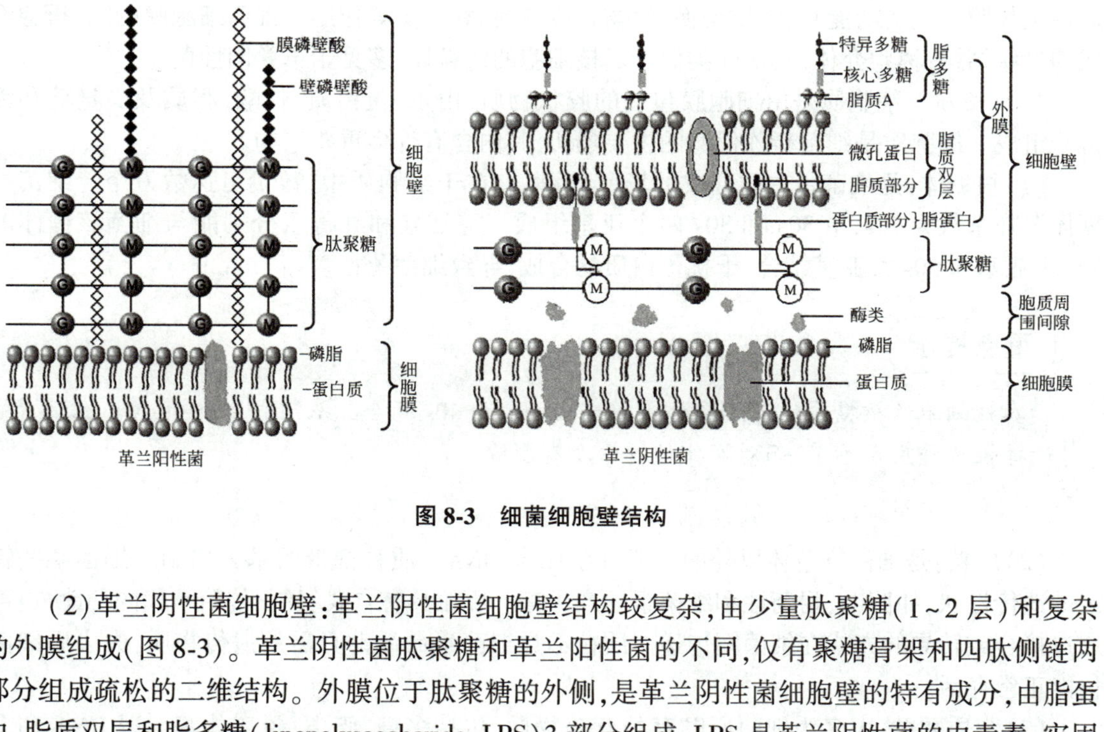

图 8-3　细菌细胞壁结构

(2)革兰阴性菌细胞壁:革兰阴性菌细胞壁结构较复杂,由少量肽聚糖(1~2 层)和复杂的外膜组成(图 8-3)。革兰阴性菌肽聚糖和革兰阳性菌的不同,仅有聚糖骨架和四肽侧链两部分组成疏松的二维结构。外膜位于肽聚糖的外侧,是革兰阴性菌细胞壁的特有成分,由脂蛋白、脂质双层和脂多糖(lipopolysaccharide,LPS)3 部分组成,LPS 是革兰阴性菌的内毒素,牢固地结合在脂质双层上,菌体溶解时方可释放。LPS 由脂质 A、核心多糖和特异性多糖 3 部分组成。脂质 A 是内毒素的毒性部分,无种属特异性,不同种属细菌的脂质 A 骨架基本一致,因此,由不同细菌产生的内毒素引起的毒性作用大致相同。

由于细菌细胞壁结构和化学成分的不同,经革兰染色后可将细菌分为革兰阳性菌和革兰阴性菌两大类,这两类细菌在致病性、对抗菌药物的敏感性等方面存在差异。

细胞壁主要功能:维持细菌固有形态;参与细菌内外物质交换;保护细菌抵抗低渗环境;决定了细菌的免疫原性;与细菌致病性有关(如 G^- 菌细胞壁上的脂多糖,G^+ 菌细胞壁中的磷壁酸等)。

重点提示

凡能破坏肽聚糖分子结构或抑制其合成的物质，均有抑菌或杀菌作用。如青霉素、头孢菌素可抑制五肽交联桥的连接从而破坏细菌细胞壁的完整性，故革兰阳性菌对其敏感。革兰阴性菌细胞壁中的肽聚糖含量少，且有外膜保护，因此对青霉素、头孢菌素等不敏感。

当细菌受到某些理化因素或生物因素作用时，细胞壁被破坏或合成受抑制，这种细胞壁受损但在高渗环境下仍可存活的细菌称为细胞壁缺陷型，因其最早在 Lister 研究所发现，又称 L 型细菌。某些 L 型细菌仍具一定的致病性。临床上遇到有明显感染症状但常规细菌培养阴性，应考虑 L 型细菌感染的可能性，宜作 L 型细菌的专门分离培养，并更换抗菌药物。

2. 细胞膜　细胞膜是位于细胞壁内侧、紧密包绕着细胞质的一层柔软而具有弹性的半渗透性生物膜。主要功能有：物质交换、生物合成、呼吸和分泌等作用。细菌细胞膜内陷、折叠形成的囊状结构，称中介体，其功能类似于真核细胞的线粒体，多见于革兰阳性菌。

3. 细胞质　细胞质是由细胞膜包裹的胶状物质，由水、蛋白质、核酸、脂质及少量糖和无机盐组成。细胞质是细菌新陈代谢的主要场所，其内含有许多重要结构。

(1)核糖体：是细菌蛋白质合成的场所，游离存在于细胞质中，数量可达数万个。细菌核糖体沉降系数为 70s，由 50s 和 30s 两个亚基组成。链霉素和红霉素分别能与细菌核糖体的 30s 小亚基和 50s 大亚基结合，干扰蛋白质的合成，导致细菌死亡。

重点提示

真核细胞的核糖体的沉降系数为 80s，由 60s 和 40s 两个亚基组成，故链霉素和红霉素可选择性地作用于细菌，而对人体核糖体没有影响。

(2)质粒：是细菌染色体以外的双股环状闭合 DNA。质粒携带的基因控制了细菌某些特定的遗传性状，如菌毛、耐药性和细菌素的产生等。质粒具有自我复制、传给子代的功能，也可通过接合或转导的方式在细菌间传递。质粒不是细菌生命活动必需的遗传物质，失去后细菌仍能正常存活。

(3)胞质颗粒：大多为细菌所贮存的营养物质，包括多糖、脂类、磷酸盐等。以 RNA 和多聚偏磷酸盐为主要成分的胞质颗粒因其嗜碱性强，用亚甲基蓝染色着色较深，称异染颗粒。异染颗粒常见于白喉棒状杆菌，有助于鉴别。

4. 核质　是由一条双链环状 DNA 分子反复回旋卷曲盘绕而成的网状结构，因其无核膜、核仁，也无蛋白质包绕，故称核质或拟核。核质具有细胞核的功能，控制了细菌的生长繁殖、遗传和变异等，是细菌生命活动必需的遗传物质。

(二)细菌的特殊结构

1. 荚膜　某些细菌细胞壁外包绕的一层较厚的黏液性物质称荚膜(图 8-2)。荚膜易在机体内或营养丰富的环境中形成，其化学成分因菌种而异，大多数是多糖，少数为多肽。荚膜不易着色，普通染色只能看到菌体周围有未着色的透明圈，用特殊染色法或墨汁负染，荚膜显现更为清楚。

重点提示

荚膜具有抵抗吞噬细胞的吞噬作用和抗菌物质对细菌的损伤作用，还有助于细菌黏附在组织细胞表面，与细菌致病性有关，是构成细菌毒力的重要因素之一。

2. 鞭毛　某些细菌菌体上附着的细长呈波浪状的丝状物称鞭毛(图8-2)。鞭毛很细，须用电子显微镜观察，或用特殊染色法使鞭毛增粗后才能在普通光学显微镜下看到。根据鞭毛的数目、位置等可将鞭毛菌分为单毛菌、双毛菌、丛毛菌、周毛菌。鞭毛是细菌的运动器官，有鞭毛的细菌能活泼地运动，可根据细菌的动力试验来鉴别细菌。鞭毛的化学成分主要是蛋白质，具有免疫原性，通常称为鞭毛抗原(H抗原)，对细菌鉴别和分类有一定意义。某些细菌(如霍乱弧菌、空肠弯曲菌)的鞭毛与细菌的黏附有关。

3. 菌毛　许多革兰阴性菌和少数革兰阳性菌的菌体表面存在的比鞭毛更细、短而直的丝状物，称为菌毛。菌毛必须在电子显微镜下才能观察到。菌毛有普通菌毛和性菌毛两种。

(1)普通菌毛：遍布细菌的表面，可达数百根。具有黏附和定植于呼吸道、消化道、泌尿生殖道黏膜的作用，菌毛的黏附是细菌入侵机体引起感染的第一步。因此，普通菌毛与细菌致病性有关。

(2)性菌毛：比普通菌毛长而粗，为中空的管状物，数量少，仅有1~4根。性菌毛由致育因子的质粒编码，又称F质粒。有性菌毛的细菌称F^+菌或雄性菌，无性菌毛的细菌称F^-菌或雌性菌。雄性菌可借性菌毛通过结合等方式将质粒传递给雌性菌，使后者获得相应的生物学性状。细菌的毒力、耐药性等性状可通过此方式传递。

重点提示

鞭毛是细菌的运动器官，而菌毛与细菌的运动无关；普通菌毛的细菌致病作用与黏附作用有关，性菌毛与传递质粒有关。

4. 芽胞　某些革兰阳性菌在一定条件下胞质脱水浓缩，在菌体内形成的一个圆形或椭圆形的小体称芽胞。芽胞折光性强，壁厚且通透性低，普通染色法不易着色，须用特殊染色法才能着色。芽胞的形成与遗传和环境条件有关，具有芽胞基因是先决条件，在体外营养缺乏的环境下形成。一个细菌在不良的外界环境中只能形成一个芽胞，芽胞带有完整的核质和酶系统，能保持细菌的全部生命活性，如遇适宜的环境条件，一个芽胞可发芽形成一个新的菌体，因此芽胞不是细菌的繁殖方式，而是细菌在不良外界环境中的休眠形式。芽胞的大小、形状和位置随菌种而不同，故可利用芽胞来鉴别细菌(图8-4)。

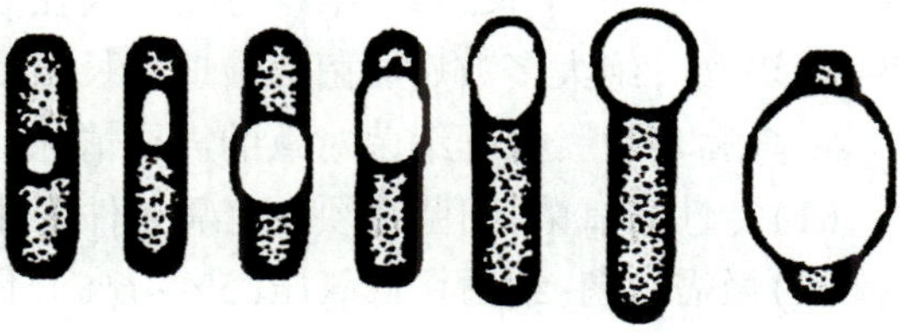

图8-4　细菌芽胞的形态、大小和位置

重点提示

芽胞对热、干燥、辐射及消毒剂有很强的抵抗力，在自然界中能存活数年到数十年。因此，临床上以杀灭细菌的芽胞作为灭菌的标准。

三、细菌形态的检查方法

(一)不染色标本检查法

细菌标本不经染色直接镜检可观察活菌的形态及运动情况。常用悬滴法和压滴法。

(二)染色标本检查法

1. 单染色法　只用一种染料染色，如亚甲蓝、碱性复红等。染色后在镜下可观察到细菌的大小、形态及排列方式，但不能鉴别细菌。

2. 复染色法　用两种或两种以上的染料染色，可将细菌染成不同颜色，除具有单染色的作用外，还可根据着色性不同来鉴别细菌，故复染色法又称鉴别染色法。常用的有革兰染色法、抗酸染色法和特殊染色法等。

重点提示

革兰染色法是临床最常用的鉴别染色法，在鉴别细菌、指导临床用药、研究细菌致病性等方面具有重要意义。

四、细菌的生长繁殖与代谢

(一)细菌生长繁殖的条件

1. 营养物质　细菌生长繁殖需要的营养物质包括水、糖类、蛋白质和无机盐等。某些细菌还需要某些生长因子。

2. 酸碱度　大多数病原菌生长繁殖所需的最适 pH 为 7.2~7.6，个别细菌如霍乱弧菌在 pH 为 8.4~9.2 时生长最好，结核分枝杆菌在 pH 为 6.5~6.8 时最适宜。

3. 温度　绝大多数病原菌的最适生长温度为 37℃。

4. 气体环境　根据细菌对氧的需要情况，可分为 4 类。

(1)专性需氧菌：细菌必须在有氧条件下才能生长繁殖，如结核分枝杆菌。

(2)微需氧菌：细菌在低氧压(5%~6%)环境中生长良好，如空肠弯曲菌。

(3)兼性厌氧菌：细菌在有氧和无氧的环境下均能生长繁殖，但有氧时生长较好。大多数致病菌属于兼性厌氧菌。

(4)专性厌氧菌：细菌只能在无氧条件下生长繁殖，如破伤风梭菌。

此外，某些细菌如脑膜炎奈瑟菌在初次分离培养时，必须供给 5%~10% 的二氧化碳。

(二)细菌的繁殖方式与速度

1. 细菌的繁殖方式　细菌是以二分裂法进行无性繁殖。

2. *细菌的繁殖速度* 在适宜的条件下,多数细菌繁殖速度很快。繁殖一代所需时间为代时,多数细菌代时需20~30min,个别细菌如结核分枝杆菌分裂较慢,代时需18~20h。

重点提示

在人工培养细菌时,细菌繁殖一定时间后,由于营养物质的消耗和代谢产物的积累,繁殖速度会逐渐减慢甚至停止;在自然界中受诸多因素的影响,繁殖速度远没有这么快。

(三)细菌的人工培养

培养基是用人工配制的供细菌生长繁殖的营养基质。根据培养基用途的不同可分为基础培养基、营养培养基、选择培养基、鉴别培养基、厌氧培养基等。根据其物理性状的不同可分为液体培养基、固体培养基和半固体培养基。

将细菌接种于培养基中,置37℃恒温箱内,经18~24h培养后,即可观察到细菌有不同的生长现象(结核分枝杆菌可在数周后观察),在鉴别细菌和临床工作中有一定实际意义。

1. *在液体培养基中的生长现象* 将不同细菌接种在液体培养基中,经培养后可出现浑浊、沉淀和菌膜。液体培养基主要用于增菌培养。

2. *在固体培养基上的生长现象* 将细菌用划线接种的方法接种于固体培养基上,经一定时间培养后,由单个细菌生长繁殖所形成的肉眼可见的细菌集团,称为菌落。菌落的形态特征有助于鉴别细菌。多个菌落相互融合,称为菌苔。固体培养基主要用于分离细菌等。

3. *在半固体培养基上的生长现象* 用穿刺接种法将细菌接种于半固体培养基,经培养后,有鞭毛的细菌呈扩散生长,穿刺线模糊不清;无鞭毛的细菌只沿穿刺线生长,穿刺线清晰。半固体培养基主要用于检测细菌的动力和保存菌种。

重点提示

在临床上如发现注射液浑浊、沉淀或者有漂浮物时,应考虑被细菌污染而严禁使用。

人工培养细菌在医学中有着重要意义:传染性疾病的病原学诊断及指导治疗;细菌的研究与鉴定;生物制品的制备等。

(四)细菌的代谢产物及意义

细菌新陈代谢过程中可产生不同的合成代谢产物和分解代谢产物,这些代谢产物有的与细菌致病性有关,有的与鉴别细菌有关,有的与治疗有关。

1. *与致病性有关的代谢产物* 主要有毒素、侵袭性酶以及热原质。

(1)毒素和侵袭性酶:毒素是病原菌在代谢过程中合成的对机体有毒性作用的物质,包括外毒素和内毒素。侵袭性酶是某些病原菌在代谢过程中产生的胞外酶,具有保护细菌、损伤机体组织,促进细菌生长繁殖、扩散和蔓延的作用。如金黄色葡萄球菌产生的血浆凝固酶和乙型溶血性链球菌产生的透明质酸酶、链激酶、链道酶等。

(2)热原质:是细菌合成的极微量注入机体可引起发热反应的物质。热原质大多是由革兰阴性菌产生的,为细胞壁中的脂多糖成分,耐热,不被高压蒸汽灭菌所破坏,250℃高温才能破坏热原质；液体中的热原质需要离子交换剂和特殊石棉滤板等方法除去。

重点提示

在制备和使用生物制品、注射液、抗生素等过程中应严格无菌操作，防止细菌污染，确保无热原质存在。

2. 与治疗有关的代谢产物　主要包括抗生素和维生素。

（1）抗生素：是某些微生物在代谢过程中产生的一类能抑制或杀灭其他微生物或肿瘤细胞的物质。大多数抗生素是由放线菌和真菌产生的，如青霉素、链霉素等。由细菌产生的抗生素很少，仅有多黏菌素、杆菌肽等。

（2）维生素：某些细菌能合成自身所需要的维生素，并能分泌到菌体外供人体吸收利用。如人类肠道内的大肠埃希菌能合成维生素 B 族和维生素 K 等，以供人体吸收利用。

3. 与鉴别细菌有关的代谢产物　主要有色素、细菌素以及分解代谢产物。

（1）色素：有些细菌能产生色素，有助于细菌的鉴别。细菌色素有两类：①水溶性色素，可溶于水，如铜绿假单胞菌产生的绿色色素可使培养基或脓汁呈绿色；②脂溶性色素，不溶于水，如金黄色葡萄球菌产生的金黄色色素，使菌落呈现金黄色。

（2）细菌素：某些细菌可产生仅对有近缘关系的细菌具有抗菌作用的蛋白质，称细菌素。由于其抗菌谱狭窄，故治疗意义不大，多用于细菌的分型鉴定和流行病学调查。

（3）细菌的分解代谢产物：各种细菌所具有的酶不完全相同，对糖和蛋白质分解的能力和分解产物也不同，检测细菌的分解代谢产物可用于细菌的鉴别。通常将检测细菌的分解代谢产物来鉴别细菌的方法称为细菌的生化反应。常用的有糖发酵试验、VP 试验、靛基质试验、甲基红试验、硫化氢试验、枸橼酸盐利用试验等。

五、细菌的遗传与变异

（一）概念与类型

细菌与其他生物一样，具有遗传和变异现象。细菌将其生物学性状相对稳定地传给子代，这种现象称为遗传。遗传保证了细菌子代基本特征与亲代相似，使细菌种属得以保存。在传代过程中，子代的生物学性状与亲代出现了差异，这种现象称为变异。变异保证了细菌在自然界不断地进化，以适应生存的需要。

细菌的变异分为非遗传性变异与遗传性变异。前者是细菌因环境条件变化引起的变异，无遗传物质结构的改变，当外界环境恢复时，细菌又可恢复原来的性状，又称表型变异；后者是由于遗传物质结构发生改变引起的变异，这种变异可以稳定地传给后代，又称基因型变异。遗传性变异主要通过基因突变、基因的转移与重组来实现。

（二）细菌的变异现象

1. 形态与结构变异　当细菌在生长过程中受到外界环境的影响时，其大小、形态和结构会发生变异。如鼠疫耶尔森菌在陈旧的培养物或含 3%～6% 的高盐培养基中生长时，其形态可由椭圆形的小杆菌变成球形、杆状、逗点状等多种形态；炭疽芽胞杆菌在 42℃ 培养 10～20d 后，丧失形成芽胞的能力，毒力也随之减弱。

2. 菌落变异 细菌的菌落主要有光滑(smooth,S)型和粗糙(rough,R)型两种。S型菌落表面光滑、湿润、边缘整齐,经人工培养多次传代后变成表面粗糙、干燥、边缘不整的R型,即S-R型变异。菌落变异时,常伴有生化反应能力、免疫原性、毒力等的改变。

3. 毒力变异 细菌的毒力变异可表现为毒力减弱或增强。不产生白喉毒素的无毒力白喉棒状杆菌被β-棒状杆菌噬菌体感染成为溶原性细菌时,则毒力增强变成能产生白喉毒素的细菌。将有毒力的细菌长期接种在含有某些化学物质、免疫血清或抗生素的培养基上,细菌的毒力会减弱或者消失。

重点提示

1908年Calmette与Guerin将有毒的牛型结核分枝杆菌接种在含甘油、胆汁、马铃薯的培养基中,经过13年230代的传代,获得了一株毒力减弱、免疫原性完整的变异株,称为卡介苗(BCG),现用于预防结核病。

4. 耐药性变异 细菌对某种抗菌药物由原来敏感变为不敏感,称为耐药性变异。由于抗生素的广泛应用,使细菌的耐药性明显增多,有的细菌甚至具有多重耐药性。常见的耐药菌有金黄色葡萄球菌、结核分枝杆菌、志贺菌、铜绿假单胞菌、淋病奈瑟菌、大肠埃希菌等。耐药性细菌的增多给临床治疗带来了困难。

(三)细菌变异的实际意义

1. 在病原学诊断中的应用 细菌生物学性状是鉴定细菌的重要依据,但往往会遇到变异株,诊断时应特别注意。

2. 在疾病治疗方面的应用 抗菌药物的广泛使用,耐药菌株不断增多,这就要求在治疗时应先做药物敏感试验,选择敏感药物用于治疗,以提高疗效。同时,合理使用抗菌药物,可防止耐药菌株的产生。

3. 在疾病预防方面的应用 用人工的方法使细菌毒力减弱制备减毒活疫苗,预防危害人类的传染病的发生,如卡介苗。

4. 在基因工程方面的应用 基因工程是根据细菌基因转移与重组而获得新的遗传性状的原理进行的。细菌遗传变异的研究,推动了基因工程的研究。

5. 在测定致癌物质中的应用 一般认为肿瘤的发生与基因突变有关。因此,凡能诱导细菌突变的物质也可能诱导人体细胞的基因突变,这些物质有可能是致癌物质。

讨论与思考

1. 患者王某,女,患尿路感染入院,经微生物检查后发现系L型细菌感染引起。

(1)此患者用青霉素治疗是否有效,为什么?

(2)此患者用红霉素和链霉素治疗是否有效,为什么?

2. 某医院护士在配药时发现注射液浑浊。

(1)此注射液能否使用?

(2)此注射液发生浑浊的原因可能是什么?

(张小青)

第二节 消毒与灭菌

学习要点

1. 消毒、灭菌、无菌和无菌操作的概念
2. 消毒灭菌的物理学方法
3. 化学消毒剂的作用机制及影响化学消毒剂作用的因素

一、基本概念

细菌是广泛存在于自然界的单细胞生物，其生命活动与环境有密切的关系。如果环境适宜，可促进其生长繁殖；如果环境不适宜，细菌生长受到抑制甚至死亡。因此，可采用人工方法改变细菌的生存环境，来抑制或杀灭病原菌，从而达到控制和消灭传染病的目的。消毒灭菌的常用术语有以下几个。

1. 消毒　是指杀灭物体上病原微生物的方法。消毒并不一定能杀灭芽胞和非病原微生物。用以消毒的化学药品称为消毒剂。

2. 灭菌　是指杀灭物体上所有微生物(包括芽胞)的方法。

3. 无菌　是指物体上没有活的微生物存在。

4. 无菌操作　是防止微生物进入人体或其他物体的操作方法。

5. 防腐　是指防止或抑制微生物生长繁殖的方法。用于防腐的化学药品称为防腐剂，许多化学药品在高浓度时为消毒剂，低浓度时为防腐剂。

6. 清洁　是指通过除去尘埃和一切污秽以减少微生物数量的过程。广泛应用于医院外环境，也是物品消毒、灭菌前必须经过的处理过程，有利于提高消毒、灭菌的效果。

重点提示

消毒与灭菌是临床上最常用的两个概念，其主要区别在于是否能杀灭细菌的芽胞。

二、物理消毒灭菌法

用以消毒灭菌的物理因素主要有热力、紫外线、电离辐射、滤过除菌等。

(一)热力杀菌法

热力杀菌法可分为干热杀菌和湿热杀菌两类。

重点提示

在同一温度下湿热的杀菌效果比干热好。因为湿热比干热的穿透力强，湿热环境中细菌易吸收水分使蛋白质凝固，而且热蒸汽接触被灭菌物品时变为液态放出的能量，能迅速提高杀菌物品的温度。

1. 干热灭菌法　干热灭菌主要通过脱水、干燥和大分子变性导致细菌死亡。

(1)焚烧：直接点燃或在焚烧炉内焚烧，是一种彻底的灭菌方法。适用于实验室废弃物或动物尸体。

(2)烧灼法：直接用火焰烧灼灭菌。适用于微生物实验室的接种环、试管口、瓶口等。

(3)干烤：利用干烤箱灭菌，加热至160~170℃保持2h。此法适用于高温下不变质、不受损、不蒸发的物品，如玻璃器皿、金属物品、滑石粉等的灭菌。

2. 湿热杀菌法　湿热的杀菌作用主要使细菌蛋白质变性凝固导致细菌死亡。

(1)巴氏消毒法：是利用较低温度杀灭液体中的病原菌或特定的微生物，而又不影响液体中所含的营养成分及味道的消毒方法。方法有两种：一是加热61.1~62.8℃保持30min，另一种是加热71.7℃保持15~30s，现广泛采用后者。常用于牛奶和酒类的消毒。

(2)煮沸法：煮沸100℃保持5min可杀灭细菌的繁殖体，杀灭细菌的芽胞则需要1~2h。在水中加入2%碳酸氢钠可将沸点提高至105℃，既能促进杀灭芽胞，又能防止金属器皿生锈。此法主要用于一般外科器械、注射器、餐具等的消毒。

(3)流通蒸汽法：是用阿诺蒸锅或普通蒸笼进行的。通常100℃保持15~30min，可杀灭细菌的繁殖体，但不能杀死细菌芽胞。可用于一般外科器械、餐具等的消毒。

(4)间歇蒸汽灭菌法：利用反复多次的流通蒸汽间歇加热将芽胞分批杀死，以达到灭菌目的。方法是把流通蒸汽加热的物品放置37℃恒温箱内过夜，使芽胞发育成繁殖体，次日再经流通蒸汽加热，如此重复3次，可达灭菌目的。常用于不耐高温的营养培养基的灭菌。

(5)高压蒸汽灭菌法：是临床上一种最常用、灭菌效果最好的灭菌方法。利用密闭的蒸气锅，将加热后产生的蒸汽限制在密闭的容器内，随着压力的升高，温度也会随之升高。当压力达到103.4kPa(1.05kg/cm^2)，温度可达121.3℃，维持15~20min，可杀灭包括芽胞在内的所有微生物。此法适用于手术衣、敷料、手术器械、普通培养基等耐高温、耐潮湿物品的灭菌。高压蒸汽灭菌法在使用时应注意必须将锅内冷空气排尽，物品摆放不宜过于紧密，否则会影响灭菌效果。

(二)辐射杀菌法

1. 紫外线　波长200~300nm的紫外线具有杀菌作用，其中以265~266nm杀菌力最强，紫外线能干扰细菌DNA的复制与转录，导致细菌变异或死亡。紫外线穿透力较弱，普通玻璃、纸张、尘埃、水蒸气等均能阻挡紫外线穿过，故紫外线只适用于手术室、传染病房、无菌实验室的空气和不耐热物体表面的消毒。

重点提示

杀菌波长的紫外线对人体皮肤、眼睛有损伤作用,使用时要注意防护。

2. 电离辐射　主要有β射线、γ射线等。在足够剂量时对细菌有致死作用。其机制是干扰DNA合成、破坏细胞膜、引起酶系统紊乱等。电离辐射常用于大量的一次性医用塑料制品的灭菌;也可用于食品、药品和生物制品的消毒灭菌,而不破坏其营养成分。

3. 微波　微波是波长为1~1000mm的电磁波,可穿透玻璃、陶瓷、薄塑料等物质,但不能穿透金属表面。微波主要靠热效应发挥作用,因其热效应不均匀,灭菌效果也不可靠。主要用于食品、非金属器械、检验室用品、食品用具等消毒。

(三)滤过除菌法

滤过除菌法是用机械方法除去液体或空气中细菌、真菌,以达到无菌的目的,但不能除去病毒、支原体和有些L型细菌的方法。常用器具是滤菌器(如蔡氏滤菌器),滤菌器含有微细小孔,只允许气体或液体通过,而大于孔径的细菌、真菌等颗粒不能通过。此法常用于不耐热的血清、抗毒素、抗生素及药液等的除菌。

现代医院的手术室、无菌制剂室等,已逐步采用高效颗粒空气滤器,以除掉空气中小于0.3μm的尘埃微粒,并采用合理的气流方式来达到空气洁净的目的。微生物通常附着在尘埃上,因此滤过了空气中的尘埃,也就清除了细菌等微生物。

三、化学消毒灭菌法

(一)化学消毒剂的作用机制

1. 使菌体蛋白质变性或凝固　如醇类、重金属盐类、酸碱类、醛类等。

2. 干扰细菌的酶系统和代谢　如某些氧化剂、重金属盐类能与细菌的—SH结合使有关酶失去活性。

3. 损伤细胞膜并增加其通透性　如酚类、表面活性药、脂溶药等。

重点提示

消毒剂和防腐剂对人体组织细胞有害,所以只能外用而不能内服。主要用于体表、器械及周围环境的消毒。

(二)常用消毒剂的名称、浓度及用途(表8-1)

(三)影响消毒剂作用的因素

消毒剂的作用效果受多种因素的影响,影响消毒剂的主要因素有以下几种。

1. 消毒剂的浓度、作用时间和温度　一般消毒剂浓度越大,作用时间越长,杀菌效果也越好。但乙醇例外,以70%~75%的浓度杀菌力最强。

2. 细菌的种类、状态和数量　不同种类的细菌对消毒剂的敏感程度不同,同一细菌其芽胞比繁殖体抵抗力强。微生物数量越多,所需消毒的时间就越长。

表8-1 常用消毒剂的名称、浓度及用途

名 称	常用浓度	用 途
漂白粉	10%～20%	饮水消毒
二氯异氰尿酸钠	4ppm	饮水消毒
过氧化氢	3%	伤口、皮肤黏膜消毒
过氧乙酸	0.1%～0.5%	物品表面、地面消毒
戊二醛	2%	医疗器械消毒
乙醇	70%～75%	皮肤、体温计及医疗器械消毒
碘酊	2%碘(用75%乙醇溶液配制)	皮肤消毒
碘伏	0.3%～0.5%有效碘溶液	皮肤、伤口消毒
苯扎溴铵	0.05%～0.1%溶液	皮肤、黏膜、物品表面消毒
高锰酸钾	0.1%	皮肤、黏膜、餐具、水果消毒
氯己定	0.02%～0.05%	皮肤、黏膜、物品表面消毒
生石灰	按1:4～1:8配成糊状	地面、排泄物消毒

3. 环境中有机物质的存在　环境中的有机物与消毒剂结合,可降低消毒剂的杀菌效果。此外,温度、湿度和酸碱度等因素也会影响消毒剂的消毒效果。

重点提示

在临床上,对于被泥土等污染严重的伤口要先进行清洗后再消毒,以减少微生物的数量和防止伤口中的有机物质影响消毒效果。

讨论与思考

1. 在手术室中,手术使用的手术器械、敷料等都必须经过灭菌处理。
(1)应选用什么消毒灭菌法对手术器械、敷料等进行灭菌处理?为什么?
(2)选用的灭菌方法的机制是什么?

2. 在医院中,常用碘伏对病人局部皮肤进行消毒,而对于烈性传染病人患者的排泄物则用生石灰处理。
(1)针对不同的消毒对象,为什么要采用不同的化学消毒剂?
(2)化学消毒剂的作用机制是什么?

3. 对于严重外伤病人的伤口,首先清洗,然后再选用合适的消毒剂消毒。
(1)对严重外伤病人的伤口进行清洗的原因是什么?
(2)影响消毒剂作用的因素有哪些?

(张小青)

第三节 细菌的感染与抗菌免疫

学习要点

1. 感染的概念和来源
2. 细菌致病的物质基础
3. 感染的类型
4. 固有免疫的特点及组成

一、细菌的感染

(一)感染的概念和来源

在一定条件下,病原菌突破机体防御功能侵入机体,与机体相互作用而引起的不同程度的病理过程称为感染。

感染的来源也称传染源,是指体内有病原体生长、繁殖并能排出病原体的人或动物。主要包括传染病患者、恢复期病人、健康带菌者,以及病畜、带菌动物、媒介昆虫等。

1. 根据感染来源的不同分为以下两种

(1)外源性感染:外源性感染是指病原体来自宿主体外的感染。如患者、带菌者、病畜以及外环境中的病原体通过各种途径引起机体的感染,常见于毒力较强的病原体引起的传染病。

(2)内源性感染:内源性感染是指病原体来自体内或体表引起的感染。病原体多为正常菌群转变而来的条件致病菌,少数是曾经感染过而潜伏状态存在的病原体。

2. 根据感染发生场所的不同分为以下两类

(1)医院感染:又称医院内感染,是指病人、医务人员等各类人群在医院内所获得的感染,主要为住院病人。

(2)社会感染:指在医院外发生的一切感染,是相对于医院内感染而言的。社会感染受自然因素和社会因素的影响较大。

重点提示

医院感染目前已成为全球性现代医学中的突出问题,国外报道医院内感染率为3%~17%。我国曾调查21所医院,其院内感染率为8.4%。由此可见,预防医院感染已是一项非常重要的工作。

(二)感染途径与方式

1. 呼吸道感染　病人或带菌者通过咳嗽、喷嚏等将含有病原体的飞沫(或带有病菌的尘埃等)散布到空气中,人通过吸入污染的空气而引起感染。常见的呼吸道传染病有肺结核、白喉等。

2. 消化道感染 通过食入病原体污染的食品、饮水等引起的感染。苍蝇、蟑螂等节肢动物是消化道传染病的重要传播媒介。常见的消化道传染病有伤寒、细菌性痢疾和霍乱等。

3. 接触感染 通过与患者或带菌者直接接触或间接接触引起的感染。常见的接触感染有淋病、梅毒、麻风等传染病。

4. 创伤感染 病原菌通过皮肤黏膜细小裂缝或创伤引起的感染。如葡萄球菌引起的化脓性感染,大面积烧伤继发铜绿假单胞菌感染,破伤风梭菌进入深部伤口可引起破伤风等。

5. 节肢动物媒介传播 病原菌以节肢动物为媒介,当带有病原菌的节肢动物叮咬人时可引起感染。如人类鼠疫可由鼠蚤传播。

(三)细菌致病的物质基础

细菌致病的物质主要包括细菌表面结构、侵袭性物质和毒素等,这些物质是构成细菌致病力(即毒力)的物质基础。

1. 细菌表面结构 主要包括荚膜和菌毛。

(1)荚膜:具有抵抗吞噬和抵抗体液中杀菌物质的作用,从而使细菌能在宿主体内大量繁殖和扩散,如肺炎链球菌等。有些细菌表面有类似荚膜的物质如伤寒沙门菌 Vi 抗原、大肠埃希菌的 K 抗原等位于细胞壁外层的结构,比荚膜要薄,统称为微荚膜。

(2)黏附素:细菌黏附于上皮细胞,是引起感染的首要条件。具有黏附作用的细菌表面结构或组分,称为黏附素。可分为菌毛黏附素和非菌毛黏附素两类。

2. 侵袭性物质 是指能协助致病菌抵抗吞噬细胞的吞噬作用或有利于病原菌在组织中扩散蔓延的物质。如金黄色葡萄球菌产生的血浆凝固酶,能使血浆中液态的纤维蛋白原转变成固态的纤维蛋白,包绕在菌体表面从而抵抗吞噬细胞的吞噬作用;又如 A 群链球菌产生的透明质酸酶能降解细胞间的透明质酸而有利于细菌的扩散。

3. 毒素 细菌在代谢过程中合成的对机体有毒性作用的物质称为毒素。毒素可直接或间接损伤宿主细胞,并干扰其生理功能。可分为外毒素和内毒素。

(1)外毒素:外毒素主要是革兰阳性菌和部分革兰阴性菌合成的并释放到菌体外的毒性蛋白质。但也有少数外毒素存在于细菌体内,在菌体裂解后才能释放出来(如痢疾志贺菌等)。

外毒素的特性有:化学成分是蛋白质,性质不稳定,易被热、酸和蛋白酶分解破坏,但也有少数外毒素例外,如金黄色葡萄球菌产生的肠毒素能耐 100℃维持 30min,并能抵抗胰蛋白酶的分解;外毒素的免疫原性强,可刺激机体产生抗毒素抗体,外毒素经 0.3%~0.4%甲醛处理后,其可脱去毒性而保留免疫原性,可制成无毒的外毒素生物制品称为类毒素;外毒素的毒性极强,如肉毒梭菌产生的外毒素 1mg 可毒死 2 亿只小白鼠,其毒性比氰化钾毒性强 1 万倍,是目前已知的毒性最强的物质,不同细菌产生的外毒素对组织器官有选择性毒害作用,引起特征性的症状和体征。

重点提示

由于外毒素具有免疫原性强、可脱毒成为类毒素等特点,目前已有多种外毒素制备成的类毒素,用于预防接种。

(2)内毒素:内毒素是革兰阴性菌细胞壁的最外层结构,故不能由活菌释放到菌体外,只有当细菌裂解死亡后才能释放出来。内毒素的特性:化学成分为脂多糖,性质稳定,可耐热100℃保持1h不失活;内毒素免疫原性较弱,不能脱毒成为类毒素;内毒素毒性作用较外毒素弱,且对机体组织器官无选择性毒害作用,因此各种革兰阴性菌产生的内毒素的致病作用相似,主要有发热反应、白细胞反应、内毒素血症与内毒素休克、弥散性血管内凝血(DIC)等。

外毒素与内毒素的主要区别,见表8-2。

表8-2 外毒素与内毒素的主要区别

区别要点	外毒素	内毒素
来源	G^+菌和部分G^-菌	G^-菌
释放方式	活菌分泌或少数菌裂解后释放	细菌裂解死亡后释放
化学成分	蛋白质	脂多糖
稳定性	不稳定,60~80℃保持30min被破坏	稳定,160℃保持2~4h才被破坏
免疫原性	强,能刺激机体产生抗毒素;经甲醛处理脱毒可成为类毒素	弱,经甲醛处理不能成为类毒素
毒性作用	强,对组织器官有选择性毒害作用,可引起特殊临床症状	弱,各种细菌内毒素的毒性作用大致相同,可引起发热、白细胞反应、休克及DIC等

(四)感染的类型

感染的发生、发展和结局取决于机体与病原菌相互作用的结果。根据两者力量对比,临床可出现隐性感染、显性感染和带菌状态3种类型。

1. 隐性感染　是指机体的免疫力较强或侵入的病原菌数量较少,毒力较弱,感染后对机体造成的损伤较轻,不出现或仅出现不明显的临床症状,称为隐性感染或亚临床感染。隐性感染后,机体一般可获得一定的特异性免疫力,可抵御同种病原体的再次感染。如结核分枝杆菌常可引起隐性感染。

2. 显性感染　是指机体的免疫力较弱或侵入的病原菌数量较多,毒力较强,感染后对机体组织细胞造成严重损伤,并出现一系列临床症状,称为显性感染或临床感染。

(1)根据病情发展的缓急不同,显性感染可分为急性感染和慢性感染。

急性感染:发病突然,病程较短,一般为数日或数周。痊愈后病原菌可从体内全部消失。如流行性脑脊髓膜炎、霍乱等。

慢性感染:起病缓慢,病程较长,可达数月至数年。如结核、麻风等。

(2)根据感染部位与性质的不同,显性感染又可分为局部感染和全身感染。

局部感染:病原菌侵入机体后,局限在一定部位生长繁殖,引起局部病变。如疖、痈等。

全身感染:感染发生后,病原菌和(或)毒性代谢产物向全身扩散引起全身症状。临床常见的全身感染有以下几种表现:①毒血症,病原菌在局部组织中繁殖,病原菌不侵入血流,但其产生的外毒素进入血流引起特殊的中毒症状,称为毒血症。如白喉、破伤风等。②菌血症,病原菌在局部生长繁殖,一时或间断性的侵入血流,但在血液中不繁殖或极少量繁殖,且无明显中毒症状,称为菌血症。如伤寒早期的菌血症。③败血症,病原菌侵入血流,并在其中大量生长繁殖,产生毒性代谢产物,引起严重的全身中毒症状,称为败血症。如高热、白细胞增多、皮肤和黏膜瘀斑、肝脾大等，如化脓性链球菌引起的败血症。④脓毒血症：化脓性细菌侵入血流后，在其中大量繁殖，并通过血流扩散到其他组织器官，产生新的化脓性病灶，称为脓毒血症。如金黄色葡萄球菌引起的脓毒血症，常导致多发性肝脓肿、肾脓肿等。⑤内毒素血症：革兰阴性菌在感染的体内释放大量内毒素进入血流，引起明显的全身症状，称为内毒素血症。严重的革兰阴性菌感染时，常发生内毒素血症。

3. 带菌状态　机体经显性感染或隐性感染后，病原菌并未及时消失，而在体内继续存在一定时间，并可经常或间歇性向体外排出，称为带菌状态。处于带菌状态的人称为带菌者。带菌者是重要的传染源。及时检出带菌者并进行隔离和治疗，对于控制传染病的流行具有重要意义。

二、机体的抗菌免疫

抗菌免疫是指机体对病原菌感染的免疫防御能力，包括固有免疫体和适应性免疫。病原菌入侵机体时，首先由固有免疫发挥抵御作用，经 7~10d 后，产生适应性免疫，二者相互配合，共同发挥抗菌免疫作用。

（一）固有免疫

固有免疫又称为先天免疫，是人类在长期的种系发育和进化过程中逐步形成的一系列天然防御功能。因其防御作用无特殊的针对性，故常称为非特异性免疫。固有免疫主要由机体的屏障结构、吞噬细胞和体液中的抗菌物质 3 部分组成。

1. 屏障结构　主要有皮肤与黏膜、血-脑屏障、胎盘屏障等。

（1）皮肤与黏膜：健康完整的皮肤与黏膜是机体抗感染的第一道防线。其主要作用：①机械阻挡和排除细菌的作用，如病原菌入侵机体时，首先可被机体表面的皮肤和黏膜阻隔，只有当皮肤和黏膜受损时细菌才易侵入机体内；又如呼吸道黏膜表面纤毛的定向摆动和肠蠕动等作用，均使细菌难以在机体内定居。②分泌物的抑菌和杀菌作用，如皮肤汗腺分泌的乳酸使汗液呈酸性（pH 5.2~5.8），对细菌的生长有抑制作用；又如皮脂腺分泌的脂肪酸与黏膜分泌的溶菌酶、胃酸、蛋白酶等，都对细菌有杀灭作用。③正常菌群的生物拮抗作用，寄居在皮肤和黏膜表面的正常菌群可通过与病原菌竞争受体和营养物质以及产生抗菌物质等方式，阻止病原菌的生长。如肠道中的大肠埃希菌产生大肠菌素和酸性产物，可抑制金黄色葡萄球菌、志贺菌等致病菌的生长。

（2）血-脑屏障：一般认为是由软脑膜、脉络丛、脑毛细血管和星形胶质细胞等组成。主要通过脑毛细血管内皮细胞层的紧密连接和微弱的吞饮作用，阻挡病原菌及其毒性产物从血流进入脑组织或脑脊液，从而保护中枢神经系统免受感染。

重点提示

婴幼儿因血-脑屏障发育不完善，故易发生颅内感染。

（3）胎盘屏障：由母体子宫内膜的基蜕膜和胎儿绒毛膜共同组成。此屏障可防止母体内的病原菌进入胎儿体内，保护胎儿免受感染。在妊娠 3 个月内，胎盘屏障尚未发育完善，此时若母体发生感染，病原体则有可通过胎盘侵入胎儿，影响胎儿正常发育，导致畸胎或流产。

2. 吞噬细胞　机体内凡具有吞噬功能的细胞统称为吞噬细胞，包括小吞噬细胞和大吞噬细胞。前者是指外周血中的中性粒细胞，后者则指血液中的单核细胞和组织中的巨噬细胞。当病原菌突破皮肤或黏膜屏障侵入机体后，吞噬细胞即可发挥其强大的吞噬杀菌作用，从而构成了机体抗感染的第二道防线。多数情况下，吞噬细胞可在短时间内将摄入胞内的病原菌（如化脓性球菌）彻底杀灭，称为完全吞噬。但也有少数病原菌（如胞内寄生的结核分枝杆菌、伤寒沙门菌等）被摄入胞内后，非但不被杀灭，反而可在吞噬细胞内繁殖，最终导致吞噬细胞的破坏或随未破裂的吞噬细胞游走并扩散至全身，引起全身感染，称为不完全吞噬。

重点提示

吞噬作用的后果对机体具有双重作用，即完全吞噬对机体有利，不完全吞噬对机体有害。

此外，自然杀伤（natural killer，NK）细胞也是机体抗感染免疫中较早出现的一类非特异性免疫细胞。

3. 体液中的抗菌物质　机体正常组织和体液中存在多种抗菌物质，主要有补体（见第3章）、溶菌酶、防御素、乙型溶素等。

（1）溶菌酶：溶菌酶是一种碱性蛋白，主要来源于吞噬细胞，广泛分布于血清、唾液、泪液、乳汁和黏膜分泌液中。溶菌酶能作用于革兰阳性菌细胞壁中的肽聚糖使之裂解而溶菌。革兰阴性菌对溶菌酶不敏感，但特异性抗体若与溶菌酶共同作用也能破坏革兰阴性菌。

（2）防御素：防御素是一类富含精氨酸的小分子多肽，主要存在于中性粒细胞的嗜天青颗粒中。防御素是通过破坏细菌细胞壁的完整性而使细菌溶解死亡，主要作用于胞外菌。

（二）适应性免疫

适应性免疫又称为后天性免疫或获得性免疫。是指机体在生活过程中与病原微生物及其代谢产物等抗原物质接触后所产生的有特殊针对性的免疫力，故常称为特异性免疫。适应性免疫主要通过体液免疫和细胞免疫发挥抗感染作用。

1. 体液免疫　体液免疫是指由B细胞介导，通过特异性抗体发挥的免疫效应。当B细胞受到某些病原菌和（或）毒性代谢产物等抗原刺激后，在Th2细胞的辅助下，活化、增殖、分化为浆细胞并合成和分泌抗体（主要有IgM、IgG和sIgA），通过激活补体、调理吞噬、中和毒素、阻止定植或ADCC等作用将入侵机体的病原菌杀灭、清除，从而发挥抗感染的作用。

2. 细胞免疫　细胞免疫是指由T细胞介导，通过效应T细胞发挥的免疫效应。当胞内寄生菌感染机体后，可刺激T细胞活化、增殖、分化，形成效应Tc细胞和效应Th1细胞，从而通过直接杀伤或由淋巴因子引起炎症反应发挥抗感染作用。

重点提示

在机体的抗菌免疫中，抗胞外病原菌的感染以体液免疫为主，对胞内寄生菌主要通过细胞免疫而发挥作用。

讨论与思考

1. 某患者因股骨干闭合性骨折入院行切开复位内固定术,术后3d伤口化脓。

(1)此感染应属于医院内感染还是社会感染？为什么？

(2)此感染应属于内源性感染还是外源性感染,为什么？

2. 当病原菌感染机体后,固有免疫和适应性免疫可相互配合,共同发挥抗感染作用。

(1)固有免疫主要通过哪些因素发挥抗感染作用,各有何作用？

(2)适应性免疫包括哪些免疫类型,各有何作用？

(刘元洲)

第 9 章

常见病原菌

第一节　病原性球菌

学习要点

1. 葡萄球菌属、链球菌属和奈瑟菌属的主要生物学特性
2. 金黄色葡萄球菌、乙型链球菌、肺炎链球菌的致病物质
3. 各种病原性球菌的所致疾病

病原性球菌主要引起人及动物的化脓性炎症，故又称为化脓性球菌。常见的有革兰阳性的葡萄球菌属、链球菌、肺炎链球菌和革兰阴性的脑膜炎奈瑟菌和淋病奈瑟菌等。

一、葡萄球菌属

葡萄球菌广泛分布于自然界和人、动物的皮肤及与外界相通的腔道中，因常堆聚成葡萄串状而得名。大多数不致病，致病性葡萄球菌主要引起化脓性炎症及败血症等，是最常见的化脓性细菌，一般人鼻咽部带菌率可达 20% ~ 50%，而医务人员带菌率可高达 70% 以上，是医院内交叉感染的重要传染源。

（一）生物学性状

1. 形态与染色　菌体呈球形或椭圆形，直径约 1μm，典型排列呈葡萄串状，革兰染色阳性（彩图 1），无鞭毛、无芽胞，体外培养不形成荚膜。

2. 培养特性　需氧或兼性厌氧，对营养要求不高，普通琼脂平板上可形成圆形、隆起、表面光滑湿润、边缘整齐、不透明、直径约 2mm 的有色菌落。不同菌株可产生金黄色、白色或柠檬色等脂溶性色素，使菌落着色，有助于该菌的鉴别。在血平板上，多数致病菌株的菌落周围可形成透明溶血环（β 溶血）。

3. 分类　根据产生色素和生化反应的不同葡萄球菌可分为金黄色葡萄球菌、表皮葡萄球菌和腐生葡萄球菌 3 种。它们的主要生物学性状见表 9-1。

表 9-1 3 种葡萄球菌的主要生物学性状

特 性	金黄色葡萄球菌	表皮葡萄球菌	腐生葡萄球菌
色素	金黄色	白色	白色或柠檬色
血浆凝固酶	+	–	–
甘露醇发酵	+	–	–
溶血素	+	–	–
耐热核酸酶	+	–	–
致病性	强	弱或无	无

重点提示

鉴定致病性葡萄球菌的主要依据:①血浆凝固酶和耐热核酸酶产生阳性;②菌落呈金黄色,周围有透明溶血环;③发酵甘露醇产酸。

4. 抗原构造 该菌抗原结构复杂,已发现 30 余种,其中最重要的是葡萄球菌 A 蛋白(SPA),90% 以上的金黄色葡萄球菌含有这种成分。SPA 是细胞壁上的一种蛋白质,能与人和多种哺乳动物血清中 IgG 的 Fc 段非特异性结合,介导协同凝集试验,有利于疾病的早期诊断。另外,SPA 还具有抗吞噬功能,与细菌的致病性有关。

5. 抵抗力 葡萄球菌的抵抗力是无芽胞细菌中最强的。在干燥的痰、脓汁中可存活 2~3 个月,加热 60℃维持 1h 或 80℃维持 30min 才能将其杀死;耐盐性强,在含 10%~15% NaCl 的培养基上仍能生长;对甲紫敏感;对青霉素、庆大霉素、红霉素等多种抗生素敏感,但易产生耐药性,目前 90% 以上的金黄色葡萄球菌都对青霉素产生了耐药性,尤其是耐甲氧西林金黄色葡萄球菌,已经成为医院内感染最常见的致病菌。

(二)致病性

1. 致病物质 可产生多种侵袭性酶类和外毒素,与致病性相关的主要有以下几种。

(1)血浆凝固酶:是一种能使含抗凝剂的人或兔血浆发生凝固的酶类物质。常作为鉴别葡萄球菌有无致病性的重要指标。此酶可使血浆中的纤维蛋白原转变成纤维蛋白,沉积在菌体表面,阻碍吞噬细胞及杀菌抑菌物质的对细菌的吞噬杀伤作用;同时,还可以限制了病灶中细菌的扩散,故金葡菌感染的病灶较为局限且浓汁黏稠。

(2)溶血素:为外毒素,能溶解人及多种哺乳动物的红细胞。同时,对白细胞、血小板、肝细胞、成纤维细胞等多种组织细胞均有损伤作用。在血平板上,能使菌落周围形成透明溶血环,也可作为鉴别葡萄球菌有无致病性的指标之一。

(3)杀白细胞素:能破坏中性粒细胞和巨噬细胞,增强细菌的侵袭力。

(4)肠毒素:是一组对热稳定的可溶性蛋白质,加热 100℃保持 30min 不被破坏,还能抵抗胃肠液中蛋白酶的水解作用,通过刺激呕吐中枢引起以呕吐为主要症状的食物中毒。

2. 所致疾病 主要引起化脓性感染和毒素性疾病两种。

(1)化脓性感染:金黄色葡萄球菌可通过呼吸道、消化道、皮肤等多种途径侵入机体引起局部或全身化脓性炎症,常见的局部感染有:疖、痈、毛囊炎、蜂窝织炎、伤口化脓等皮肤软组织感染和气管炎、肺炎、脓胸等内脏器官感染。因血浆凝固酶的的作用，使病灶易局限化，且脓汁黏稠、与周围组织界限明显。如果原发灶处理不当，葡萄球菌可进入血液引起全身感染，如败血症和脓毒血症。

(2)毒素性疾病：①食物中毒，食入被葡萄球菌肠毒素污染的食物后1~6h，即出现恶心、呕吐、上腹痛、腹泻等胃肠炎症状，以呕吐最为突出。患者1~2d内即可恢复，且预后良好。②假膜性肠炎，由于不合理使用广谱抗生素，导致肠道中的优势菌如大肠埃希菌等被抑制杀灭，而耐药的葡萄球菌趁机大肆生长繁殖并产生肠毒素，引起以腹泻为主要症状的肠炎，其病理特点是肠黏膜被炎性假膜覆盖。③烫伤样皮肤综合征，由金葡菌产生的表皮剥脱毒素引起，多见于婴幼儿及免疫功能低下的人群。开始皮肤有红斑，1~2d表皮起皱继而出现水疱，最后表皮脱落。

重点提示

人类对葡萄球菌有一定的天然免疫力，当机体免疫力下降时易被感染。病后虽获得一定的免疫力，但不强，难以防止再次感染。

(三)微生物学检查

1. 标本采集　依据不同的病情采集不同的标本。化脓性感染应采集脓汁、渗出液、穿刺液等；败血症患者需采集血液；食物中毒取可疑食物、呕吐物、粪便等。

2. 标本检查　先将标本直接涂片，染色后镜检，根据细菌的形态、排列和染色性做出初步诊断。再将标本接种到不同的培养基中进行培养，并做血浆凝固酶试验等进行鉴定。

(四)防治原则

注意个人卫生，有创伤应及时处理；严格执行消毒、隔离措施和无菌操作，防止医源性感染；加强食品卫生监督管理；合理使用抗生素，必要时做药物敏感试验，防止耐药菌株的出现和菌群失调症的发生。

二、链球菌属

(一)链球菌

链球菌是另一类常见的化脓性球菌。广泛分布于自然界、人的鼻咽部和胃肠道中，多为正常菌群，少数为致病菌，可引起人类多种疾病。

1. 生物学性状

(1)形态与染色：菌体为球形或椭圆形，直径0.6~1.0μm，链状排列，革兰染色阳性(彩图2)。无鞭毛、无芽胞、培养初期有荚膜。

(2)培养特性：多数为需氧或兼性厌氧。营养要求高，在含有血液或血清的培养基中方能生长良好。在液体培养基中易形成长链而呈絮状沉淀于管底；在血琼脂平板上可形成圆形、表面光滑、透明或半透明的灰白色细小菌落，不同菌株溶血情况不一。

(3)分类：①根据溶血现象分类，链球菌可分为3类。甲型溶血性链球菌，致病力弱；乙型溶血性链球菌，致病力强；丙型链球菌，一般无致病性。这3类链球菌的主要特性见表9-2。②根据抗原结构分类，按细胞壁中多糖抗原(C抗原)的不同，链球菌分为A、B、C、D…V共20

个群。其中对人致病的链球菌株 90% 左右属于 A 群,根据 M 抗原不同,又可将 A 群分为 100 多个型。

表 9-2 3 类链球菌溶血性比较

特 性	甲型溶血性链球菌	乙型溶血性链球菌	丙型链球菌
溶血环种类	α 溶血	β 溶血	无溶血
溶血环性状	狭窄、草绿色	宽大、无色透明	无溶血
致病性	弱,条件致病菌	强	一般无

(4)抵抗力:较弱,60℃保持 30min 即可被杀死,在干燥尘埃中可存活数月。对常用消毒剂敏感,对青霉素、红霉素及磺胺类药物敏感,青霉素是首选药物。

2. 致病性

(1)致病物质:乙型溶血性链球菌能产生多种外毒素和胞外酶,有较强的侵袭力和致病性。主要的致病物质有以下 3 类。

细菌胞壁成分:①脂磷壁酸,能与人类多种细胞膜表面的相应受体结合,增强链球菌的黏附力。②M 蛋白,是乙型溶血性链球菌细胞壁上的表面蛋白成分,具有抗吞噬、抗杀菌作用,增强细菌的侵袭力,此外,因与心肌、肾小球基底膜之间存在共同抗原,可造成心、肾血管组织损伤,引起超敏反应。

外毒素类:①致热外毒素,又称红疹毒素或猩红热毒素,是引起猩红热的主要毒性物质,可引起发热反应、皮疹等。②链球菌溶血素,可溶解红细胞、破坏白细胞和血小板等。根据其对 O_2 的敏感性不同,分为链球菌溶血素 O(SLO)和链球菌溶血素 S(SLS)两种。其中 SLO 对 O_2 敏感,易被氧化而失活,免疫原性强,85%～90% 链球菌感染者,在感染 2～3 周后至病愈数月到 1 年的时间内血清中可检出 SLO 抗体。风湿热病人血清中 SLO 抗体明显增高,活动期升高更为显著,一般效价在 1:400 以上。因此患者血清中 SLO 抗体含量可作为链球菌新近感染指标之一或辅助诊断风湿热及其活动性。SLS 对 O_2 稳定,无免疫原性,溶血能力强,与溶血环的形成有关。

侵袭性酶类:①透明质酸酶又称扩散因子,能破坏细胞间质的透明质酸,扩大组织细胞的间隙,有利于病原菌在其中蔓延扩散;②链激酶又称链球菌溶纤维蛋白酶,能使血液中纤维蛋白酶原转变为纤维蛋白酶,从而溶解血块或阻止血浆凝固,帮助病原菌在组织中扩散;③链道酶又称链球菌 DNA 酶,能降解脓液中高度黏稠的 DNA,使脓液变稀,促进病原菌的扩散。

重点提示

由于乙型溶血性链球菌产生透明质酸酶、链激酶和链道酶,导致链球菌感染形成的病灶与周围组织界限不清,脓液稀薄,且扩散趋势明显,有别于金黄色葡萄球菌引起的感染。

(2)所致疾病:乙型溶血性链球菌引起的疾病,占链球菌疾病的 90% 以上。

乙型溶血性链球菌所致疾病:可分为化脓性炎症、中毒性疾病和超敏反应性疾病 3 类。①化脓性感染:可通过多条途径引起感染,经皮肤伤口侵入,引起皮肤和皮下组织感染如淋巴管炎、淋巴结炎、蜂窝组炎、脓疱疮等；经呼吸道侵入引起扁桃体炎、咽炎、咽峡炎、鼻窦炎，并蔓延周围引起中耳炎、乳突炎、脑膜炎等；经产道感染，引起“产褥热”；若细菌扩散入血，可引起败血症等全身感染；②中毒性疾病：即猩红热，为儿童急性呼吸道传染病，经飞沫传播。主要症状为发热、咽炎、全身弥漫性鲜红色皮疹；③超敏反应性疾病：如急性肾小球肾炎和风湿热。

甲型溶血性链球菌所致疾病：该菌为条件致病菌，是寄生在人类口腔、上呼吸道的正常菌群。当拔牙或行扁桃体摘除术时，可趁机侵入血液，到达心脏，若有心瓣膜病变者，细菌可在此处停留繁殖，引起亚急性细菌性心内膜炎，该菌是感染性心内膜炎最常见的致病菌。

此外，寄居于口腔的变异链球菌与龋齿的发生有密切关系。

3. *微生物学检查* 根据疾病不同采集相应的标本，如创伤感染取脓汁，咽喉、鼻咽腔等病灶采用咽拭子，败血症取血液等。标本首先涂片染色镜检，进行初步诊断，再通过分离培养及鉴定。疑为风湿热患者，查血清中 SLO 抗体，若明显增多，效价≥400U 时，有临床意义。

4. *防治原则* 链球菌感染主要通过飞沫传播，应及时治疗病人和带菌者，减少传染源；对于扁桃体炎和急性咽喉炎患者，尤其是儿童，须尽早彻底治疗，以防止急性肾小球肾炎、风湿热及亚急性细菌性心内膜炎的发生；A 群链球菌感染，青霉素 G 为首选治疗药物。

（二）肺炎链球菌

肺炎链球菌，俗称肺炎球菌，经常寄居于正常人的鼻咽腔中，仅有少数菌株可致病，主要引起大叶性肺炎。

1. *生物学性状* 菌体呈矛头状或西瓜子状，成双排列，钝端相对，尖端向外，革兰染色阳性，无鞭毛、无芽胞，可形成荚膜（彩图 3）；营养要求高，在含有血液或血清的培养基中才能生长良好；抵抗力较弱，对一般消毒剂、青霉素、林可霉素等敏感。

2. *致病性* 致病物质主要是荚膜，该菌通常存在于正常人的口腔及鼻咽部，一般不致病，当机体免疫力低下时，可由上呼吸道侵入，引起大叶性肺炎；肺炎后可继发胸膜炎、脓胸、中耳炎、乳突炎、败血症和脑膜炎等。

3. *防治原则* 加强身体锻炼，提高机体免疫力；治疗可选用青霉素、林可霉素等抗生素。

三、奈瑟菌属

奈瑟菌属是一群革兰阴性双球菌。人类是奈瑟菌属的自然宿主，对人致病的主要有脑膜炎奈瑟菌和淋病奈瑟菌，见表 9-3。

表 9-3 脑膜炎奈瑟菌和淋病奈瑟菌的比较

菌 名	主要生物学性状	致病物质	传播途径	所致疾病	防治原则
脑膜炎奈瑟菌	肾形或豆形，革兰阴性双球菌，凹面相对，有荚膜、菌毛。专性需氧，常用巧克力色培养基，初次培养需提供 5%～10% CO_2；抵抗力很弱，对冷、热、消毒剂等都敏感	内毒素 荚膜 菌毛	经飞沫传播	流行性脑脊髓膜炎（流脑）	隔离和治疗患者；注射流脑荚膜多糖疫苗进行特异性预防；治疗首选青霉素和磺胺类药

续表

菌 名	主要生物学性状	致病物质	传播途径	所致疾病	防治原则
淋病奈瑟菌	肾形或咖啡仁形,革兰阴性双球菌,凹面相对,有荚膜、菌毛。专性需氧,常用巧克力色培养基,初次培养需提供5%～10% CO_2;抵抗力很弱,对冷、热、消毒剂等都敏感	菌毛 荚膜 内毒素	性接触和间接接触患者分泌物污染的衣服、毛巾、浴盆等,新生儿经产道感染	淋病、新生儿淋病性结膜炎	普及性病防治的知识;治疗首选青霉素G;新生儿出生时用1%硝酸银滴眼

讨论与思考

1. 某患者皮肤损伤后引起化脓性感染,周围组织界限不清,脓液稀薄,且扩散趋势明显。
(1)是何细菌引起的化脓性感染?
(2)应与何种细菌感染相鉴别?
2. A群链球菌主要引起哪些疾病?

(张晓红)

第二节 肠道杆菌

学习要点

1. 肠道杆菌的共同特点
2. 大肠埃希菌的致病性及卫生细菌学意义
3. 沙门菌、志贺菌的致病性和防治原则
4. 沙门菌属的微生物学检查

肠道杆菌是一大群寄居在人和动物肠道中生物学特性相似的革兰阴性杆菌,随人和动物的粪便排出而广泛分布于自然界。多数为肠道中的正常菌群,特定条件下(如宿主免疫力下降或细菌入侵机体肠外部位)才可致病,少数为致病菌,例如致病性大肠埃希菌、伤寒沙门菌、志贺菌等。肠道杆菌生物学性状相似,具有以下共同特点。

1. 形态与结构　中等大小的革兰阴性杆菌。无芽胞,多数有鞭毛,少数有荚膜或包膜,致病菌大多有菌毛。

2. 培养特性　需氧或兼性厌氧。对营养要求不高,在普通琼脂培养基上生长良好。

3. 生化反应　生化反应活泼,能分解多种蛋白质和糖类,产生不同的代谢产物,常以此鉴别细菌。如肠道致病菌不分解乳糖,故在含乳糖的SS培养基上形成无色菌落;非致病菌能分解乳糖产酸而形成有色菌落。故临床常利用能否分解乳糖作为肠道杆菌有无致病性的初步鉴定依据。

4. 抗原构造 较复杂，都有菌体(O)抗原，多数有鞭毛(H)抗原，少数还有表面抗原(如大肠埃希菌的K抗原、伤寒沙门菌的Vi抗原等)。常与细菌的分类、分型有关。

5. 抵抗力 较弱。加热60℃维持30min可被杀死，对一般消毒剂敏感，但在土壤、水、人和动物的粪便等自然环境中存活时间较长。

一、埃希菌属

埃希菌属中最常见的是大肠埃希菌，俗称大肠杆菌，是人和动物肠道中重要的正常菌群。一般情况下对机体无害，还能为机体提供维生素B和K等营养物质，及产生大肠菌素抑制致病菌等；当宿主免疫力下降或该菌侵入肠外组织器官时，可引起肠道外感染。有少数菌株具有较强的毒力，可直接引起肠道内感染。

(一)主要生物学性状

中等大小的革兰阴性杆菌，无芽胞，多数有周鞭毛和菌毛，少数有荚膜。在肠道鉴别培养基上由于能分解乳糖产酸而形成有色菌落，以此与其他肠道杆菌鉴别。

大肠埃希菌有菌体抗原、鞭毛抗原及K抗原3种抗原结构。

(二)致病性

1. 致病物质 ①黏附素：为普通菌毛，具有黏附肠道和泌尿道黏膜上皮细胞的能力；②肠毒素：为外毒素，有耐热(ST)和不耐热(LT)两种，均可导致肠黏膜细胞过度分泌而引起腹泻；③K抗原：有抗吞噬等作用。

2. 所致疾病 多数为肠道中的正常菌群，一般不致病。

(1)肠道外感染：多为机会感染，以泌尿系统感染常见，如尿道炎、膀胱炎、肾盂肾炎；也可引起胆囊炎、腹膜炎、阑尾炎、手术创伤感染、新生儿脑膜炎等。

(2)肠道内感染：为外源性感染，因食入被污染的食物或饮水所致，主要表现为腹泻。导致肠道感染的致病性大肠埃希菌有5种类型：肠毒素型大肠埃希菌(ETEC)、肠致病性大肠埃希菌(EPEC)、肠侵袭型大肠埃希菌(EIEC)、肠出血型大肠埃希菌(EHEC)、肠凝聚型大肠埃希菌(EAEC)，见表9-4。

表9-4 引起腹泻的5种大肠埃希菌

菌 株	易感人群	疾病与症状
ETEC	婴幼儿、旅游者	腹泻，水样便、恶心、低热
EPEC	婴幼儿	腹泻，水样便、恶心、呕吐、发热
EIEC	较大儿童及成人	痢疾样腹泻，水样便，继以脓血黏液便、腹痛、发热
EHEC	5岁以下儿童	出血性肠炎，剧烈腹痛、水样便，继以大量血便
EAEC	婴幼儿	慢性腹泻，呕吐、持续性水样便、低热

(三)卫生细菌学检查

大肠埃希菌常随人和动物的粪便排除出，污染外界环境、水源、食品等，样品中检出的该菌愈多，表明被粪便污染的愈严重，并间接提示有肠道致病菌污染的可能。因此在环境卫生和食品卫生学中，常以大肠菌群数作为饮水、食品等被粪便污染的指标之一。

重点提示

我国的饮用水卫生标准：每毫升水中细菌总数不超过 100 个；每升饮水中大肠菌群数不得超过 3 个。

（四）防治原则

注意环境和个人卫生，增强机体免疫力，加强食品和水源卫生管理。依据药敏试验结果择用合适的抗菌药物。

二、志贺菌属

志贺菌属俗称痢疾杆菌，是人类细菌性痢疾的病原菌。

（一）主要生物学性状

1. 形态与染色　革兰阴性杆菌，长 2~3μm，宽 0.5~0.7μm，无芽胞，无鞭毛，无荚膜，有菌毛（彩图 4）。

2. 培养特性　营养要求不高，除宋内志贺菌能迟缓发酵乳糖外，其他志贺菌均不分解乳糖，在 SS 培养基上形成无色半透明菌落。

3. 抗原构造　有菌体抗原、K 抗原。菌体抗原具有群特异性，可将志贺菌属分为 4 个群：痢疾志贺菌（A 群）、福氏志贺菌（B 群）、鲍氏志贺菌（C 群）和宋内志贺菌（D 群），共 44 个血清型，其中，A 群毒性最强，D 群毒性最弱。我国流行的主要是 B 群，其次是 D 群。

4. 抵抗力　较弱，对热、一般消毒剂、酸敏感；该菌对环丙沙星、呋喃唑酮、氨苄西林、庆大霉素等药物敏感，但易产生耐药性变异。

重点提示

痢疾杆菌菌体无鞭毛，可借此与沙门菌属区别；该菌抵抗力较弱，因此粪便标本应及时送检，如不能及时送检，应将标本放入 30% 甘油缓冲盐水中保存。

（二）致病性与免疫性

1. 致病物质　菌毛具有侵袭性，能帮助细菌黏附于结肠黏膜上皮细胞并穿入细胞内繁殖，引起炎症反应。志贺菌属所有的菌株都具有强烈的内毒素，内毒素作用于肠黏膜，使其通透性增加，进一步促进肠道对内毒素的吸收，引起发热、神志障碍，甚至中毒性休克；内毒素可破坏肠黏膜，造成黏膜下层炎症、溃疡、坏死组织脱落，出现典型的脓血黏液便；内毒素还可作用于肠壁自主神经，导致肠功能紊乱，蠕动失调及痉挛，尤以直肠括约肌最为明显，因而出现腹痛、腹泻、里急后重等症状。

此外，A 群志贺菌可产生外毒素，亦称志贺毒素，具有神经毒性、细胞毒性和肠毒性 3 种生物活性，可导致神经麻痹、细胞变性坏死和水样腹泻。

2. 所致疾病　志贺菌属引起的细菌性痢疾（简称菌痢），是最常见的肠道传染病。传染源是病人或带菌者，经粪-口途径传播，夏季多发。人类对志贺菌普遍易感，少至 200 个细菌就可致病,临床上分为 3 种类型。

(1)急性细菌性痢疾:经 1~3d 的潜伏期后,突然发病且症状典型。初期表现为发热、腹痛、水样腹泻,后转为排黏液脓血便,伴里急后重、下腹疼痛等典型症状。经及时治疗,预后良好;若治疗不当,则可转为慢性。

(2)慢性细菌性痢疾:因急性痢疾治疗不彻底或症状不典型误诊,造成病情反复发作,迁延不愈,病程超过 2 个月以上者。

(3)中毒性细菌性痢疾:多见于儿童,起病急,常无明显的消化道症状而表现为全身中毒症状,如高热、神志障碍、休克、多器官衰竭等,病死率高。

3. 免疫性　抗感染免疫主要依赖消化道黏膜表面的分泌型 IgA(sIgA),但免疫力不持久,易反复感染。

(三)微生物学检查

1. 标本采集　在患者用药之前取新鲜粪便的脓血或黏液部分,注意粪尿不能混合,采集后迅速送检。疑为中毒性细菌性痢疾患者可取肛拭子。

2. 标本检查　将标本用肠道选择或鉴别培养基进行分离培养,通过生化反应和血清学试验作出鉴定。

3. 快速诊断发　可采用免疫凝集法、快速免疫荧光菌球法、协同凝集试验及分子生物学方法(PCR 和核酸杂交技术)等快速诊断。

(四)防治原则

预防细菌性痢疾的关键是对病人和带菌者进行及时诊断、隔离和彻底治疗;切断传播途径需防蝇灭蝇,加强水源、粪便的管理及食品卫生监督等。春夏流行季可口服多价减毒活疫苗进行特异性预防。治疗可用环丙沙星、呋喃唑酮、氨苄西林、庆大霉素等,但细菌易产生耐药性,故治疗时应结合药敏试验选择敏感药物。

三、沙门菌属

沙门菌属是一大群寄居于人类和动物肠道中生物学性状相似的革兰阴性杆菌。广泛分布于自然界中,型别繁多,只有少数对人类致病,如伤寒沙门菌、甲型副伤寒沙门菌、肖氏沙门菌、希氏沙门菌等。还有一些对动物致病,偶尔也传染给人,可引起食物中毒或败血症,如鼠伤寒沙门菌、肠炎沙门菌、鸭沙门菌、猪霍乱沙门菌等。

(一)主要生物学性状

1. 形态与染色　革兰阴性杆菌,长 2~3μm,宽 0.5~1.0μm;有菌毛,多数周鞭毛,无荚膜和芽胞(彩图 5)。

2. 培养特性　兼性厌氧,营养要求不高,因不发酵乳糖,在 SS 培养基上形成无色半透明菌落。

3. 抗原构造　抗原构造较复杂,主要有以下 3 类。

(1)菌体抗原:是细菌细胞壁的脂多糖,目前发现约有 58 种。可根据菌体抗原不同,可把沙门菌属分为 42 个群。能刺激机体产生 IgM 类抗体。

(2)鞭毛抗原:为鞭毛蛋白成分,具有很强的抗原特异性。根据鞭毛抗原的不同,可将群内沙门菌进一步分成不同菌型。能刺激机体产生 IgG 类抗体。

(3)Vi 抗原:即毒力抗原。主要分布于新分离的伤寒沙门菌和乙型副伤寒沙门菌菌体表面,具有抗吞噬作用,还可阻止菌体抗原与其相应抗体发生凝集反应。当细菌被清除后,Vi 抗体也随之消失,故测定 Vi 抗体有助于检出带菌者。

4. 抵抗力　不强,对热、一般消毒剂敏感。但在水中能存活 2~3 周,粪便中可存活 1~2 个月,可在冷冻土壤中过冬。某些抗生素(如环丙沙星等)治疗有效。

(二)致病性与免疫性

1. 致病物质　内毒素是沙门菌的主要的致病物质;菌毛可帮助有毒菌株黏附小肠黏膜上皮细胞;Vi 抗原具有抵抗吞噬及阻挡抗体、补体破坏菌体的作用;个别沙门菌(如鼠伤寒沙门菌等)可产生肠毒素,引起食物中毒。

2. 所致疾病　人群对沙门菌普遍易感,主要有以下 3 种类型。

(1)肠热症:包括伤寒沙门菌引起的伤寒及甲型副伤寒沙门菌、肖沙门菌、希沙门菌引起的副伤寒。传染源为患者及带菌者。病菌随污染的食物、饮水进入消化道后,侵入小肠壁及肠系膜淋巴结中大量繁殖后进入血液,引起第一次菌血症,病人可出现发热、全身疼痛等前驱症状。血中的病菌又随血流进入肝、脾、肾、胆囊、骨髓等全身脏器,并在其中繁殖后,再次进入血流,引起第二次菌血症。此时为病程的第 2~3 周,病人出现明显而典型的临床症状如持续高热、相对缓脉、皮肤玫瑰疹、肝脾大、外周血白细胞明显下降等。胆囊中病菌随胆汁排入肠腔,一部分随粪便排出体外;一部分可通过肠黏膜再次进入肠壁淋巴组织,使已致敏的组织发生迟发型超敏反应,导致局部坏死、溃疡,此时,若饮食不当,易出现肠出血或肠穿孔等并发症。肾脏中的病菌可随尿排出。若无并发症,自第 3 周后,机体免疫功能增强,病原菌被逐渐清除,病人病情开始好转。

重点提示

痊愈后,部分患者可继续排菌(经粪便或尿)数周至数月,成为恢复期带菌者,1%~5%患者在症状消失后 1 年或更长时间内仍可排菌,成为危险的传染源。

(2)胃肠炎(食物中毒):最常见,因摄入大量被鼠伤寒沙门菌、猪霍乱沙门菌及肠炎沙门菌等污染的食物而引起的急性胃肠炎,主要症状有发热、恶心、呕吐、腹痛、水样泻等。2~3d 可自愈,常为群体性食物中毒。

(3)败血症:多见于儿童或免疫力低下的人群。常由猪霍乱沙门菌、希沙门菌、鼠伤寒沙门菌、肠炎沙门菌等穿过肠黏膜进入血液引起。主要症状有高热、寒战、食欲缺乏等。

3. 免疫性　肠热症病后能获得牢固的免疫力,主要是细胞免疫。

(三)微生物学检查

1. 标本采集　肠热症患者因病程不同而采集不同标本,第 1 周取静脉血;第 2 周起取粪便和尿液;第 1~3 周取骨髓。副伤寒病程较短,采样的时间可相对提前。胃肠炎患者取粪便、呕吐物和可疑食物。败血症者取血液。

2. 标本检查　经肠道鉴别及选择培养基培养后,选取无色半透明可疑菌落进行生化反应和免疫学试验加以鉴定。

3. 血清学试验　最常用的是肥达试验,用已知伤寒沙门菌的菌体抗原、鞭毛抗原及副伤寒沙门菌的鞭毛抗原与受检者不同稀释度的血清做定量凝集试验,测定受检血清中有无相应抗体及其效价，以辅助诊断伤寒及副伤寒。肥达试验结果的分析应注意动态观察并结合临床表现、病程、病史，以及地区流行病学情况。

（四）防治原则

早发现、早隔离、早治疗病人及带菌者；加强饮水、食品卫生监督管理，切断传播途径；接种伤寒 Vi 多糖疫苗进行特异性预防；使用氨苄西林素、环丙沙星、氯霉素等治疗。

四、变形杆菌属

变形杆菌属广泛分布于水、土壤和人及动物的肠道中，多为条件致病菌，常引起泌尿道感染、化脓性感染、食物中毒和儿童腹泻。代表菌为普通变形杆菌。

该属细菌为革兰阴性杆菌，有多形性。有周鞭毛，在固体培养基上呈扩散生长，形成以细菌接种部位为中心，呈同心圆状的厚薄交替的波纹状菌苔，称为迁徙生长现象，可作为鉴别本属细菌的特征之一

普通变形杆菌 X_{19}、X_2和 X_k菌株的菌体抗原（O 抗原）与斑疹伤寒立克次体和恙虫病立克次体存在共同抗原，故可用以代替立克次体作为抗原与患者血清进行交叉凝集试验，称为外斐试验（Weil-Felix test），以辅助诊断立克次体病。

讨论与思考

女性患者，20 岁，因腹痛、腹泻、发热 2d 就诊。腹痛以左下腹绞痛为主，排带黏液及血液样粪便，伴有明显里急后重感。查体：体温 38℃，血压正常，腹平软，左下腹有压痛，肠鸣音亢进。

（1）可初步诊断为哪种疾病？最可能的病原体是什么？

（2）应该采用什么药物治疗？

（张晓红）

第三节　弧　菌　属

学习要点

1. 霍乱弧菌的生物学特性、致病性
2. 霍乱肠毒素的致病机制
3. 霍乱的主要临床表现与防治原则

弧菌属细菌是一群菌体短小，弯曲呈弧状的革兰阴性菌。广泛分布于自然界，尤以水中多见。其种类较多，大部分为非病原菌。对人致病的主要有霍乱弧菌和副溶血性弧菌。

一、霍乱弧菌

霍乱弧菌是引起霍乱的病原体。霍乱是一种烈性消化道传染病，历史上曾发生过多次世

界性大流行，其发病急、传播快、病死率高，是我国法定的甲类传染病。霍乱弧菌分为两个生物型：即古典生物型和埃托生物型。

(一)主要生物学性状

菌体呈弧状或逗点状，革兰染色阴性。无芽胞，有菌毛，某些菌株有荚膜。菌体一端有单鞭毛，运动非常活泼，呈穿梭样或流星状(彩图6)。兼性厌氧，营养要求不高，耐碱不耐酸，在pH 8.8~9.2碱性蛋白胨水或碱性琼脂平板上生长良好。该菌对热、日光、干燥、酸及常用消毒剂敏感。100℃沸水中维持2min即可被杀死，在水中可存活1~3周，以1:4含氯石灰处理患者呕吐物或排泄物1h可消毒。敏感的药物有链霉素、四环素等。

重点提示

鱼群样排列，呈穿梭样或流星状运动，是实验室检查的初步鉴别依据；同时，霍乱弧菌可在无盐环境中生长，可与其他致病性弧菌区别。

(二)致病性与免疫性

1. *致病物质* 其主要致病物质是霍乱肠毒素，它是目前已知的致泻毒素中作用最强烈的，是肠毒素的典型代表。化学成分为蛋白质，由A、B两种亚单位组成，A亚单位为毒性中心，B亚单位是结合单位，可与小肠黏膜上皮细胞表面的相应受体结合，使A单位脱离并进入细胞内，发挥毒性，而引起严重的呕吐和腹泻。此外，鞭毛有助于细菌穿过肠黏膜表面的黏液层；菌毛可帮助细菌黏附于黏膜上皮细胞。

2. *所致疾病* 霍乱是一种烈性消化道传染病。人类是霍乱弧菌的唯一易感者，传染源为病人和带菌者。细菌主要通过污染的水源或食品经消化道感染机体，到达小肠后黏附在肠黏膜表面繁殖，产生霍乱肠毒素引起剧烈腹泻(米泔水样)和呕吐，多无腹痛。由于大量水分和电解质丧失，患者脱水严重，会出现电解质紊乱和代谢性酸中毒，重者可因肾衰竭、休克而死亡。如未经及时治疗，病死率高达60%。若及时补充水分和电解质，多数患者可在数日内恢复。霍乱弧菌古典生物型所致疾病较埃托生物型严重。

重点提示

患霍乱时剧烈腹泻导致大量失水，使肠液中黏液过多，胆汁分泌过少，因而粪便呈米泔水样。可与其他肠道疾病相区别。

3. *免疫性* 病后机体可获得对同型菌的牢固免疫力，主要是体液免疫，肠黏膜上的sIgA的抗感染作用明显。

(三)实验室检查

霍乱是烈性传染病，传播快，播散广，对首例病人的病原学诊断应快速、准确，并及时报告疫情。取患者米泔水样粪便、呕吐物作为样本，注意粪、尿不能混合。样本应及时送检，如不能及时送检，可将样本置于保存液中，要严密包装，专人送检。悬滴法镜检观察细菌的排列及运动情况，再经革兰染色后观察其典型形态。并选择适宜培养基进行分离培养和鉴定。也可用协同凝集试验、荧光球试验等快速诊断。

(四)防治原则

加强国境检疫,做好疫情报告,严格饮水消毒和食品卫生管理。及时发现、隔离和治疗病人,严格处理病人的呕吐物和排泄物,必要时实行疫区封锁。培养良好个人卫生习惯,不生食贝壳类海产品等。接种霍乱疫苗,提高人群免疫力。治疗原则以及时补液,纠正水、电解质、酸碱平衡紊乱为主,同时使用四环素、链霉素、诺氟沙星、氧氟沙星等抗生素。

二、副溶血性弧菌

副溶血性弧菌是一种嗜盐性弧菌。菌体呈弧形、杆状、球状等多形态,革兰染色阴性,有单鞭毛,运动活泼,无芽胞和荚膜。嗜盐性强,在3.5%氯化钠培养基中生长良好,在无盐培养基中则不生长。对热、酸敏感,90℃保持1min及1%醋酸或50%的食醋中5min死亡。海水中能存活47d以上,淡水中2d内死亡。

该菌广泛分布于近海的海水、海底沉积物和鱼类、贝类等海产品中。人食用被该菌污染且烹饪不当的海产品或盐腌制品而引起食物中毒,主要表现为腹痛、腹泻、呕吐及发热等症状,粪便多为水样或糊状,临床注意和细菌性痢疾相区别。多发于夏秋季节,是我国沿海地区最常见的食物中毒。一般恢复较快,但病后免疫力不强。

实验室检查时取患者粪便、肛拭子或残留食物,选择适宜培养基进行分离培养和鉴定,取可疑菌落进行生化试验、血清学检查。也可用基因探针杂交及PCR进行快速诊断。

预防应注意饮食卫生,对海产品、盐渍食品煮熟后再食用,治疗可用庆大霉素、诺氟沙星、磺胺类药物。

讨论与思考

男性患者,42岁,因剧烈腹泻,排米泔水样粪便伴呕吐1d入院。伴有头昏、腹胀、口干、尿少,无腹痛及里急后重感。询问病史:一周前病人到过水灾疫区,病人疲倦面容,皮肤唇舌干燥、眼窝内陷。

(1)感染的病原体最可能是什么?应采集什么标本做微生物学检验?

(2)应做何检查进一步明确初步诊断?以何种治疗措施为主?

(张晓红)

第四节　分枝杆菌属

学习要点

1. 结核分枝杆菌的重要生物学特性及致病机制
2. 结核病的免疫性及结核菌素试验结果分析
3. 结核病的防治原则

分枝杆菌属是一类细长略弯曲的杆菌,因有分枝生长的趋势而得名。由于该属细菌的细胞壁含有大量脂质,一般不易着色,但经加温或延长染色时间而着色后却能抵抗盐酸乙醇的脱色,故又称抗酸杆菌。其种类较多,对人致病的主要有结核分枝杆菌和麻风分枝杆菌。

一、结核分枝杆菌

结核分枝杆菌是引起结核病的病原体,对人致病的主要有人型和牛型结核分枝杆菌。结核病在世界各地均有流行,多见于贫困地区。据 WHO 报道,目前全球约有 2000 万结核病患者,并且以每年 800 万例的速度递增。我国是 22 个结核病高负担国家之一,结核病人数居世界第二位,每年约 13 万人死于结核病。近年来又因艾滋病、酗酒、吸毒、穷困及免疫抑制药的使用,全球结核病发病率呈上升趋势。

(一)主要生物学性状

1. 形态与染色　菌体为细长略弯的杆菌,长 1~4μm,宽约 0.4μm,常聚集成团,有分枝生长现象。抗酸染色后呈红色(彩图 7)。

2. 培养特性　专性需氧菌。营养要求高,最适 pH 为 6.5~6.8。常用含蛋黄、甘油、马铃薯、孔雀绿等的罗氏培养基培养。该菌生长缓慢,经 18~20h 繁殖一代。在固体培养基上 2~4 周才出现乳白色或淡黄色、干燥、表面粗糙、呈菜花状的菌落。

重点提示

该菌培养特点可用馋(营养要求高)、懒(生长缓慢)、丑(粗糙型菌落)形容。

3. 抵抗力　较强。耐干燥,在干燥痰中可存活 6~8 个月,在尘埃中其传染性能保持 8~10d;耐酸碱,在 3% HCl、6% H_2SO_4、4% NaOH 中 30min 仍有活力,因此,可用酸、碱处理含有杂菌的标本及消化标本中的黏稠物质;但对湿热、紫外线及 70%~75% 乙醇敏感,经加热62~63℃保持 15min,直接日光照射 2~7h,75% 乙醇消毒 2min 即可被杀死。链霉素、异烟肼、利福平、乙胺丁醇、卡那霉素等抗生素可杀灭细菌。

重点提示

结核分枝杆菌的抵抗力可总结为"三抗三敏感",即抗干燥、抗酸、抗碱,对湿热、乙醇、紫外线敏感。

4. 变异性　结核分枝杆菌可发生毒力和耐药性等的变异。如传统的卡介苗(BCG)就是由 Calmette 和 Guerin 将有毒的牛型结核分枝杆菌培养于含甘油、胆汁、马铃薯的培养基中,经 13 年 230 次传代后而获得的减毒菌株制成的疫苗,现广泛用于人类结核病的预防。

(二)致病性

结核分枝杆菌既不含内毒素,也不产生外毒素和侵袭性酶类。其致病性可能与细菌在宿主细胞内大量繁殖引起炎症,菌体成分、代谢产物的毒性作用以及感染后机体发生的免疫病理损伤有关。

1. 致病物质　主要为菌体成分包括：①脂质约占细胞壁干重的60%，其成分复杂，与毒力有关的主要包括索状因子（引起慢性肉芽肿）、磷脂（导致结核结节形成和干酪样坏死）、硫酸脑苷脂（抗吞噬作用）、蜡质D（诱发机体出现迟发型超敏反应）；②蛋白质与蜡质D结合后可诱发迟发型超敏反应；③荚膜具有黏附、抗吞噬和抗杀菌抑菌物质的作用。

2. 所致疾病　该菌可通过呼吸道、消化道或破损的皮肤黏膜等多途径侵入机体，引起多种组织器官的结核病变。其中以肺结核最常见，可分为原发感染和继发感染两种。

（1）原发感染：多见于儿童。结核分枝杆菌初次经呼吸道进入肺泡后引起炎症反应，称为原发灶。初期因缺乏特异性免疫，原发灶内的细菌常沿淋巴管到达肺门淋巴结，并在其中繁殖，引起肺门淋巴结肿大。原发灶、淋巴管炎和肿大的肺门淋巴结称为原发综合征。感染3～6周后，随着机体特异性细胞免疫的建立，大多数原发感染可经纤维化和钙化而自愈，但病灶内仍可潜伏有一定量的细菌，不但能刺激机体产生免疫，也可成为结核病复发的来源；少数免疫力低下者，细菌经血流扩散，引起全身粟粒性结核或结核性脑膜炎等。

（2）继发感染：多见于成人或较大儿童。多为由原发灶引起的内源性感染，当机体免疫力下降时，潜伏在原发灶中的结核分枝杆菌再度大量繁殖而发病；也可由外源性感染而引起。此时机体已有特异性免疫力，故病灶局限，易形成结核结节和干酪样坏死。少数干酪样坏死可液化破溃，形成空洞，随痰液释放大量结核分枝杆菌，此称为开放性肺结核。

（三）免疫性

1. 免疫性　抗结核免疫主要是细胞免疫，属于有菌免疫，这种免疫力的维持依赖于结核分枝杆菌或其组分在体内存在，一旦体内的细菌或其组分被消除，免疫力也随之消失。

2. 结核菌素试验　是应用结核菌素进行皮肤试验来测定受试者对结核分枝杆菌是否引起迟发型超敏反应的试验，由于机体的抗结核免疫与迟发型超敏反应同时发生且伴随存在，由此可间接判断受试者对结核分枝杆菌有无免疫力。

（1）结核菌素：有旧结核菌素（OT）和纯蛋白衍生物（PPD）两种，目前多用PPD。

（2）方法：取5单位PPD注射于受试者前臂掌侧皮内，48～72h后观察受试点有无红肿、硬结并测量其直径。

（3）结果和意义：见表9-5。

表9-5　结核菌素试验结果及其意义

红肿硬结的直径	结　果	意　义
<5mm	阴性反应	表明未感染过结核分枝杆菌或未接种过卡介苗
5～15mm	阳性反应	表明机体已感染过结核分枝杆菌或卡介苗接种成功，对结核分枝杆菌有一定免疫力
>15mm	强阳性反应	表明体内可能有活动性结核病灶

（4）应用：①选择卡介苗接种对象及测定预防接种后的免疫效果；②婴幼儿（尚未接种卡介苗者）结核病的辅助诊断；③检测机体细胞免疫功能及状态；④对尚未接种卡介苗的人群进行结核分枝杆菌感染的流行病学调查。

重点提示

当结果为阴性反应时，应注意排除：①感染初期；②年老体弱者；③严重结核病患者或其他传染病；④机体细胞免疫低下者等。

（四）实验室检查

根据病变部位不同而选取不同的标本感染部位，如取痰、尿、粪、脑脊液、腹腔积液等。将标本直接涂片或集菌后涂片，用抗酸染色后镜检，若发现抗酸杆菌即可做出初步诊断。进一步通过分离培养、生化反应、免疫学实验、动物试验等进行鉴定。近年来已将聚合酶链反应（PCR）扩增技术应用于结核杆菌DNA鉴定，对结核病的早期和快速诊断具有重要意义。

（五）防治原则

特异性预防最有效的措施是接种卡介苗（BCG）。接种对象是新生儿及结核菌素试验阴性者。目前常用治疗药物有利福平、异烟肼、对氨水杨酸、乙胺丁醇、链霉素等，用药时应把握早期、联合、足量、全程、规律的原则，可提高疗效并减少耐药性。

二、麻风分枝杆菌

麻风分枝杆菌为麻风的病原菌，其形态、染色与结核分枝杆菌相似，是一种胞内寄生菌，在细胞内常呈束状排列，临床上将细胞之内含有大量麻风杆菌，细胞质呈泡沫状的细胞，称为麻风细胞。以此可与结核分枝杆菌区别。

麻风是一种慢性传染病，患者是唯一传染源。患者鼻咽腔分泌物、皮疹渗出物、痰、汗液、乳汁、精液及阴道分泌物中均可带菌。麻风分枝杆菌主要通过破损的皮肤、黏膜，呼吸道吸入或密切接触传播。潜伏期长，平均1～5年，长者可达20年。根据临床表现、宿主的免疫水平和病理变化可将大多数病人分为结核样型和瘤型。少数介于两型之间患者，又可被分为界线类和未定类。

麻风病目前尚无特异性的预防方法。早发现、早隔离、早治疗为主要防治措施。治疗药物主要有砜类、利福平、丙硫异烟胺等，多采用联合用药，以减少耐药菌株的出现。

讨论与思考

1. 某患者1个月来感觉疲乏、发热、咳嗽、痰中带血、消瘦，初步考虑为肺结核。

（1）肺结核的原发感染和继发感染有何区别？

（2）对于结核该如何进行预防和治疗？

2. 结核菌素试验可以测定机体对结核分枝杆菌有无免疫力。

（1）其原理是什么？

（2）结果该怎样判断？

（张晓红）

第五节 厌氧性细菌

学习要点

1. 厌氧芽胞梭菌的重要生物学特性
2. 厌氧芽胞梭菌的致病性与防治原则

厌氧性细菌是一大群必须在无氧环境中才能生长繁殖的细菌。根据能否形成芽胞，将其分为厌氧芽胞梭菌属和无芽胞厌氧菌两大类。

一、厌氧芽胞梭菌属

厌氧芽胞梭菌大多专性厌氧，革兰染色阳性，有芽胞，多数为腐生菌，少数为致病菌，可引起人类疾病的有破伤风梭菌、产气荚膜梭菌和肉毒梭菌。

(一)破伤风梭菌

破伤风梭菌是引起破伤风的病原体，大量存在于人和动物肠道中，通过粪便污染土壤，并以芽胞的形式在自然界长期存在。

1. 主要生物学性状　革兰阳性的细长杆菌，有周鞭毛、无荚膜；芽胞正圆形，位于菌体的一端，直径宽于菌体，使菌体呈鼓槌状，为本菌形成芽胞时的典型特征(彩图8)；专性厌氧，常用肉渣培养基培养；芽胞抵抗力强，100℃沸水中保持1h，高压蒸气121.3℃保持15~30min、干热160℃保持1~2h，5%苯酚15h可将其杀死，在干燥土壤中可存活数十年。繁殖体对青霉素敏感。

2. 致病性

(1)致病条件：破伤风梭菌主要经创伤感染，伤口的厌氧微环境是细菌感染的重要条件，如伤口窄而深(如刺伤)，混有泥土或异物污染；创伤组织大面积坏死，局部缺血；或伴有需氧或兼性厌菌混合感染等。这些条件均易形成厌氧微环境，有利于细菌生长繁殖。

(2)致病物质：主要是破伤风痉挛毒素。属神经毒素，毒性极强，对脑干和脊髓前角神经细胞有高度的亲和力。

(3)所致疾病：破伤风梭菌经伤口感染，在局部厌氧环境中生长繁殖，产生破伤风痉挛毒素，毒素侵入血液，随血流到达中枢神经系统，选择性地作用于脑干和脊髓前角神经细胞，阻止抑制性神经细胞介质的释放，破坏正常的抑制性调节功能，使屈肌和伸肌同时强烈收缩，骨骼肌强直痉挛，引起破伤风特有的牙关紧闭、苦笑面容、颈项强直、角弓反张等症状，严重者可因呼吸肌痉挛而窒息死亡。病死率高达50%以上。新生儿破伤风，俗称“脐带风”，是因使用未经灭菌的器械，在切断脐带时将细菌带入机体所致。

重点提示

破伤风典型临床症状是牙关紧闭、苦笑面容、颈项强直、角弓反张等,可据此并结合病史做出临床诊断。

3. 防治原则

(1)特异性预防:对儿童、军人和其他易受伤的人群,可定期注射精制破伤风类毒素,对6个月至6岁的儿童需接种“百-白-破”三联疫苗。

(2)治疗:正确处理伤口、及时清创扩创;用3%过氧化氢清洗伤口,防止厌氧微环境的形成,对伤口较深或污染严重者,还应注射破伤风抗毒素(TAT),做紧急预防和治疗,注射前必须先做皮肤过敏试验。并同时抗菌(首选青霉素)治疗和对症治疗。

重点提示

因破伤风痉挛毒素毒性极强,微量即可致病,故不能有效刺激机体产生特异性免疫应答,病愈后不会获得牢固免疫力。因此,病愈后仍需注射破伤风类毒素。

(二)产气荚膜梭菌

产气荚膜梭菌是引起气性坏疽的主要病原菌。广泛分布于自然界及人与动物的消化道中,芽胞常存在于土壤中。

1. 生物学特性 革兰阳性的粗大杆菌,菌体两端钝圆,在机体内能形成明显荚膜。芽胞呈椭圆形,位于菌体中央或次极端,直径小于菌体横径(彩图9)。专性厌氧。能分解多种糖类和蛋白质产酸产气,在牛乳培养基中,能迅速分解乳糖产酸使酪蛋白凝固,同时产生大量气体又将凝固的酪蛋白冲成蜂窝状,此现象气势凶猛,称为“汹涌发酵”,是鉴别本菌的主要特征。产气荚膜梭菌分为A、B、C、D、E 5个型,致病的主要是A型。

2. 致病性

(1)致病物质:本菌既能产生毒性强烈外毒素,又能分泌多种侵袭性酶类,同时还具有荚膜,侵袭力强,入侵机体后可造成严重的局部感染及全身中毒。

(2)所致疾病:主要引起气性坏疽,也可引起食物中毒。①气性坏疽:大多由A型引起,致病条件与破伤风梭菌相似,多见于战伤等,是严重的创伤感染性疾病。潜伏期8~48h,细菌经伤口入侵,在局部迅速繁殖,产生毒素和酶,分解破坏组织细胞,并伴有大量气体产生,导致组织溶解、细胞坏死、出血、炎症、水肿并伴气肿(触摸时有捻发感,疼痛剧烈),造成局部压力增高,从而影响肢体血液循环,加速远端肢体坏死,严重病例可引起毒血症、休克,病死率高。②食物中毒:由食入被产肠毒素菌株污染的食物(多为肉类食品)引起。潜伏期约10h,临床表现为腹痛、腹胀、水样腹泻;无热、无恶心呕吐。1~2d可自愈。

3. 防治原则 因目前尚无有效的特异性预防,气性坏疽的预防主要是及时处理伤口,清创扩创,并用3%过氧化氢冲洗;治疗应尽早切除局部感染和坏死的组织,并在发病早期使用气性坏疽多价抗毒素和大量青霉素等抗生素来控制病情;近年使用的高压氧舱法可抑制厌氧菌的生长。

(三)肉毒梭菌

肉毒梭菌广泛分布于土壤及动物粪便中。污染食品后在厌氧环境中可产生毒性极强烈的肉毒毒素,经消化道吸收后引起食物中毒及婴儿肉毒病。

1. 生物学性状　革兰阳性粗大杆菌,有周鞭毛,无荚膜。芽胞椭圆形,位于菌体次极端,宽于菌体,使带有芽胞的细菌呈网球拍状(彩图10)。

重点提示

比较3种芽胞梭菌的菌体形态以及芽胞的形态、大小和位置,借此可以鉴别细菌。

2. 致病性

(1)致病物质:主要是肉毒毒素,是已知毒性最强烈的外毒素,比氰化钾毒性强1万倍,对人致死量约为0.1μg。肉毒毒素不耐热,煮沸1min即可被破坏;耐酸,在胃液中24h不被破坏。该毒素为嗜神经毒素,可作用于脑神经核、外周神经末梢以及神经肌肉接头处,阻碍乙酰胆碱的释放,影响神经冲动的传递,导致肌肉弛缓性麻痹。

(2)所致疾病:食物中毒,因食入肉毒梭菌污染的罐头、腊肠、发酵豆制品等食品引起,以神经系统症状为主,先有乏力、头晕、头痛,接着出现斜视、复视、眼睑下垂,眼球肌肉、舌肌麻痹,吞咽、咀嚼困难,严重者可因呼吸肌和心肌麻痹而死亡。患者神志清醒、不发热、胃肠道症状很少见。婴儿若食入该菌芽胞污染的食物(如蜂蜜),可发生感染性食物中毒即婴儿肉毒病。表现为便秘,啼哭无力、吞咽困难,严重者可导致猝死。

3. 防治原则　加强食品卫生监督和管理;食品低温保存,进食前加热煮沸是预防的主要措施。治疗应尽早注射多价肉毒抗毒素,同时加强护理和对症治疗,以降低病死率。

二、无芽胞厌氧菌

无芽胞厌氧菌是一大类寄生于人和动物皮肤、口腔、上呼吸道、泌尿道等部位的正常菌群。种类繁多,在正常菌群中其数量上占有绝对优势,是其他非厌氧性细菌的10~1000倍。在特定状态下可作为条件致病菌引起内源性感染。所致疾病虽不如厌氧芽胞梭菌严重,但其感染范围广、类型多样,细菌学诊断困难,且对多种抗生素不敏感,应引起高度重视。

无芽胞厌氧菌包括革兰阴性无芽胞厌氧杆菌(脆弱类杆菌、产黑色素类杆菌、口腔类杆菌等)、革兰阳性无芽胞厌氧杆菌(丙酸杆菌属、双歧杆菌属、真杆菌属)、革兰阴性厌氧球菌(韦荣菌属)、革兰阳性厌氧球菌(消化链球菌属、消化球菌属)。临床上以革兰阴性的脆弱类杆菌和革兰阳性的消化链球菌引起的感染最为多见。

(一)致病性

1. 致病条件　本类细菌是人体正常菌群,一般不致病。但当机体免疫力下降、细菌寄居部位改变、菌群失调等情况下,若局部还因组织坏死及血液供应障碍等形成厌氧微环境,则易于引起内源性感染。

2. 致病物质　主要有荚膜、菌毛、侵袭性酶类和毒素等。

3. 感染特征　①属内源性感染,感染可遍及全身,多为慢性过程;②无特定病型,大多为化脓性感染，形成局部脓肿或组织坏死，也可形成败血症；③分泌物或脓汁黏稠，为乳白色、血色或棕黑色，有恶臭，有时有气体；④分泌物直接涂片镜检可见细菌，但普通培养法无细菌生长；⑤用氨基糖苷类抗生素（如链霉素、庆大霉素）长期治疗无效。

4. 所致疾病　主要为化脓性感染，发生部位可遍及全身各组织器官，如口腔感染、呼吸道感染、腹腔感染、女性生殖道和盆腔感染、皮肤及软组织感染、败血症等。

（二）标本的采集与送检

无芽胞厌氧菌是人体的正常菌群，采集标本时应避免正常菌群的污染，应以无菌操作自无菌部位采集；标本采集后应立即排除空气，使其处于无氧环境中，并尽快送检。

（三）防治原则

目前无特别的预防方法。治疗可用青霉素、头孢菌素、万古霉素、甲硝唑等。

讨论与思考

某一建筑工人不小心被一颗生锈的铁钉刺入足内。

(1) 作为医务人员的你该如何进行处理？

(2) 处理的原因是什么？

（张晓红）

第六节　其他病原菌

学习要点

1. 白喉棒状杆菌、百日咳的致病性及防治原则
2. 鼠疫的传播途径及预防措施

其他常见的病原性细菌，见表 9-6。

表 9-6　其他病原性细菌

菌　名	主要生物学特性	致病物质	传播途径	所致疾病	防治原则
白喉棒状杆菌	G^+杆菌，一端或两端膨大呈棒状，有异染颗粒	白喉外毒素	呼吸道	白喉	儿童接种百-白-破三联疫苗；白喉抗毒素治疗或紧急预防
百日咳鲍特菌	G^-阴性短小杆菌，有荚膜和菌毛	荚膜菌毛和内、外毒素	呼吸道	百日咳	百-白-破三联疫苗隔离病人，治疗红霉素
铜绿假单胞菌	G^-杆菌，有鞭毛，水溶性绿色色素	外毒素、内毒素、胞外酶等	空气、医疗器械、接触	各种继发感染	严格无菌操作，防止医源性感染

续表

菌名	主要生物学特性	致病物质	传播途径	所致疾病	防治原则
流感嗜血杆菌	G^-小杆菌，有菌毛和荚膜	内毒素、荚膜、菌毛等	呼吸道	继发感染；化脓性感染	广谱抗生素
嗜肺军团菌	G^-杆菌，有菌毛和鞭毛	酶与毒素，菌毛等	呼吸道	军团菌病	目前尚无有效疫苗
幽门螺杆菌	G^-杆菌，呈弧形、“S”形或海鸥形	与黏附素、脲酶等有关	消化道	与慢性胃炎、胃溃疡等有关	多种抗菌药与胶体铋制剂等联合用药
空肠弯曲菌	G^-，呈弧形、“S”形，有单鞭毛	不耐热肠毒素、细胞毒素	接触或消化道	食物中毒、婴幼儿急性肠炎	加强饮食卫生和人、禽粪便管理，抗生素
鼠疫耶尔森菌	G^-粗短杆菌，有荚膜	内毒素、荚膜等	带菌的蚤叮咬、呼吸道	鼠疫	灭鼠、灭蚤，加强检疫，有疫苗，抗生素
炭疽芽胞杆菌	G^+粗大杆菌，呈竹节样排列，菌体中央可见芽胞	荚膜、毒素	皮肤、呼吸道、消化道	人、畜炭疽病	病畜严禁解剖，需深埋或焚毁；接种炭疽减毒活疫苗预防

讨论与思考

1. 儿童计划免疫中需接种百-白-破3联混合制剂。

(1) 这种三联制剂预防的是哪3种病？

(2) 白喉和百日咳的传播途径是什么？白喉的致病物质是什么？

2. 鼠疫是由鼠疫耶尔森菌引起的自然疫源性烈性传染病。

(1) 其传播途径是什么？

(2) 防治原则是什么？

（张晓红）

第10章

其他原核细胞型微生物

学习要点

1. 钩端螺旋体、梅毒螺旋体的生物学特征及致病性
2. 立克次体的致病性与防治原则
3. 衣原体、支原体、放线菌的主要生物学特征及致病性

第一节　螺　旋　体

螺旋体是一类细长、柔软、弯曲、螺旋状、运动活泼的原核细胞型微生物。对人类有致病作用的主要有4种:钩端螺旋体、梅毒螺旋体、回归热螺旋体、奋森螺旋体。

一、钩端螺旋体

钩端螺旋体(简称钩体)可引起人类或动物钩端螺旋体病(简称钩体病)。

1. 生物学特性　钩体细长、圆柱状,螺旋细密而规则,一端或两端弯曲呈钩状,常呈“S”“C”等字形。镀银染色法,钩体被染成棕褐色。培养时常采用柯氏培养基。钩体对热、干燥、酸、消毒剂等均敏感,但在水和湿土中可存活数月。对青霉素敏感。

2. 致病性与免疫性　钩体病为人畜共患病。带菌鼠、猪既是主要传染源又是储存宿主。致病物质主要有溶血毒素、细胞毒因子和内毒素样物质。钩体感染动物后,随感染动物的尿液排出污染水、土壤等,人体皮肤或黏膜接触被污染的水或土壤而感染,在局部迅速生长繁殖并形成钩体血症。患者出现高热、寒战、头痛、乏力、全身酸痛、结膜充血、淋巴结肿大等主要表现,严重者可出现休克、肺出血、心肾功能不全等。根据临床表现的差异,钩体病可分为流感伤寒型、黄疸出血型、肺出血型,此外还有脑膜炎型、肾衰竭型和胃肠炎型等,其中以肺大出血最为凶险。病后对同型钩体可获得牢固免疫力,以体液免疫为主。

3. 实验室检查　病程第1周取血液,第2周取尿液,有脑膜炎刺激者取脑脊液,可直接染色镜检或分离培养后鉴定,免疫学试验有助于诊断。

4. 防治原则　钩端螺旋体病的预防主要是防鼠、灭鼠,加强带菌动物的管理。保护好水

源,避免接触被污染的水和土壤。对易感人群进行多价钩体疫苗接种。治疗首选青霉素。

二、梅毒螺旋体

梅毒螺旋体是梅毒的病原体。梅毒是一种较为严重的性传播疾病。

1. 生物学特性　菌体细长,螺旋致密而规则,两端尖直,运动活泼;镀银染色法呈棕褐色;不易人工培养;抵抗力较弱,对干燥、热、肥皂水及一般消毒剂敏感,对青霉素等敏感。

2. 致病性与免疫性　梅毒螺旋体的致病因素及致病机制尚不十分清楚。现在认为可能与荚膜样物质和产生黏多糖酶有关。

人是梅毒的唯一传染源。根据感染方式不同梅毒可分先天性梅毒和后天性梅毒,前者通过胎盘从母体传给胎儿,后者通过性接触传播。先天性梅毒可导致流产、早产或死胎,或出生后表现为锯齿形牙、先天性耳聋、间质性角膜炎等;后天性梅毒按病程分为 3 期:1 期梅毒主要表现为外生殖器无痛性硬性下疳;2 期梅毒主要表现为梅毒疹及口腔、生殖器黏膜白斑,全身淋巴结大;3 期梅毒,主要表现为皮肤黏膜出现溃疡性坏死病变,并侵犯内脏器官或组织,严重时可引起心血管及中枢神经系统病变。

梅毒的免疫属传染性免疫,以细胞免疫为主。

3. 实验室检查　对 1 期和 2 期梅毒可取下疳渗出液、梅毒疹渗出液或淋巴结抽出液直接在暗视野显微镜下观察或经镀银染色后镜检。其次,荧光密螺旋体抗体吸收试验(FTA-ABS)和梅毒螺旋体血凝试验(TPHA)等免疫学试验有助于梅毒诊断。

4. 防治原则　梅毒是一种性传播疾病,因此,应加强性卫生宣传教育和严格社会管理,取缔娼妓,对患者要早期诊断和彻底治疗。治疗药物首选青霉素。

第二节　立克次体

立克次体是一类严格活细胞内寄生的原核细胞型微生物。在我国流行的主要有普氏立克次体、莫氏立克次体及恙虫病立克次体。

1. 生物学特性　形态多样,但球杆状多见,大小约为 0.25μm×1.2μm,革兰染色阴性;培养方法有动物接种、组织细胞培养、鸡胚接种等;立克次体与变形杆菌某些菌株有共同抗原,外斐反应据此可辅助诊断某些立克次体病;对理化因素抵抗力较弱,对氯霉素、四环素敏感。磺胺类药物能促进其生长繁殖。

2. 致病性与免疫性　致病物质主要是内毒素与磷脂酶 A,3 种立克次体致病性见表 10-1。病后可获得持久免疫力,以细胞免疫为主。

3. 实验室检查与防治原则　检查主要是采集病人血液,进行病原体分离培养和鉴定;免疫学试验如外斐氏反应等有助于诊断。预防的重点在灭虱、灭蚤、灭螨、灭鼠及搞好个人卫生,接种普氏立克次体灭活疫苗有一定预防效果;治疗可选用氯霉素、四环素等。

表 10-1　3 种立克次体致病性的比较

立克次体种类	疾病名称	传染源	传播媒介	传播途径	临床表现
普氏立克次体	流行性斑疹伤寒	病人	人虱	虱叮咬人时，排粪于皮肤，因抓挠经伤口进入人体	高热、头痛、皮疹等，部分伴有实质性器官损害
莫氏立克次体	地方性斑疹伤寒	鼠、病人	鼠蚤、鼠虱、人虱	鼠蚤叮咬人或干燥的蚤粪经口、鼻、眼结膜等进入人体，也可通过人虱传播	与流行性斑疹伤寒相似，但病情较轻，病程较短
恙虫病立克次体	恙虫病	鼠	恙螨	恙螨幼虫叮咬	叮咬处出现溃疡，周围红晕，上盖黑色焦痂及全身毒血症症状

重点提示

立克次体病大多为人畜共患病；与节肢动物关系密切，可作为寄生宿主、储存宿主，同时为传播媒介。

第三节　衣　原　体

衣原体是一类能通过滤菌器、严格细胞内寄生、有独特发育周期的原核细胞型微生物。能引起人类疾病的主要有沙眼衣原体、肺炎衣原体及鹦鹉热衣原体。

1. 生物学特性　衣原体有独特的发育周期，有原体和始体 2 个阶段，其中原体是发育成熟的衣原体，具有高度传染性。原体小而致密，通过吞饮作用进入宿主细胞内，并由宿主细胞膜将原体包围形成一个空泡，原体在空泡内发育为始体；始体大而疏松，以二分裂方式繁殖后，形成许多子代原体，并聚集形成包涵体。衣原体耐冷不耐热，对一般消毒剂敏感。对红霉素、四环素、氯霉素等敏感。

2. 致病性　衣原体能产生类似革兰阴性菌的内毒素，所致疾病如下。

(1) 沙眼：由沙眼衣原体生物变种 A、B、Ba、C 血清型感染所致。传播途径为眼—眼及眼—手—眼。主要表现为流泪、结膜充血、滤泡增生、结膜瘢痕、角膜血管翳、导致角膜损伤，影响视力甚至失明。据统计，沙眼居致盲病因的首位。

(2) 包涵体结膜炎：由沙眼衣原体生物变种 D~K 型感染引起。成人经性接触传播，也可因污染的游泳池水而感染，引起滤泡性结膜炎。新生儿经污染产道可引起化脓性结膜炎。

(3) 泌尿生殖道感染：主要由沙眼衣原体生物变种 D~K 型，经性接触传播，引起非淋菌性泌尿生殖道感染。

另外，有的衣原体还可引起性病淋巴肉芽肿和呼吸道感染等。

3. 防治原则　沙眼尚无特异性预防方法。主要加强个人卫生，避免直接或间接接触传染。治疗可使用红霉素、四环素、氯霉素等。

第四节 支 原 体

支原体是一类无细胞壁、呈高度多形性、可通过滤菌器、能在无生命培养基上生长繁殖的最小的原核细胞型微生物。革兰染色阴性，但不易着色。繁殖方式以二分裂为主，也可见出芽、分支等方式。培养时营养要求高，生长缓慢，典型菌落呈荷包蛋样。抵抗力不强，对红霉素、卡那霉素等敏感。对人致病的主要有肺炎支原体和解脲脲原体。

一、肺炎支原体

肺炎支原体主要引起人类原发性非典型肺炎。主要经呼吸道传播，病理变化以间质性肺炎为主，亦可引起咽喉炎、鼻炎、支气管炎等。病后免疫力不强，可重复感染。

二、解脲脲原体

解脲脲原体可引起泌尿生殖道感染。成人通过性接触传播，引起非淋菌性尿道炎、前列腺炎、阴道炎、宫颈炎等；也可通过垂直传播引起早产、死胎、流产或分娩时感染新生儿引起新生儿呼吸道感染。此外，还可引起不育。

第五节 放 线 菌

放线菌是一类有丝状分支的原核细胞型微生物。因其菌落呈放射状而得名。广泛分布于自然界及人和动物体内。放线菌能用于生产多种抗生素、氨基酸、维生素等。

放线菌广泛分布于自然界及人和动物体内，大多是人体正常菌群，对人致病的主要是衣氏放线菌，当机体抵抗力减低或局部组织受损（如拔牙等）时，引起放线菌病。放线菌所致感染的重要特征是感染组织中存在肉眼可见的硫黄样颗粒。另外，放线菌可能与龋齿、牙周炎等有关。治疗可用青霉素、磺胺类药物等。

讨论与思考

1. 钩端螺旋体引起的钩体病是人畜共患病。

(1)其传染源和储存宿主是什么？

(2)通过什么途径传播？

(3)主要临床表现有何特点？

2. 试比较我国流行的3种立克次体病的传染源与传播媒介。

3. 梅毒是一种较为严重的性传播疾病，我们如何防治？

（李 英）

第 11 章

真　菌

学习要点

1. 真菌的形态结构特点
2. 常见病原性真菌的生物学特性和致病性

第一节　真菌概述

真菌广泛分布于自然界,种类繁多,有数十万种。是一类不含叶绿素,无根、茎、叶的分化,细胞结构较完整的真核细胞型微生物。多数真菌对人体有益,如食用真菌、用真菌酿酒、制酱、生产抗生素等;少数可引起人类疾病,称为病原性真菌。

(一)生物学性状

1. 形态与结构　真菌按形态和结构不同可分为单细胞真菌和多细胞真菌两大类。

(1)单细胞真菌:呈圆形或卵圆形,以出芽方式繁殖。如白色念珠菌和新型隐球菌。

(2)多细胞真菌:又称霉菌或丝状菌,形态各异,由菌丝和孢子组成,如皮肤丝状菌。大多数的真菌是多细胞真菌。

菌丝:在适宜环境下,孢子长出芽管,芽管逐渐延长呈丝状,称为菌丝。菌丝按功能可分为营养菌丝和气生菌丝;按结构可分为有隔菌丝和无隔菌丝。菌丝有多种形态,如螺旋状、球拍状、鹿角状、结节状和梳状等(图 11-1)。

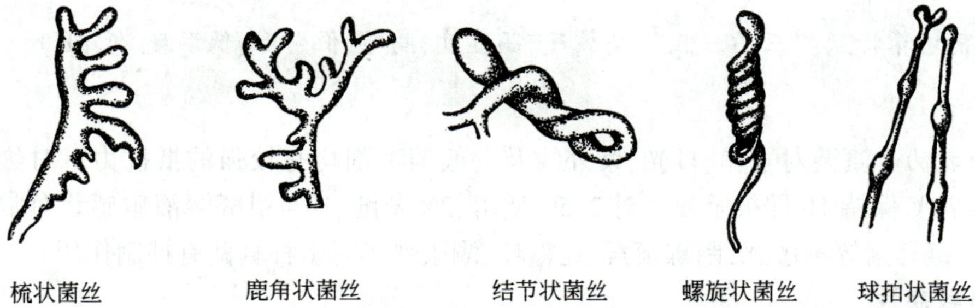

图 11-1　各种形态的真菌菌丝

孢子：是真菌的繁殖结构，一条菌丝上可长出多个孢子。孢子分为有性孢子和无性孢子两类。有性孢子是由两个细胞融合而成，无性孢子是由菌丝直接生成或由细胞出芽形成，无性孢子依据其形态的不同分为叶状孢子、分生孢子、孢子囊孢子3种（图11-2）。病原性真菌多为无性孢子。

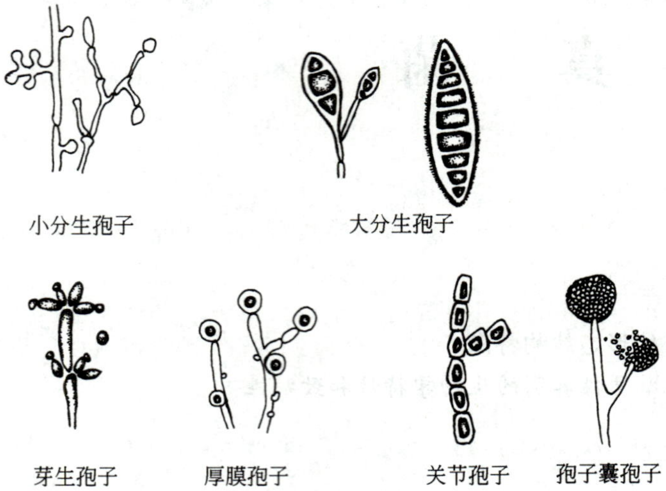

图11-2 真菌孢子形态

重点提示

①菌丝和孢子是真菌鉴定和分类的主要依据；②孢子是真菌繁殖的繁殖结构，一条菌丝可产生多个孢子，这些特征与细菌芽胞不同。

2. 培养特性　大多数真菌营养要求不高，在弱酸性（pH 5~7）含糖的沙保弱氏培养基上生长良好，适宜温度为22~28℃，但深部感染的真菌以37℃为宜。需高湿高氧环境。深部病原性真菌生长较快，经1~2d或3~4d即可形成肉眼可见的菌落。浅部病原性真菌生长缓慢，需培养1~2周才能形成典型的菌落。

重点提示

真菌培养特点："三高三低"（高氧气、高湿度、高糖、低营养、低温度、低pH）。

3. 抵抗力　真菌对干燥、日光、紫外线及一般消毒剂均有较强的抵抗力。对热的抵抗力不强，60~70℃保持1h即被杀死。对2.5%碘酊、2%苯酚、10%甲醛溶液敏感。对常用抗生素如青霉素、链霉素等不敏感，制霉菌素、克霉唑、酮康唑等对多种真菌有抑制作用。

（二）致病性

真菌可通过不同的方式致病，真菌引起的疾病大致包括5个方面：①病原性真菌感染，主要为外源性感染，如皮肤丝状菌，可引起皮癣、甲癣、毛发癣；②条件性真菌感染，主要为内源性感染，如白色念珠菌引起的感染与机体免疫力降低和菌群失调有关；③超敏反应性疾病，某些真菌的孢子或菌体成分具有抗原性，可引起如荨麻疹、变应性鼻炎等；④真菌性中毒症；⑤真菌毒素与肿瘤，如黄曲霉素长期食入与肝癌的发生有关。

(三)微生物学检查

浅部真菌取病变部位的鳞屑、病发、甲屑等标本，置于载玻片上，滴加10% NaOH或KOH一滴，加盖玻片，在酒精灯上微微加温，使标本透明，置于显微镜下发现菌丝和孢子，可初步诊断。深部真菌感染可根据病变取材，染色后直接镜检，必要时分离培养。

(四)防治原则

目前尚无特异性预防性措施。浅部真菌感染的预防主要注意避免与患者的物品直接或间接接触，治疗可用咪康唑软膏、克霉唑软膏等。深部真菌感染的预防主要是提高机体免疫力，合理使用抗生素、免疫抑制剂或激素。治疗可口服咪康唑、制霉菌素、两性菌素B等。

第二节 常见病原性真菌

一、皮肤丝状菌

皮肤丝状菌又称皮肤癣菌，为多细胞真菌，主要引起浅部感染，侵犯部位限于角化的表皮、毛发和指(趾)甲，引起各种癣症。传播方式为接触传播，如直接接触癣病患者或间接接触污染的毛巾、拖鞋、帽子、理发工具等。

二、白色念珠菌

常存在于人的口腔、呼吸道、肠道和阴道黏膜，为人体正常菌群之一，一般不致病。当免疫力低下或菌群失调时，引起深部组织感染。该菌为单细胞真菌，圆形或卵圆形，革兰染色阳性，以出芽繁殖，形成较长的假菌丝，在玉米粉培养基上可长出厚膜孢子(彩图11)。

常见感染类型有以下几种。①皮肤黏膜感染：好发于皮肤皱褶处，如腋窝、腹股沟、会阴部、肛周、指(趾)间等潮湿部位，黏膜感染有鹅口疮、口角糜烂、阴道炎、龟头包皮炎等；②内脏感染：如念珠菌性肠炎、肺炎；③中枢神经系统感染：脑膜炎。

重点提示

假菌丝和厚膜孢子有助于鉴定此真菌。

三、新型隐球菌

广泛分布于自然界及动物体内(如鸽的肠道)，正常人体的体表、口腔、粪便中也可以分离到此菌。为单细胞真菌，圆形或卵圆形。因一般染色不被着色难以发现，故称隐球菌。用墨汁负染后镜检，在黑色背景中可见透亮菌体，并可见肥厚、透明的荚膜(彩图12)。

当机体免疫力下降时，新型隐球菌主要经呼吸道侵入机体，引起肺部感染，若进入血流，易侵袭中枢神经系统，导致隐球菌性脑膜炎。

重点提示

①厚荚膜是新型隐球菌最主要特征；②注意与白色念珠菌相区别。

四、卡氏肺孢菌

广泛分布于自然界，如土壤和水中。可寄生于多种动物体内，也可寄生于健康人体。其主要感染途径为空气传播，感染后多表现为隐性感染，当免疫力下降时引起间质性肺炎，即卡氏肺孢子虫肺炎，是 AIDS 患者主要的致死原因之一。患者出现干咳、呼吸困难、发绀，最终导致窒息死亡。实验室检查时找到卡氏肺孢菌即可确诊。治疗药物主要有复方磺胺甲唑和乙胺嘧啶等。

讨论与思考

1. 描述真菌的形态、结构和培养特性。
2. 常见病源性真菌有哪几类？分别引起哪些疾病？

（李　辉）

第 12 章

病毒概述

学习要点

1. 病毒的生物学特性
2. 病毒的感染与抗病毒免疫
3. 病毒感染的检查方法与防治原则

病毒(virus)是一类个体微小、结构简单、只含单一类型核酸(RNA 或 DNA)、须在易感的活细胞内以复制方式增殖的非细胞型微生物。

病毒广泛分布于自然界,人类的传染病中 70%~80% 由病毒引起。病毒性疾病传染性强,流行广泛,后遗症严重,病死率高,且尚缺乏特效药物,严重威胁人类健康。常见的有流行性感冒、病毒性肝炎、艾滋病、狂犬病、脊髓灰质炎等。近年来又新出现的 SARS 等疾病也是由病毒变异引起的,此外,有些病毒还与肿瘤和癌症的发生密切相关。

第一节　病毒的生物学特性

一、病毒的大小与形态

病毒个体微小,以纳米(nm,1nm = 1/1000μm)为测量单位,必须借助电子显微镜才能观察到。各种病毒体大小差别很大,为 20~300nm。其形态多种多样,对人和动物致病的病毒多数为球形或近似球形,少数为砖形(如痘病毒)、弹头状(如狂犬病病毒);感染细菌的病毒(即噬菌体)呈蝌蚪状;植物病毒(如烟草花叶病毒)呈杆状(图 12-1)。

二、病毒的化学组成与结构

(一) 病毒的化学组成

病毒的主要化学成分是核酸(RNA 或 DNA)和蛋白质,有的还含有少量的脂类和糖类。

(二) 病毒的结构

病毒属于非细胞型微生物,无典型细胞结构,其基本结构由核心和衣壳组成,两者构成核

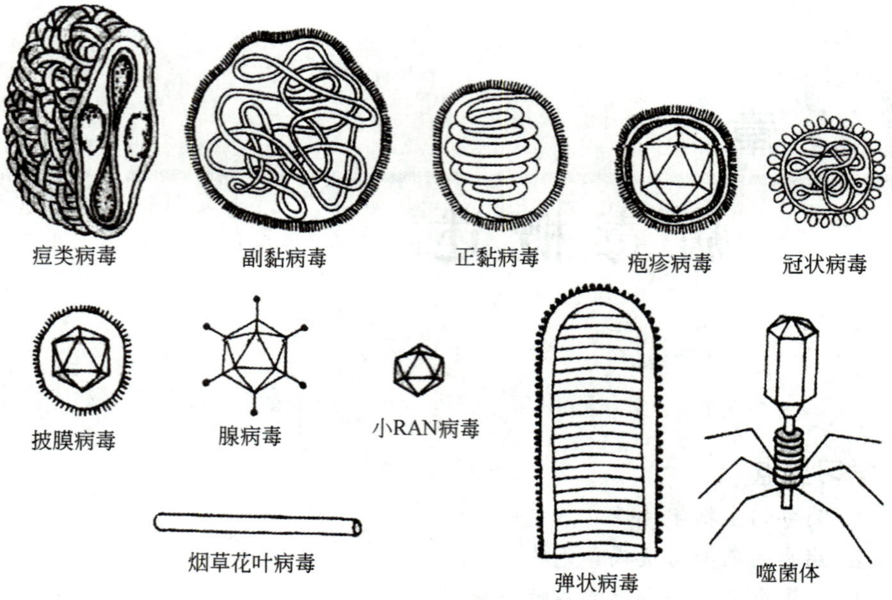

图 12-1 病毒的形态示意图

衣壳，即裸露病毒。有些病毒在核衣壳外还有包膜，称为包膜病毒（图 12-2）。两者都是具有感染性结构完整的病毒颗粒，统称为病毒体（virion）。

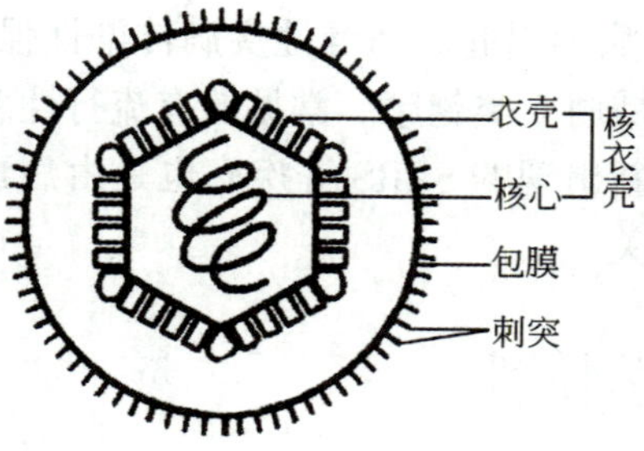

图 12-2 病毒结构示意图

1. *核心* 由单一核酸（RNA 或 DNA）组成，构成病毒的基因组，控制着病毒的形态、遗传、变异、复制、传染性等生物学性状。有些病毒的核心还有少量的功能蛋白，如 DNA 聚合酶、反转录酶等。根据核酸类型不同可将病毒分为 RNA 病毒或 DNA 病毒两大类。

2. *衣壳* 衣壳是包围在核心外的蛋白质结构，由许多壳微粒（即蛋白质亚单位）组成。按壳微粒数量和排列方式不同，使衣壳呈现二十面体立体对称型、螺旋对称型和复合对称型 3 种构型。衣壳的功能：①保护作用，使病毒核酸免受核酸酶或其他理化因素的破坏；②吸附作用，协助病毒吸附、穿入易感细胞；③具有免疫原性，可诱导机体产生免疫应答。

3. *包膜* 包膜是某些病毒在核衣壳外面包绕的一层膜状结构。是病毒成熟过程中以出芽方式穿过宿主细胞膜或核膜时获得的，主要含有双层脂质和糖蛋白。有些病毒的包膜表面有糖蛋白组成的突起，称为刺突。包膜的功能：①保护核衣壳；②与病毒的吸附、穿入易感宿主细胞有关；③病毒刺突具有免疫原性，可诱导机体产生免疫应答。

三、病毒的增殖

（一）病毒的复制

病毒缺乏完整的细胞结构及代谢系统，不能独立生存，需侵入到易感细胞内部，利用宿主细胞所提供的原料、酶系统及能量等，细胞按照病毒核酸的指令，进行病毒核酸的复制及蛋白质的合成,然后在宿主细胞质或细胞核内装配成具有感染性的子代病毒,再以不同的方式释放到细胞外,这种增殖方式称为复制。其过程可分为吸附、穿入、脱壳、生物合成、组装及释放等步骤(图 12-3)。

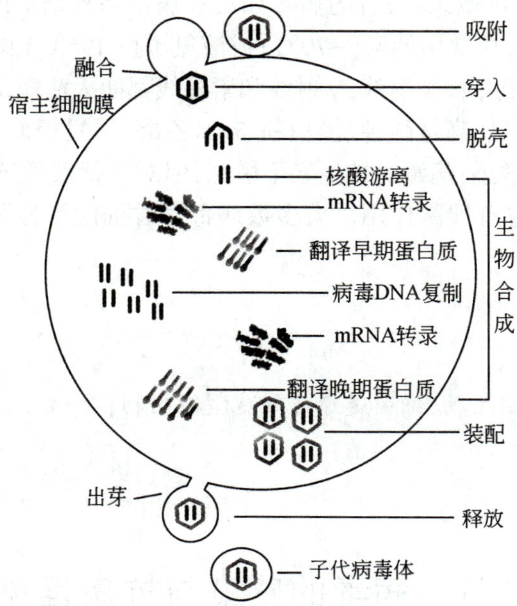

图 12-3 病毒增殖过程示意图

(二)包涵体

某些病毒在宿主细胞内增殖后,在细胞质或细胞核内形成圆形或椭圆形的结构,称为包涵体。包涵体在普通光学显微镜下可见,是细胞被病毒感染的标志。根据包涵体的形态、位置、染色性的不同,可协助诊断某些病毒性疾病,如狂犬病毒的包涵体(即内基小体)。

四、病毒的干扰现象与干扰素

(一)干扰现象

病毒的干扰现象是指两种病毒感染同一宿主细胞时,发生的一种病毒抑制另一种病毒增殖的现象。发生干扰现象的原因可能是因为病毒诱导细胞产生了干扰素。在预防接种时,应避免同时使用两种具有干扰作用的病毒疫苗,以防止降低疫苗的免疫效果。

(二)干扰素

干扰素(IFN)是病毒或干扰素诱生剂刺激宿主细胞产生的一组具有多种生物学功能的特殊糖蛋白。根据产生干扰素的细胞不同,干扰素可分为 3 种:①α 干扰素(IFN-α)主要由人类白细胞产生;②β 干扰素(INF-β)主要由成纤维细胞产生;③γ 干扰素(IFN-γ)由 T 细胞产生。其中,α 和 β 干扰素属于Ⅰ型干扰素,主要发挥抗病毒作用,γ 干扰素属于Ⅱ型干扰素,主要起免疫调节作用。干扰素抗病毒的机制可能是通过诱导易感细胞产生抗病毒蛋白质来抑制病毒的增殖。干扰素的作用特点:①种属特异性,即人类细胞产生的干扰素只能保护人类细胞,而对动物细胞无效;②广谱抗病毒作用;③抗肿瘤和免疫调节作用。

五、病毒的抵抗力

病毒受理化因素的作用而失去传染性，称为病毒的灭活。病毒一般耐冷不耐热，加热60℃保持30min，多数病毒可被灭活，有的病毒如乙肝病毒除外（需100℃保持10min）。而温度越低病毒生命力越持久，故常用低温（-70℃）或液氮罐（-196℃）及真空冷冻干燥法保存病毒。病毒核酸对射线较敏感，如X射线、γ射线和紫外线都能灭活病毒。

大多数病毒对过氧化氢、高锰酸钾、漂白粉、70%乙醇、甲醛等消毒剂敏感；有包膜的病毒对脂溶剂（乙醚、氯仿等）敏感；病毒对抗生素不敏感，但对干扰素敏感；某些中药如板蓝根、大青叶、大黄等对某些病毒也有抑制作用。大多数病毒对甘油耐受性强，故常用50%甘油盐水保存病毒标本。

重点提示

病毒属于非细胞型微生物，细菌是原核细胞型微生物，因此，他们的生物学特性存在较大差异。

第二节　病毒的感染与抗病毒免疫

一、病毒的感染

（一）病毒的感染途径和方式

1. 水平传播　指病毒在人群中不同个体之间的传播。其主要的传播途径和方式：①经呼吸道传播；②经消化道传播；③血液传播；④经媒介昆虫叮咬与动物咬伤等。有些病毒可经多种途径侵入人体，引起疾病，如乙型肝炎（乙肝）病毒、人类免疫缺陷病毒。

2. 垂直传播　指病毒通过胎盘或产道由母体传播给胎儿的方式。如风疹病毒、巨细胞病毒、HBV、HIV及疱疹病毒等的垂直传播，危害极大，可致胎儿畸形、早产、死胎等。

（二）病毒的感染类型

1. 隐性感染　病毒侵入机体后未引起明显的临床症状，称为隐性感染或亚临床感染。病毒隐性感染者较常见，虽无临床症状，但有些仍有病毒增殖并可向外界播散，是重要的传染源。同时，隐性感染亦可使机体获得相应的特异性免疫力，如脊髓灰质炎、甲型肝炎等。

2. 显性感染　病毒侵入机体后引起明显的临床症状，称为显性感染或临床感染。根据发病特点可分为以下2种。

（1）急性感染：潜伏期较短，起病急，病程短（数日至数周），病愈后机体内不再有病毒存在，如流行性感冒、甲型肝炎等。

（2）持续性感染：病程较长，病毒可在体内存续数月、数年甚至终生，机体可表现或不表现临床症状，但病毒不断向外界散播，成为重要的传染源。持续性感染包括：①慢性感染，在显性或隐性感染后，病毒未被完全清除，仍在体内持续存在，临床症状反复发作、迁延不愈，病程可达数月至数年之久，如慢性乙型肝炎等；②潜伏感染，病毒感染后，长期潜伏于某些特定组织细胞中,不增殖,也不引起临床症状,与机体处于相对平衡状态。在某些条件下,若平衡被破坏,病毒即被激活并大量增殖,引起临床症状。如水痘-带状疱疹、单纯疱疹等;③慢发病毒感染,潜伏期长,可达数月、数年甚至数十年,一旦发病出现症状,即表现为进行性加重,直至死亡,如HIV引起的AIDS;④急性病毒感染的迟发并发症,病毒急性感后1年或数年,发生致死性的并发症,如亚急性硬化性全脑炎(SSPE)。

(三)病毒的致病机制

1. 对宿主细胞的直接损伤

(1)杀细胞效应:某些病毒在细胞内增殖引起宿主细胞溶解死亡,多见于无包膜病毒的感染,如脊髓灰质炎病毒、柯萨奇病毒。原因主要是:病毒在增殖时,需利用宿主细胞内物质完成自我复制,从而干扰了细胞本身的代谢,导致细胞死亡;病毒的增殖引起宿主细胞溶酶体膜功能的改变,使溶酶体酶释放,导致细胞自溶。

(2)细胞膜改变:某些病毒感染细胞后,使宿主细胞膜发生改变。①使感染细胞与未感染细胞融合,形成多核巨细胞,有利于病毒的扩散;②感染细胞膜出现新抗原,引起免疫病理损伤;③导致细胞膜通透性改变。

(3)细胞转化:某些病毒感染细胞后,可将其核酸整合到宿主细胞的染色体中,致使细胞遗传性改变,甚至发生癌变,与肿瘤的形成有关。

(4)细胞凋亡:是指在细胞基因控制下发生的细胞程序性死亡过程。某些病毒感染细胞后,作为诱导因子导致细胞凋亡。

2. 引起免疫病理损伤 某些病毒感染细胞后,可导致宿主细胞膜上自身抗原发生改变或出现新抗原,两者可刺激机体产生病理性免疫应答,引起组织细胞损伤。

二、机体的抗病毒免疫

机体的抗病毒免疫包括非特异性免疫与特异性免疫。两者在抗病毒感染的过程中协同作用,共同发挥抗病毒作用。

(一)非特异性免疫的抗病毒作用

非特异性免疫在抗病毒感染中发挥重要作用。如健康完整的皮肤、黏膜是阻止病毒感染的第一道屏障;胎盘屏障能有效保护胎儿免受来自母体病毒的感染;血–脑屏障能阻止病毒入侵中枢神经系统;NK细胞在无抗原刺激的情况下,即可杀伤携带病毒抗原的靶细胞;单核-吞噬细胞能吞噬并消化侵入的病毒;干扰素在机体抗病毒免疫中发挥重要作用,在病毒感染早期,即可干扰病毒增殖,阻止病毒在机体内扩散,使病程终止。

(二)特异性免疫的抗病毒作用

病毒具有较强的免疫原性,可诱导机体产生有效的特异性免疫(包括体液免疫和细胞免疫)。细胞外游离的病毒,通过抗体(IgG、IgM及sIgA)的中和作用,使病毒不能吸附和穿入易感细胞,再通过激活补体,调理吞噬作用、ADCC作用等多种途径清除病毒。因抗体存在于体液中,不能进入细胞,对于细胞内病毒的清除主要依赖细胞免疫发挥作用,包括Tc细胞直接杀伤带有病毒抗原的靶细胞;Th1细胞释放多种细胞因子,通过激活吞噬细胞、NK细胞或直接杀伤作用清除病毒,终止感染。

第三节　病毒感染的检查方法与防治原则

一、病毒感染的检查方法

(一)标本的采取与送检

标本采集应做到无菌操作、尽早采集,根据不同的病毒疾病采取不同部位的标本,通常有鼻咽分泌液、痰液、粪便、血液、脑脊液等。标本采集后应立即送检;对不能立即送检的标本需置于50%甘油盐水缓冲液中并冷藏保存;若标本被细菌污染,可加适量抗生素处理。

(二)形态学检查

1. 光学显微镜检查　仅用于某些大病毒颗粒(如痘类病毒)及病毒包涵体的检查。

2. 电子显微镜检查　可观察病毒的形态、结构,协助疾病早期诊断;也可将病毒标本与特异性抗体混合,使病毒凝集成团,再用电镜观察即免疫电镜法,可提高病毒的检出率。

(三)分离培养

病毒只能在活的易感细胞内增殖,所以培养病毒需要活的易感细胞。常用方法有组织细胞培养法、动物接种法和鸡胚培养法。

(四)免疫学检查

应用抗原-抗体反应的原理,诊断某些病毒性疾病或鉴定病毒。常用方法有酶联免疫吸附试验(ELISA)、免疫荧光技术、放射免疫法、免疫电泳、反向间接血凝试验等,它们具有操作简便、反应迅速、敏感度高、特异性强等特点,目前已广泛用于疾病的快速诊断。

(五)病毒核酸检查

1. DNA探针技术　是一种核酸分子杂交技术,以同位素标记的单链核酸作为探针,可检测标本中同源或部分同源的病毒核酸。

2. 聚合酶链反应(PCR)　是一种DNA片段体外快速特异性扩增的技术,当标本中核酸含量甚微不易测出时,利用该技术能在一至数小时内使待测DNA扩增至数百万倍。由于该技术快速、简便,且敏感度高、特异性强等优点,目前已广泛应用于病毒基因组检测。

二、病毒感染的防治原则

(一)特异性预防

1. 人工主动免疫　接种病毒疫苗可使机体获得特异性免疫,是预防和控制病毒性疾病最有效的措施。目前常用的疫苗:①减毒活疫苗,如麻疹疫苗、脊髓灰质炎疫苗、流行性腮腺炎疫苗、甲型肝炎疫苗及流感疫苗等;②灭活疫苗(死疫苗),如乙型脑炎疫苗、狂犬病疫苗等;③基因工程疫苗,如乙型肝炎疫苗等。此外还有亚单位疫苗、多肽疫苗等。

2. 人工被动免疫　主要用于某些病毒性疾病(如甲型肝炎、麻疹等)的紧急预防。常用的生物制剂有胎盘球蛋白、丙种球蛋白、转移因子、抗病毒免疫血清等。

(二)病毒感染的治疗

1. 化学药剂　目前尚无十分理想的药物。临床上抗病毒药剂主要有盐酸金刚烷胺、阿昔洛韦、阿糖腺苷、碘苷等。

2. 干扰素及干扰素诱生剂　干扰素具有广谱抗病毒作用,对某些病毒性疾病(如疱疹病毒性角膜炎、带状疱疹等）的防治有较好的效果。同时，干扰素诱生剂如聚肌苷酸-聚胞苷酸，对乙型肝炎、带状疱疹等也有一定疗效。

3. 中草药　中草药的抗病毒作用也越来越受到重视，常用的有大青叶、板蓝根、黄芪、贯众等。

讨论与思考

1. 病毒属于非细胞型微生物，试比较与细菌在生物学特性、致病性与免疫性等方面的不同点。

2. 干扰素是病毒或干扰素诱生剂刺激宿主细胞产生的一组具有多种生物学功能的特殊糖蛋白。

（1）列举干扰素的种类。

（2）归纳干扰素的作用特点。

（崔　佳）

第 13 章

常见病毒

第一节　呼吸道病毒

学习要点

1. 流行性感冒病毒抗原变异与流行性感冒流行的关系
2. SARS 的传播途径
3. 麻疹病毒、腮腺炎病毒及风疹病毒的特异性预防方法

呼吸道病毒是指以呼吸道为侵入门户，引起呼吸道或其他组织器官病变的病毒。据统计，临床发生的急性呼吸道感染 90% 以上由病毒引起，其具有潜伏期短、传染性强、传播迅速、可造成大流行等特点。最重要的呼吸道病毒是流行性感冒病毒。

一、流行性感冒病毒

流行性感冒病毒，简称流感病毒，是引起流行性感冒（简称流感）的病原体。流感是一种急性呼吸道传染病，发病率高且难以控制。流感病毒包括甲、乙、丙 3 型，其中甲型流感病毒易发生变异，是引起人类流感流行最主要的病原体，曾数次引起世界性大流行。

（一）生物学特性

1. 形态与结构　流感病毒为球形或丝状的单链 RNA 病毒，有包膜，直径 80～120nm。从内到外可分为 3 层：①核衣壳，由单股 RNA 和包绕其外的核蛋白及多聚酶组成，呈螺旋对称型，核酸通常分为 7～8 个节段，是病毒在复制过程中极易发生基因重组而变异的主要原因，RNA 酶负责每段 RNA 的转录与复制；②膜蛋白（M 蛋白），由病毒基因编码的蛋白质，具有保护病毒核心，维持病毒外形态的作用，其免疫原性稳定亦具有型特异性；③包膜，为病毒最外层的结构，是来自宿主细胞的脂质双层膜，其上镶嵌的两种放射状糖蛋白刺突：血凝素（HA）和神经氨酸酶（NA），构成了流感病毒的表面抗原（图 13-1）。

图 13-1　流行性感冒病毒结构示意图

2. 分型　根据核蛋白和 M 蛋白抗原性的不同，可将流感病毒分为甲、乙、丙 3 型。其中甲型流感病毒又根据 HA 和 NA 免疫原性的不同，再分为若干亚型，目前已发现 16 个 HA 亚型（$H_1 \sim H_{16}$）和 9 个 NA 亚型（$N_1 \sim N_9$），而病毒的命名也是据此表示的，人类间流行的亚型主要是 H_1、H_2、H_3 和 N_1、N_2。

3. 变异与流行　流感病毒的抗原性变异与其流行有着密切的关系，甲型流感病毒最为突出的生物学特征就是 HA 和 NA 的有高度变异性，这种抗原性的转变使人群原有的特异性免疫力失效，从而易造成流感的流行。自 1933 年被首次分离以来，甲型流感病毒已经历了数次重大变异，造成了多次世界性的大流行（表 13-1），而乙型与丙型流感病毒的 HA 和 NA 稳定，较少发生变异。

表 13-1　甲型流感病毒亚型与流行年代

病毒亚型	原甲型	亚甲型	亚洲甲型	香港甲型	香港甲型与新甲型
抗原结构	H_0N_1	H_1N_1	H_2N_2	H_3N_2	H_1N_1 和 H_3N_2
流行年代	1918～1946	1946～1957	1957～1968	1968～1977	1977 年以后

流感病毒抗原变异主要有两种形式。①抗原漂移：抗原变异幅度小，系量变，属于亚型内变异，只形成新的变异株，引起流感周期性的局部中、小型流行；②抗原转变：抗原变异幅度大，属于质变，可形成新的亚型，常引起流感大规模流行甚至发生世界性大流行。

重点提示

禽流感是由甲型流感病毒引起的一种急性传染病，主要发生在禽类，也发生在哺乳动物甚至人类。迄今，已有多起世界高致病性禽流感暴发的报道。

4. 抵抗力　流感病毒抵抗力较弱，耐冷不耐热，56℃保持 30min 可被灭活，0～4℃可存活数周，-70℃以下或冷冻真空干燥可长期保存。对干燥、紫外线、甲醛、酸等均敏感。

（二）致病性与免疫性

1. *致病性* 流感是冬春季高发的上呼吸道急性传染病。传染源主要是急性期患者，病毒经飞沫到达呼吸道，并在黏膜上皮细胞内增殖，造成感染细胞变性、坏死、脱落，黏膜充血、水肿，腺体分泌增加。经过1～2d的潜伏期，感染者即可出现如打喷嚏、鼻塞、咳嗽等流感症状。病毒在上皮细胞内复制，很少入血，但可释放内毒素样物质入血，引起全身中毒症状，如发热、头痛、全身酸痛、疲乏无力等。流感病毒感染发病率虽高，但一般数日内自愈。幼儿或年老体弱者易继发细菌感染，如合并肺炎等，病死率较高。

2. *免疫性* 患病或接种疫苗后，机体可产生特异性中和抗体，对同型病毒有一定抵抗力，但亚型间不存在交叉免疫；呼吸道局部的sIgA在抗感染中发挥重要作用。

（三）防治原则

流感病毒传染性强、传播速度快、人群对其普遍易感，故应以预防为主。①一般性预防：加强身体锻炼，提高自身抵抗力；对于患者应早发现、早隔离、早治疗，以减少疾病发生和传播；流行期间尽量避免人群聚集，必要时佩戴口罩，保持室内通风清洁，公共场所应通风换气或用乳酸加热熏蒸空气。②特异性预防：接种疫苗是预防流感最有效的特异性方法，但应监测病毒变异动态，选育当前流行株制成相应的疫苗进行人群免疫，来预防流感的大流行。

治疗流感尚无特效药物，主要是对症治疗和预防继发性细菌感染。盐酸金刚烷胺及其衍生物甲基金刚烷胺可用于预防及早期治疗甲型流感。干扰素、中草药如板蓝根、大青叶、金银花等对流感也有一定疗效。

二、SARS冠状病毒

SARS冠状病毒是引起严重急性呼吸系统综合征（SARS）的病原体。自2002年11月底，我国广东省佛山市报道了首个SARS病例，截至2003年5月，该病已波及世界32个国家和地区。2003年4月16日WHO确定，SARS是由一种新型冠状病毒（命名为SARS冠状病毒）引起的急性呼吸道传染病，我国称其为传染性非典型肺炎，俗称“非典”。

SARS冠状病毒，因电镜下观察外形酷似日冕或冠状而得名，其形态不规则，大小60～200nm，核酸为单链RNA，衣壳呈螺旋对称型，有包膜，包膜上镶嵌有棒状刺突，是SARS冠状病毒的主要抗原，与病毒对宿主细胞的侵染密切相关。抵抗力较弱，56℃保持30min即可被灭活；对乙醚等脂溶剂敏感；不耐酸，故用0.2%～0.5%过氧乙酸或氯制剂消毒。

SARS多在冬春季节流行，传染性极强，传染源主要为患者和潜伏期病毒携带者，通过飞沫经呼吸道近距离传播，亦可通过接触患者呼吸道分泌物经口、鼻、眼传播。潜伏期为3～7d，临床表现有发热、头痛、肌痛、干咳、胸闷气短等症状。严重者出现呼吸加速、气促和低氧血症，进而导致呼吸窘迫、DIC、休克等症状，病死率极高。人类因缺乏对SARS冠状病毒免疫力而普遍易感，感染后患者体内可产生特异性抗体。

重点提示

目前对SARS最好的快速诊断方法是核酸检测法，但该病尚无特异疗法，临床上多以对症治疗和针对并发症的治疗为主。2003年4月8日，卫生部将SARS列入法定传染病，其控制措施按甲类传染病执行。

三、其他呼吸道病毒

其他呼吸道病毒主要有麻疹病毒、风疹病毒、流行性腮腺炎病毒等。病毒的主要特性、所致疾病及防治原则见表 13-2。

表 13-2　其他呼吸道病毒

名　称	主要特性	所致疾病	特异性预防
麻疹病毒	RNA 病毒，球形，有包膜，呼吸道或间接接触传播	麻疹，极少数可发生亚急性硬化性全脑炎（SSPE）	接种麻疹减毒活疫苗；紧急预防可注射丙种球蛋白等
风疹病毒	RNA 病毒，球形，有包膜，呼吸道传播	风疹，孕妇感染后可垂直传播造成胎儿畸形、流产、死胎或引起先天性风疹综合征	接种风疹减毒活疫苗；紧急预防可注射丙种球蛋白等
腮腺炎病毒	RNA 病毒，球形，有包膜，呼吸道或密切接触传播	流行性腮腺炎，易并发脑膜炎、睾丸炎、卵巢炎	接种腮腺炎减毒活疫苗；紧急预防可注射丙种球蛋白等

讨论与思考

1. 3 型流感病毒中，甲型流感病毒最易引起流感大流行或世界大流行。
(1) 简述甲型流感病毒抗原变异与流行的关系。
(2) 制订流感预防的有效措施。
2. SARS 冠状病毒是引起严重急性呼吸综合征（SARS）的病原体。
(1) 请说出 SARS 的传染源和传播途径。
(2) 简述 SARS 的防治措施。

第二节　肠道病毒

学习要点

1. 肠道病毒的共同特征
2. 脊髓灰质炎病毒的传播途径与预防原则

肠道病毒是经消化道侵入机体并可引起多器官病变的病毒。病毒分布广泛，现已发现 70 多种型类，对人致病的主要包括脊髓灰质炎病毒、柯萨奇病毒、埃可病毒及新型肠道病毒等。

肠道病毒的共同特点：①病毒颗粒呈球形，直径 20~30nm，核心为单链 RNA，衣壳呈 20 面体立体对称，无包膜；②耐酸和乙醚，不耐热，对紫外线、干燥敏感；③在细胞质内复制增殖，以破胞形式释放;④主要经粪-口途径传播,苍蝇、蟑螂是重要传播媒介,在肠道细胞内增殖,少数情况下能侵入血流、神经系统及其他组织器官,引起多种疾病。

一、脊髓灰质炎病毒

脊髓灰质炎病毒为脊髓灰质炎的病原体。病毒主要侵犯中枢神经系统,损害脊髓前角运动神经细胞,导致肢体肌肉弛缓性麻痹。该疾病传播广泛,是一种急性传染病,因多见于儿童,故又称为小儿麻痹症。

(一)生物学特性

病毒呈球形,直径27~30nm,核心为单链RNA,衣壳呈20面体立体对称,无包膜,属于小型RNA病毒。根据抗原结构不同,可分为3个血清型:即Ⅰ、Ⅱ和Ⅲ型,3型均可致病,但各型之间无交叉免疫。病毒在自然环境中有比较强的生存力,在粪便、污水及低温下可存活数周或数月。不易被胃酸和胆汁灭活,故能在消化道内增殖。但对紫外线、干燥、热敏感,56℃保持30min可被灭活。对各种化学消毒剂如高锰酸钾、次氯酸钙、碘仿等也很敏感。

(二)致病性与免疫性

脊髓灰质炎是一种传染性很强的疾病。传染源为患者或无症状病毒携带者,主要经粪—口途径传播。病毒感染后绝大多数人呈隐性感染,病毒仅在咽部扁桃体、肠道下段上皮细胞及肠系膜淋巴结内增殖,因此不出现症状或仅有轻微发热、咽痛、腹部不适等。少数抵抗力较弱者呈显性感染,病毒在局部淋巴组织增殖后入血,形成第1次病毒血症,出现发热、恶心、头痛等症状。病毒随血流扩散至全身淋巴组织等非神经组织中增殖后,再次入血形成第2次病毒血症,导致全身症状加重。仅有1/1000患者,病毒可侵入中枢神经系统,在脊髓前角或脑干的运动神经细胞中增殖导致细胞病变,轻者可引起肢体肌肉暂时性麻痹,以下肢多见;重者可出现肢体肌肉弛缓性麻痹而瘫痪;极个别患者发展为延髓麻痹,导致呼吸、循环衰竭而死亡。

显性或隐性感染均可使机体获得对同型病毒的牢固免疫力,以体液免疫为主,黏膜局部的sIgA可阻止病毒的吸附和增殖,血清中的抗体可阻止病毒侵入中枢神经系统。6个月内婴儿可从母体获得被动免疫,很少发生感染。

(三)预防原则

特异性预防主要采是取口服脊髓灰质炎减毒活疫苗糖丸,接种对象为5岁以下儿童。对未服疫苗又与病人有过密切接触的易感者,可注射丙种球蛋白等进行紧急预防。同时还要抓好"三管一灭",即加强粪便、水源及食品卫生的监督管理,消灭苍蝇,防止病从口入。

重点提示

目前脊髓灰质炎在许多国家(包括中国)已被消灭,WHO已将脊髓灰质炎列为继消灭天花后第2个要消灭的传染病。

二、其他肠道病毒

其他肠道病毒主要包括柯萨奇病毒、埃可病毒和轮状病毒等,主要特性见表13-3。

表 13-3 其他肠道病毒

名 称	血清型	所致疾病
柯萨奇病毒	A 组:1~24 型 B 组:1~6 型	无菌性脑膜炎、疱疹性咽峡炎、类脊髓灰质炎、手足口病、流行性胸痛、心肌炎和心包炎、感冒等
埃可病毒	1~34 型	无菌性脑膜炎、类脊髓灰质炎、婴幼儿腹泻、儿童皮疹、感冒等
新型肠道病毒	68 型、69 型、70 型、71 型	小儿肺炎、支气管炎、急性出血性结膜炎(俗称红眼病)、脑脊髓膜炎、手足口病等
轮状病毒	7 个组(A~G)	A 组引起婴幼儿急性腹泻

重点提示

手足口病是由肠道病毒引起的传染病,引起手足口病的病毒型别多,其中以柯萨奇病毒 A_{16} 型和肠道病毒 71 型最为常见。多发生于 5 岁以下儿童,感染途径多样,包括消化道、呼吸道及接触传播等。临床表现有口痛、厌食、低热,手、足、口腔等部位出现小疱疹或小溃疡,多数患儿 1 周左右自愈,少数患儿可出现心肌炎、肺水肿、无菌性脑膜炎等严重并发症,重症患儿病死率较高。目前缺乏有效治疗药物,主要是对症治疗。

讨论与思考

脊髓灰质炎是由脊髓灰质炎病毒引起的一种急性传染病。

(1) 说出该病的传染源及传播途径,并制订有效预防措施。

(2) 分析人体感染脊髓灰质炎病毒后的结局。

第三节 肝炎病毒

学习要点

1. 肝炎病毒的种类
2. 甲型、乙型肝炎病毒的生物学特性、致病性、免疫性及预防原则
3. 乙型肝炎抗原抗体检测项目及临床意义
4. 各型肝炎病毒的传播途径

肝炎病毒是引起病毒性肝炎的病原体。目前已确定的肝炎病毒主要有 5 型,即甲型、乙型、丙型、丁型、戊型肝炎病毒,近年来又发现了己型和庚型肝炎病毒等,其中对人类健康的危害最大是乙型肝炎病毒。

一、甲型肝炎病毒

甲型肝炎病毒(hepatitis A virus,HAV)是引起甲型肝炎的病原体,主要感染儿童和青少年,多数表现为隐性感染及亚临床感染,仅有少数人患病。

(一)生物学特性

HAV 呈球形,直径 27~32nm,核心为单股 RNA,衣壳呈 20 面体立体对称结构,无包膜。抗原性稳定,仅发现 1 个血清型。HAV 属于肠道病毒第 72 型,抵抗力较其他肠道病毒强,对热、酸、乙醚等理化因素有较强的耐受力;但加热 100℃保持 5min 或 70%乙醇、过氧乙酸、甲醛等常用消毒剂可将病毒灭活。

(二)致病性与免疫性

HAV 是甲型肝炎(简称甲肝)的病原体,传染源主要是病人 ,主要通过粪-口途径传播。病毒随感染者粪便排出,通过污染水源、食物、海产品等而引起散发或流行。1988 年春季上海市曾发生了因生食 HAV 污染的毛蚶而造成的甲型肝炎暴发性大流行,患者多达 30 余万人。

甲型肝炎潜伏期为 15~50d(平均 30d)。病毒经口侵入人体后,先在肠黏膜及局部淋巴组织中增殖,然后入血引起病毒血症,最终随血流到靶器官肝而引起疾病。患者常出现全身不适、乏力、厌食、厌油、发热、皮肤及巩膜黄染、肝大且压痛等表现。2~4 周可恢复,有自限性,预后良好,不转为慢性肝炎。人对 HAV 普遍易感,但大多表现为隐性感染。

患病或隐性感染后,机体均可获得较强的特异性免疫。成人大多因隐性感染而获得免疫力,不易发病,故儿童和青少年患病率较高。目前常用 ELISA 法检测病人血清中的抗- HAV IgM 来协助甲肝的早期诊断。

(三)防治原则

注重卫生宣教,加强食物、水源、粪便管理,做好"三管一灭"及相关物品的消毒处理。接种甲型肝炎减毒活疫苗进行有效预防,对密切接触病人的易感者应立即注射丙种球蛋白或胎盘球蛋白进行紧急预防。

二、乙型肝炎病毒

乙型肝炎病毒(hepatitis B virus,HBV)是引起乙型肝炎的病原体。目前全世界约有 3.5 亿乙型肝炎病毒携带者,其中 1.3 亿在我国。HBV 感染机体后,易发展为慢性肝炎,甚至可演变为肝硬化,此外,也可能诱发肝癌,严重威胁人类生命健康。因此,乙型肝炎是我国重点防治的传染病之一。

(一)生物学特性

1. *形态与结构* 电镜下可见 HBV 感染者的血清中有 3 种不同形态的颗粒(如图 13-2)。

(1)大球形颗粒(又称为 Dane 颗粒):由 Dane 于 1970 年在 HBV 感染者的血清中发现,呈球形,直径 42nm,具有双层衣壳。外衣壳相当于一般病毒的包膜,由脂质双层和蛋白质组成,其上有乙型肝炎病毒表面抗原(HBsAg)。内衣壳呈 20 面体立体对称,其上有乙型肝炎病毒核心抗原(HBcAg)和乙型肝炎病毒 e 抗原(HBeAg)。核心包括环状双股 DNA 和 DNA 多聚酶。Dane 颗粒是完整的乙型肝炎病毒颗粒,具有感染性。

(2)小球形颗粒:由病毒合成中过剩的外衣壳组成,直径约 22nm,含 HBsAg。

(3)管形颗粒:由小球形颗粒串联而成,直径为 22nm,长 50~700nm。

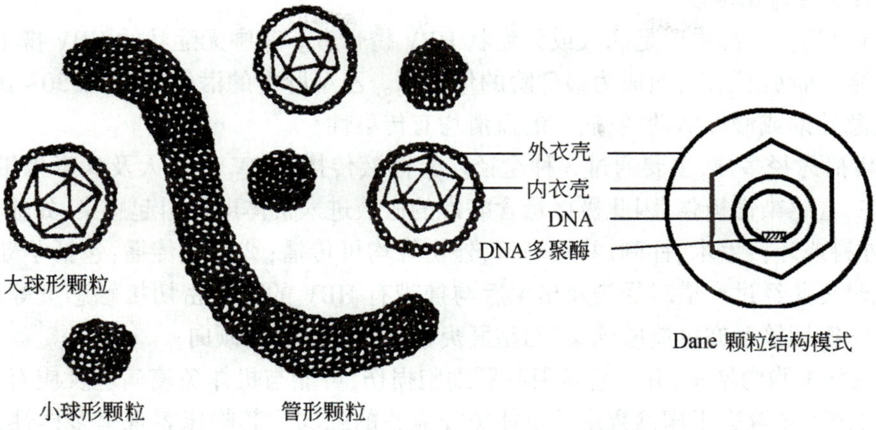

图13-2 HBV 3种颗粒形态与结构

重点提示

Dane颗粒是完整的具有感染性的HBV颗粒；小球形颗粒和管形颗粒均无感染性。

2. 抗原组成 主要有3种抗原。

(1)表面抗原(HBsAg)：存在于上述3种颗粒表面。血清中检测出HBsAg是人体感染乙型肝炎病毒的主要标志。HBsAg具有较强的免疫原性，能诱导机体产生中和抗体，即抗-HBs，该抗体能防御HBV感染，对机体有保护作用。

重点提示

HBsAg是制备乙型肝炎疫苗的主要成分；病人血清中出现抗-HBs，是乙型肝炎恢复的标志或表明机体接种乙型肝炎疫苗后已产生特异性免疫力。

(2)核心抗原(HBcAg)：存在于Dane颗粒内衣壳上及受染肝细胞核内，故血清中不易检出。HBcAg能刺激机体产生相应抗体即抗-HBc，为非保护性抗体。抗-HBc IgM产生较早，若检测到此抗体，表示HBV正处于复制状态。

(3)e抗原(HBeAg)：存在于Dane颗粒的内衣壳上，是HBcAg完整肽链的一部分，当HBcAg被胰蛋白酶裂解后，方可释放游离于血清中。HBeAg与Dane颗粒及DNA多聚酶在血中的消长基本一致，故可作为HBV复制及血清具有强感染性的1个指标。HBeAg亦能刺激机体产生抗体即抗-HBe，对HBV感染有一定保护作用。因此抗-HBe的出现是预后良好的征象。

3. 抵抗力 HBV对外界的抵抗力较强。对低温、干燥、紫外线及一般消毒剂均有较强耐受性，也不被70%乙醇灭活；但采用高压蒸汽灭菌法、加热100℃保持10min、0.5%过氧乙酸、5%的次氯酸钠、3%次氯酸钙溶液均可灭活HBV。

（二）致病性与免疫性

乙型肝炎的传染源主要是病人或无症状 HBV 携带者。其中无症状的 HBV 携带者因数量大、隐蔽性强、活动范围广，而成为最危险的传染源。乙型肝炎的潜伏期较长，30～160d。无论在潜伏期、急性期或慢性活动期，病人的血清均有传染性。

HBV 传播途径多样，主要通过 3 种途径。①血液传播：HBV 在病人及病毒携带者的血液中大量存在，且感染性极强，因此极微量含病毒的血液进入机体即可引起感染，如输血、血液制品、注射、外科或牙科手术、针刺、共用剃刀、外伤等均可传播；②垂直传播：包括孕期通过胎盘感染、分娩时婴儿经过产道时受染及出生后与携带有 HBV 的父母密切接触感染等；③密切接触：日常生活密切接触亦可造成感染，乙型肝炎常具有家族聚集倾向。

HBV 在肝细胞内增殖，并不直接引起肝细胞损伤，可能与机体免疫病理反应有关。因此，肝细胞的损伤程度取决于病毒数量及机体免疫应答的强弱。其临床表现呈多样性，主要有无症状 HBV 携带者、急性肝炎、重症肝炎、慢性肝炎等。急性乙型肝炎如不及时治疗，很容易转为慢性肝炎，部分慢性肝炎患者又可演变为肝硬化或原发性肝癌。

HBV 感染后，机体可获得特异性免疫力，产生的中和抗体（抗-HBs）对机体具有保护作用，但要彻底清除细胞内寄生的病毒，还需依靠干扰素、NK 细胞及杀伤性 T 细胞的作用。

（三）免疫学检查

HBV 抗原抗体系统的检测 免疫学检查是临床对乙型肝炎的主要诊断方法。目前最常用的是胶体金法、ELISA 等方法来检测血清中的 HBV 抗原抗体系统，包括 HBsAg、HBsAb、HBeAg、HBeAb、HBcAb，简称“乙肝两对半”。结果需结合临床综合分析，方可明确诊断（表 13-4）。

表 13-4　HBV 抗原抗体检测结果的临床分析

HBsAg	抗-HBs	HBeAg	抗-HBe	抗-HBc	结果分析
+	−	−	−	−	HBV 感染或无症状携带者
+	−	+	−	−	急性或慢性乙型肝炎，或无症状携带者
+	−	+	−	+	急性或慢性乙型肝炎（传染性强，“大三阳”）
+	−	−	+	+	急性感染趋于恢复或慢性肝炎（“小三阳”）
−	+	−	+	+/−	感染恢复期
−	+	−	−	−	既往感染或接种过疫苗，有免疫力

（四）防治原则

乙型肝炎的预防应采取以切断传播途径、保护易感人群为主的综合性措施。严格筛选献血人员，加强血制品监管，严格消毒医疗器械和病人排泄物，杜绝医源性感染；积极开展疾病普查，加强对无症状 HBsAg 携带者的检出及治疗；注射乙型肝炎疫苗是预防乙型肝炎最有效的措施，目前我国使用的是 HBsAg 基因工程疫苗；通过使用高效价乙型肝炎免疫球蛋白（HBsIg），可对易感者进行紧急预防及阻断母婴传播。

乙型肝炎的治疗尚无特效方法，一般采用广谱抗病毒药，辅以中草药等进行综合治疗。

重点提示

我国已于 2002 年将乙型肝炎疫苗纳入儿童计划免疫,全程接种完 1 个月后,抽血检测,若抗-HBs 为阳性,表明接种成功,一般可维持 5~10 年。

三、其他肝炎病毒

丙型、丁型、戊型肝炎病毒的主要特性、所致疾病及防治原则,见表 13-5。

表 13-5　其他肝炎病毒

名称	主要特性	所致疾病	防治原则
HCV	球形、30 ~ 60nm, RNA 型	丙型肝炎,传播方式及临床症状与乙型肝炎相似,易发展成慢性肝炎,部分患者转为肝硬化,甚至肝癌	用ELISA 法检测抗-HCV 筛选献血员
HDV	球形, 35 ~ 37nm, RNA 型	丁型肝炎,传播方式同乙型肝炎,但必须与 HBV 共同感染或重叠感染,导致原有症状加重与恶化	预防措施同乙型肝炎,接种乙型肝炎疫苗可预防
HEV	球形, 27 ~ 34nm, RNA 型	戊型肝炎,传播方式及临床症状与甲型肝炎相似	预防措施同甲型肝炎,以切断传播途径为主

重点提示

5 种类型肝炎病毒中 HAV 和 HEV 传播途径相同,即经粪-口途径传播。而 HCV、HDV 传播途径和 HBV 相同,即主要经血液传播。

讨论与思考

1. 肝炎病毒是引起病毒性肝炎的病原体。目前已确定的肝炎病毒主要有 5 型。请写出 5 型肝炎病毒的名称缩写,并归纳 5 型肝炎病毒的传播途径。

2. 病人,女,35 岁,因发热、恶心、呕吐、全身乏力、肝区不适而入院。医生建议其做乙型肝炎“两对半”检查,结果为:HBsAg(+)、抗-HBc(+)、HBeAg(+)。

(1)该病人是乙肝病人吗?现在处于什么状态?

(2)此病能传染给其丈夫吗?

第四节 人类免疫缺陷病毒

学习要点

1. AIDS 的传染源及传播途径
2. HIV 感染的预防原则

人类免疫缺陷病毒(human immunodeficiency virus,HIV)是引起获得性免疫缺陷综合征(acquired immunodeficiency syndrome,AIDS,俗称艾滋病)的病原体。自 1981 年美国发现世界首例病例以来,艾滋病迅速在全球蔓延,感染人数达到数千万。艾滋病已成为全球关注的重大公共卫生和社会问题。我国自 1985 年发现首例病例以来,截至 2013 年 8 月底,累计报道存活的艾滋病感染者和患者约 42.8 万例,死亡 12.7 万例,我国已将艾滋病列入乙类法定传染病,并作为国境卫生检疫监测的传染病之一。由于该病传播迅速、病情凶险、病死率高且尚无有效的防治药物和疗法,艾滋病亦被称为“超级癌症”。

重点提示

1988 年 WHO 将每年的 12 月 1 日确定为“世界艾滋病日”,号召世界各国和国际组织宣传和普及预防艾滋病的知识;世界艾滋病日的标志是“红丝带”。

(一)生物学特性

1. 形态与结构　病毒呈球形,直径 100~120nm。核心含有两条单股 RNA 及反转录酶、整合酶、蛋白酶,其外包被有衣壳蛋白(P24)组成的圆锥状衣壳,共同构成核衣壳;病毒最外层为脂蛋白包膜,包膜表面镶嵌有 gp120(外膜蛋白)和 gp41(跨膜蛋白)2 种病毒特异性糖蛋白,gp120 与 HIV 的特异性吸附、穿入有关(图 13-3)。

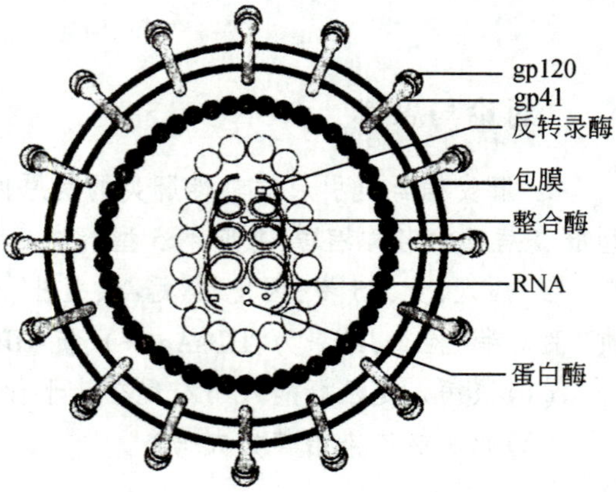

图 13-3　HIV 结构示意图

2. 抵抗力　HIV 对理化因素的抵抗力较弱,56℃加热 30min 可被灭活,在室温下(20~22℃)可存活 7d。用 0.2%次氯酸钠、0.1%次氯酸钙、0.3%过氧化氢、70%乙醇、50%乙醚、0.5%甲酚皂等化学消毒剂处理 5min 均可灭活病毒。

(二)致病性与免疫性

AIDS的传染源主要是AIDS患者及HIV携带者。其血液、精液、阴道分泌液、乳汁、唾液、脑脊液、骨髓等标本中均可分离到HIV。潜伏期很长,可长达6个月至10年。

传播途径多样:①性传播,通过同性或异性间的性接触感染,是最常见的传播途径;②血液传播,输入含有HIV的血液或血液制品、器官或骨髓移植、静脉药瘾者共用污染的注射器和针头等均可造成感染;③母婴传播,通过胎盘、产道或哺乳等方式传播。

致病机制为HIV侵入机体后选择性地侵犯$CD4^+$细胞(主要有$CD4^+$T细胞、单核-巨噬细胞等),病毒通过包膜表面的外膜蛋白gp120与宿主细胞表面的HIV受体(CD4分子)结合,引起gp41构型改变,使病毒包膜与宿主细胞膜发生融合,病毒侵入宿主细胞内大量复制,引起$CD4^+$细胞大量死亡,而$CD8^+$T细胞相对增多,$CD4^+$与$CD8^+$比例倒置,造成机体的免疫功能全面低下,从而表现出一系列的临床症状。

AIDS的临床表现可分为4期:①急性感染期,HIV初次进入机体后即开始增殖和释放,2~4周后多数感染者会出现发热、咽炎、淋巴结大、皮肤斑丘疹、盗汗、乏力等症状,因症状较轻,常被忽视,数周后,以上症状可自行消失,转入无症状感染期;②无症状感染期,此期感染者可不出现任何临床症状,其血中病毒数量明显下降,不易被检出,但病毒可在受染细胞内持续进行复制,这种状态可持续6个月至10年;③AIDS相关综合征期,随着感染时间的延长,病毒在体内不断增殖,使机体的免疫功能严重受损,感染者可出现持续性发热、疲乏、体重下降、慢性腹泻及全身淋巴结肿大和各种感染等;④典型AIDS期,这时病人的免疫功能全面低下,导致全身多系统多器官的严重综合病变,机体极易出现各种致命性机会感染、恶性肿瘤和中枢神经系统异常,如EB病毒、巨细胞病毒、白假丝酵母菌、结核分枝杆菌、卡氏肺孢菌等引起的致死性感染,或并发Kaposi肉瘤和恶性淋巴瘤等,还可能出现头痛、癫痫、进行性痴呆等神经系统异常症状。如果未能及时治疗,病人通常在出现临床症状2年内死亡。

HIV感染后机体可产生细胞免疫和体液免疫,但不能彻底清除受染细胞内潜伏的病毒,HIV仍可在体内不断进行增殖,形成长时期的慢性感染状态。

(三)微生物学检查

AIDS的诊断主要通过检测HIV抗体,临床常用ELISA法检测感染者血清中的抗HIV抗体,若为阳性,再经免疫印迹确证试验证实,即可确诊。

(四)防治原则

目前尚无理想的治疗药物和方法,控制AIDS的有效措施是预防。包括:建立HIV感染的监测系统,掌握其流行动态;加强宣传教育力度,普及AIDS预防知识;严格筛选献血人员及捐献器官人员,确保血液、血制品和移植器官的安全性;杜绝吸毒、性滥交,阻断母婴传播;加强国境检疫工作,严防疾病传入。

重点提示

AIDS流行特点:由高危人群向一般人群扩散;传播日趋多样化,以静脉吸毒为主,经血液传播日益严重,经性传播逐年上升,逐步成为主要传播途径;感染发病者以青壮年男性为主,且主要集中在农村及贫困地区。

讨论与思考

AIDS 是由 HIV 引起的致死性极高的传染病。

(1) AIDS 的传染源及传播途径是什么?

(2) 试讨论预防本病传播的措施。

第五节 其他病毒

学习要点

1. 乙型脑炎病毒、狂犬病病毒的传染源及传播途径
2. 狂犬病的预防措施

一、流行性乙型脑炎病毒

流行性乙型脑炎病毒是流行性乙型脑炎(简称乙脑)的病原体。乙脑是通过蚊虫叮咬传播的急性传染病,夏秋季多发,儿童发病率高,病死率高,部分患者可留有神经性后遗症。

(一) 生物学性状

病毒颗粒呈球形,直径 30~40nm,核心为 RNA,有包膜。免疫原性稳定,只有 1 个血清型,故接种乙脑疫苗预防效果良好。乙脑病毒抵抗力较弱,对热、酸、脂溶剂等均很敏感,加热 56℃保持 30min、100℃保持 2min 均可灭活病毒。

(二) 致病性与免疫性

乙脑病毒的传染源为受染后发生病毒血症的人和动物(包括幼猪、牛、羊、马等和禽类)。尤其是幼猪,是主要传染源。乙脑病毒通过蚊虫作为传播媒介在蚊、动物之间不断循环传播,受染蚊虫可携带病毒过冬,并能随卵传代,故蚊虫成为病毒的长期储存宿主和传播媒介。

携带病毒的蚊虫叮咬人,则可引起人的感染。但多数表现为隐性感染或轻型感染,病毒侵入人体,首先在局部血管内皮细胞和淋巴结增殖,少量病毒入血,引起第一次病毒血症;病毒随血流播散到肝、脾等处的巨噬细胞内继续增殖,再次大量入血,引起第二次病毒血症,机体出现发热、头痛、全身不适等症状,多数感染者因产生免疫力而使病程终止;仅少数免疫力低下的感染者,病毒可突破血-脑屏障侵入中枢神经系统,引起脑实质和脑膜病变,出现高热、头痛、呕吐、惊厥、昏迷等症状,甚至导致死亡。部分病人还可留下失语、智力障碍、痴呆、偏瘫等后遗症。

乙脑患病后或隐性感染后均可获得持久牢固的免疫力。

(三) 防治原则

防蚊灭蚊,在易感人群(10 岁以下儿童)中开展乙脑疫苗接种,加强对流行地区动物宿主的疫苗接种,可控制该病的传播与流行。

重点提示

乙脑病毒的主要传染源是幼猪,重要的传播媒介是蚊虫,因此,乙脑多在夏秋季流行,预防的关键是防蚊灭蚊和接种疫苗。

二、狂犬病病毒

狂犬病病毒是引起狂犬病的病原体,是一种嗜神经性病毒,主要在野生动物(如狐、狼、獾、蝙蝠等)及家畜(如犬、猫等)中传播。人被患病或携带病毒的动物(通常为犬)咬伤而感染。狂犬病是一种人畜共患的急性传染病,病死率极高。

(一)生物学性状

狂犬病病毒外形似子弹状,大小约 75nm×180nm,核心为单股 RNA,衣壳呈螺旋对称,外层有包膜,包膜上的糖蛋白刺突与病毒的致病性有关。狂犬病病毒具有嗜神经细胞性,在易感动物或人的中枢神经细胞质内增殖时,形成圆形或椭圆形嗜酸性包涵体,称为内基小体,有诊断价值。病毒抵抗力弱,对热、干燥、紫外线、强酸、强碱、肥皂水、去垢剂均较敏感。在室温下病毒传染性可保持 1~2 周。

(二)致病性

狂犬病是一种人畜共患的自然疫源性疾病。传染源为患病的动物(尤其是病犬),人通常是被患病的动物咬伤、抓伤或破损的皮肤黏膜接触含病毒的器具而感染。从动物发病前 5 天开始,其唾液中就含有大量病毒。人被咬伤或抓伤后,病毒通过伤口进入体内,先在伤口局部的肌纤维细胞内增殖,然后沿神经末梢上行至中枢神经系统,在神经细胞内大量增殖,引起中枢神经系统病理性损伤,然后病毒再沿传出神经扩散至唾液腺及其他组织。

狂犬病的潜伏期一般为 1~3 个月,也有短至一周或长达数年才出现症状者,其长短取决于被咬伤位置距离头部的远近及伤口感染病毒的数量。患者早期症状有乏力、发热、头痛、不安,伤口周围有痛感或蚁行感。2~4d 后,出现发作期典型临床症状,即神经兴奋性增高,躁动不安,恐水、恐光、恐声音,吞咽或饮水时喉肌发生痉挛,甚至闻水声即可引起痉挛,故又称为"恐水病"。典型症状持续 3~5d 后,转入麻痹期,最后患者因昏迷、呼吸循环衰竭而死亡,大多数病程为 5~7d。病死率几乎达 100%。

(三)防治原则

狂犬病死亡率极高,关键是做好预防工作。如果人被疑似动物咬伤或抓伤后,应立即采取以下措施,①彻底清创:立即挤压伤口,以排去被病毒的污染的血,再用 20% 的肥皂水或清水反复冲洗伤口,并用 75% 乙醇等涂擦;②接种疫苗:应尽早接种疫苗,目前我国采用人用狂犬病纯化疫苗于伤后第 1、3、7、14、28d 各肌内注射一次,免疫效果良好;③对咬伤较严重者应使用高效价抗狂犬病病毒免疫血清在伤口局部浸润注射(使用前须做皮试)。

此外,加强家犬管理,接种犬用疫苗,捕杀野犬、病犬,亦可大大降低人群感染率。

重点提示

挤压伤口排污血时，切勿用口吸；疫苗接种应越早效果越好，最好在24h内注射第1针。

三、汉坦病毒

汉坦病毒是流行性出血热的病原体，于1978年从韩国汉坦河附近流行性出血热疫区捕获的黑线姬鼠体内分离出来。

病毒呈圆形、椭圆形或多形性，核心为RNA，有包膜和刺突。与人类发病关系密切的病毒有6个血清型，我国流行的主要有Ⅰ型（姬鼠型）和Ⅱ型（家鼠型）。病毒抵抗力较弱，对热、酸、脂溶剂、紫外线等均敏感，60℃保持1h可灭活病毒，在4~20℃的环境中相对稳定。

流行性出血热属于自然疫源性疾病，传染源主要是带病毒的黑线姬鼠和褐家鼠等啮齿动物。带病毒的动物通过唾液、尿液、粪便排出病毒，污染环境，人或动物经呼吸道、消化道、皮肤伤口等多种途径受染。潜伏期为2周左右，即出现高热、出血和肾损害等症状。病死率高，但病后可获得持久免疫力。预防本病的原则：灭鼠防鼠，做好个人防护；及时发现、隔离、治疗病人；易感人群可接种疫苗，效果较好。

四、疱疹病毒

疱疹病毒是一群中等大小、有包膜的DNA病毒。引起人类疾病的主要包括EB病毒（EBV）、单纯疱疹病毒（HSV）、水痘-带状疱疹病毒（VZV）等。人类常见的疱疹病毒的传播途径、所致疾病、防治原则，见表13-6。

表13-6　人类常见的疱疹病毒

名称	传播途径	所致疾病	防治原则
EB病毒	唾液、输血	传染性单核细胞增多症、非洲儿童恶性淋巴瘤、鼻咽癌等	疫苗正在试用过程中
水痘-带状疱疹病毒	呼吸道	原发：水痘（儿童），多分布于躯干，出现斑丘疹、水疱疹；复发：带状疱疹（成人），沿神经分布	减毒活疫苗预防。治疗用阿糖腺苷、阿昔洛韦、干扰素
单纯疱疹病毒-Ⅰ型	呼吸道、亲密接触	生殖器以外的皮肤、黏膜和器官感染，如齿龈口炎、唇疱疹、疱疹性脑炎、角膜炎	无特异预防。治疗用阿昔洛韦、阿糖胞苷，但不能清除潜伏病毒
单纯疱疹病毒-Ⅱ型	性接触	生殖器疱疹、新生儿疱疹	无特异预防。治疗用阿昔洛韦、阿糖胞苷，但不能清除潜伏病毒
巨细胞病毒	垂直感染、输血、性接触、呼吸道	巨细胞包涵体病，输血后单核细胞增多症和肝炎、先天畸形等	疫苗正在研制中

讨论与思考

1. 流行性乙型脑炎是由乙脑病毒引起的好发于夏秋季的急性传染病。

(1)流行性乙型脑炎的传染源和传播途径是什么?

(2)讨论流行性乙型脑炎的防治原则。

2. 程某,男,因不慎被疑似病犬咬伤腿部。

(1)如果你在现场,应怎样对患者的伤口进行处理?

(2)为防止狂犬病的发生,下一步还应采取什么措施?

(崔　佳)

第 14 章

人体寄生虫学概述

学习要点

1. 寄生虫、中间宿主、终宿主、生活史、感染阶段的概念
2. 寄生虫对宿主的致病作用
3. 寄生虫病的流行环节和防治原则

人体寄生虫学是研究与人体有关寄生虫的形态、生活史、致病作用、实验诊断和防治原则的一门科学。

人体寄生虫学包括医学蠕虫、医学原虫和医学节肢动物3个组成部分。

一、基本概念

1. 寄生关系　自然界的生物之间存在多种相互关系。当两种生物共同生活,一方获利,而另一方受害,受害者为获利者提供营养物质和居住场所,这种关系称为寄生关系。

2. 寄生虫　是指营寄生生活的低等动物称为寄生虫。寄生于人体的寄生虫称为人体寄生虫。

3. 宿主　是指被寄生虫寄生的人或动物称为宿主。根据寄生虫不同发育阶段寄居宿主等情况,将宿主又分为以下几类。

(1)终宿主:是指寄生虫成虫或有性生殖阶段所寄生的宿主。

(2)中间宿主:是指寄生虫的幼虫或无性生殖阶段所寄生的宿主。有的寄生虫需两个或两个以上的中间宿主,则按寄生顺序称为第一中间宿主、第二中间宿主。

(3)储存宿主:作为人体寄生虫感染来源的受染脊椎动物,又称保虫宿主。

重点提示

人类可以是寄生虫的终宿主也可以是中间宿主。

4. 生活史　是指寄生虫完成一代生长、发育和繁殖的全过程及其所需外界环境条件。有的寄生虫完成一代的生长、发育和繁殖不需要中间宿主,将其称为土源性寄生虫;而完成一代

的生长、发育和繁殖需要中间宿主的寄生虫则称为生物源性寄生虫。

5. *感染阶段* 是指寄生虫生活史过程中具有感染人体能力的发育阶段。如钩虫完成一代生长、发育和繁殖经过成虫、虫卵、杆状蚴、丝状蚴、幼虫多个生长发育阶段,但其中仅有丝状蚴具有感染人体能力,故称丝状蚴为感染阶段。绝大多数的寄生虫只有一个感染阶段,个别寄生虫有两个或两个以上感染阶段。

二、寄生虫与宿主的相互关系

(一)寄生虫对宿主的致病作用

1. *掠夺营养* 寄生虫寄生于宿主体内,必须从宿主获得营养物质,寄生虫通过夺取机体营养物质,寄生虫还可妨碍宿主对营养物质的吸收、导致营养物质丢失导致宿主营养不良。

2. *机械性损伤* 寄生虫成虫或幼虫在宿主体内移行和定居均可造成宿主组织损伤或破坏,如压迫组织、腔道阻塞等。

3. *毒性与免疫损伤* 寄生虫及其代谢产物对机体有一定毒性作用并可诱导机体产生免疫损伤。

重点提示

寄生虫的不同生长发育阶段对机体的危害方式不同。如日本血吸虫,成虫、童虫以机械损伤为主,虫卵以免疫损伤为主,而尾蚴既可导致机械损伤又可导致免疫损伤。同时,寄生虫对机体的致病作用不是单一的,而是综合性作用。

(二)宿主对寄生虫的免疫作用

1. *非特异性免疫* 包括皮肤黏膜的屏障作用、吞噬细胞及其吞噬作用等。

2. *特异性免疫* 抗寄生虫免疫包括消除性免疫和非消除性免疫两种类型。①消除性免疫是指宿主感染寄生虫后所产生的特异性免疫能清除体内寄生虫,并对再次感染具有抵抗力。如杜氏利什曼原虫引起的黑热病。但消除性免疫在抗寄生虫免疫中极为罕见。②非消除性免疫是指寄生虫感染后虽可诱导宿主对该寄生虫的再次感染产生一定的防御能力,但对体内已存在的寄生虫不能完全清除。如疟原虫寄生于体内,宿主产生抵抗力,能抵抗同种寄生虫的再感染,但不能彻底清除体内原虫,这种免疫状态称为带虫免疫;某些蠕虫(如日本血吸虫)感染后,能刺激机体产生免疫力,对幼虫的再次感染具有一定抵抗力,但不能清除体内的成虫,这种免疫状态称为伴随免疫。大多数寄生虫感染的免疫属于非消除性免疫。

三、寄生虫病的流行与防治

(一)寄生虫病的流行

寄生虫病在一个地区流行必须具备以下 3 个基本环节。

1. *传染源* 指感染了寄生虫的人和动物,包括患者、带虫者和保虫宿主。

2. *传播途径* 指寄生虫从传染源到达易感新宿主的全过程,即感染方式。人体寄生虫常见的传播途径包括:①经口感染,寄生虫的感染阶段通过食物、饮水等经口食入或误食而感染,是寄生虫感染中最常见的途径,如蛔虫、链状带绦虫、溶组织阿米巴原虫;②经皮肤感染,寄生虫的感染阶段经皮肤侵入人体，如日本血吸虫、钩虫；③经节肢动物媒介感染，寄生虫在媒介节肢动物体内发育为感染阶段多数以叮刺吸血的方式侵入人体，如疟原虫、丝虫经蚊叮刺吸血时传给人体；④经接触感染，是指不离开人体的永久性寄生虫可通过直接或间接接触的方式而感染，如阴道毛滴虫、疥螨；⑤经垂直感染，某些原虫感染孕妇后，可通过胎盘引起胎儿感染，导致畸胎或死胎，如弓形虫。

3. *易感人群* 是指对寄生虫缺乏免疫力或免疫力低下的人群，容易受寄生虫感染。由于机体对寄生虫大多缺乏有效免疫，因此寄生虫对人体普遍易感。

寄生虫的流行除具备 3 个基本流行环节外，还需具备一定环境条件称为流行因素，主要包括生物因素、自然因素、社会因素。

（二）寄生虫病的防治原则

1. *控制或消灭传染源* 坚持普查普治，发现患者、带虫者及时进行治疗，同时对保虫宿主进行查治和合理的处理。

2. *切断传播途径* 加强粪便的管理，搞好环境和个人卫生，控制和消灭中间宿主或媒介节肢动物等。

3. *保护易感人群* 加强健康教育，改变不良的饮食习惯和行为方式，提高自我防护意识。必要时，某些寄生虫可采用药物预防，如疟原虫。

讨论与思考

1. 什么是寄生虫的生活史？学习寄生虫生活史有什么意义？
2. 寄生虫对人体危害方式有哪些？
3. 寄生虫病的流行环节有哪些？

（李 英）

第15章

常见人体寄生虫

第一节　医学蠕虫

学习要点

1. 常见医学蠕虫的种类、感染阶段、感染方式与途径
2. 常见医学蠕虫对人体的危害,如何诊断和防治

蠕虫是一类多细胞无脊椎动物,因能借肌肉的收缩产生蠕动而得名。寄生于人体的蠕虫称医学蠕虫。主要包括3个纲,即线虫纲、吸虫纲和绦虫纲。

根据生活史中是否需要中间宿主,将医学蠕虫分成土源性蠕虫和生物源性蠕虫两大类型。前者不需要中间宿主,寄生于肠道的线虫大多属于此类;后者需要中间宿主,吸虫、大多数绦虫及个别线虫属于此类。

一、线　虫　纲

线虫纲隶属于线形动物门。成虫细长呈线状或圆柱状,雌雄异体,生殖器官发达。线虫种类繁多,分布广泛,常见寄生于人体的有10余种,重要的有蛔虫、钩虫、蛲虫等。

(一)似蚓蛔线虫

似蚓蛔线虫简称蛔虫,引起蛔虫病,是人体最常见的一种寄生虫。

1. 形态

(1)成虫:虫体细长、圆柱状,似蚯蚓,活体呈粉红色,死后灰白色或苍白色。雌虫长20~35cm,雄虫长15~31cm;雌虫尾端尖直,雄虫尾端向腹面弯曲。

(2)虫卵:包括受精卵和未受精卵两种。受精卵为椭圆形,卵壳厚而透明,卵壳外有一层凹凸不平常被胆汁染成棕黄色的蛋白质膜,卵壳内含有一个大而圆的卵细胞,卵细胞与卵壳间有两个新月形间隙;未受精卵为长椭圆形,卵壳和蛋白质膜均较薄,卵内充满大小不等屈光性较强的卵黄颗粒。

重点提示

只有受精蛔虫卵才能在外界进行发育；虫卵表面的蛋白质膜可脱落，形成无色透明的脱膜卵，应注意与钩虫卵鉴别。

2. 生活史　成虫寄生于人体小肠，以肠内消化或半消化食物为营养，雌雄交配后雌虫产卵，卵随粪便排出体外；受精卵在潮湿、荫蔽、氧气充足、温度适宜的土壤中，经过大约 2 周的发育，卵内细胞发育为一条卷曲的幼虫，再经过约 1 周，卵内幼虫蜕皮 1 次成为感染期虫卵；感染阶段为感染期虫卵，人误食感染期虫卵污染的食物而感染，在小肠内幼虫孵出。幼虫钻入肠壁静脉或淋巴管，经肝、右心，到达肺，穿破肺泡毛细血管进入肺泡，在此停留 1～2 周，经第 2、3 次蜕皮后，沿支气管、气管移行至咽部，随人的吞咽动作再次进入小肠，经第 4 次蜕皮后发育为成虫。自人体感染到发育为成虫并产卵需 60～75d，成虫寿命约为 1 年(图 15-1)。

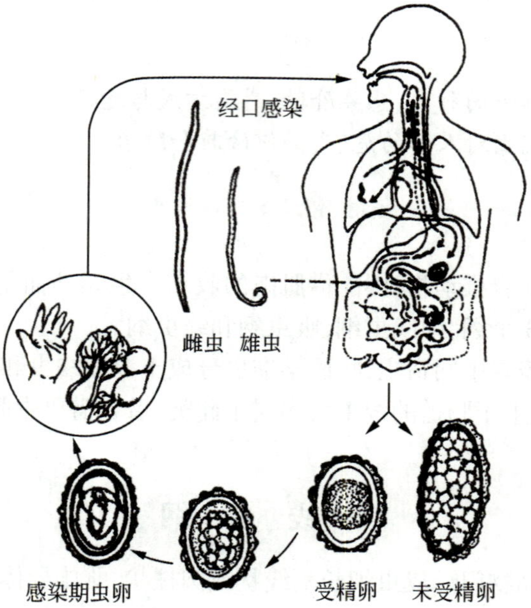

图 15-1　蛔虫生活史

重点提示

线虫幼虫发育为成虫一般需蜕皮 4 次。

3. 致病作用　幼虫和成虫均可对宿主造成损害。

(1)幼虫：少量幼虫移行至肺部时患者可无明显症状。大量幼虫在肺部移行时，可导致肺部点状出血，引起蛔蚴性肺炎。患者表现为发热、咳嗽、胸痛、痰中带血、哮喘等症状。

(2)成虫：成虫寄生于人体小肠不仅掠夺营养，而且损伤肠黏膜，导致消化不良和营养吸收障碍，引起营养不良，儿童严重感染甚至可导致发育障碍；患者常出现呕吐、脐周疼痛、腹胀等，常伴有间歇性夜惊、磨牙等神经精神症状；蛔虫代谢产物作为变应原，还可引起荨麻疹、皮肤瘙痒、血管神经性水肿等超敏反应。

蛔虫有钻孔的习性，特别当肠道内环境改变时(如发热、大量食入辛辣食物或使用驱虫药物不当等)，则可引起蛔虫在小肠移行乱窜，在肠腔内相互扭结成团阻塞肠腔，或钻入胆道、阑尾等，引起蛔虫性肠梗阻、胆道蛔虫病、蛔虫性阑尾炎或胰腺炎等并发症。

重点提示

幼虫和成虫均可对宿主造成损害，但对人的危害最大的是成虫所致的并发症。

4. 实验诊断　主要依据是粪便查虫卵和成虫，检查虫卵的常用方法有直接涂片法、饱和盐水漂浮法和沉淀法。

5. 防治方法　预防应采取综合性措施，包括查治患者和带虫者；加强粪便管理、卫生宣传教育等。目前常用的驱虫药有阿苯达唑、甲苯达唑等。

(二)蠕形住肠线虫

蠕形住肠线虫简称蛲虫，寄生于人体回盲部，引起蛲虫病，各年龄均可感染，但以儿童多见，尤其是幼儿园等集体机构中的儿童。

1. 形态

(1)成虫：虫体细小乳白色，呈线头状。雌虫较大，长 8~13mm，虫体中部膨大，尾端长直尖细；雄虫较小，长 2~5mm，尾端向腹面卷曲，雄虫在交配后即死亡，一般不易见到。

(2)虫卵：形似柿核，两侧不对称，一侧较平，一侧稍凸，卵壳厚，无色透明，内含一条卷曲的幼虫。

2. 生活史　成虫寄生于盲肠、结肠和回肠下段。以肠内容物、组织和血液为食。雌雄交配后，雄虫很快死亡，雌虫继续发育，待子宫内虫卵成熟后，雌虫下行至直肠，当宿主睡眠后，肛门括约肌松弛时，虫体自肛门爬出，在肛门周围及会阴皮肤皱褶处产卵。产卵后的雌虫大多自然死亡，极少数可返回肠腔，也可误入阴道、子宫、尿道等处异位寄生。

肛门周围的虫卵在适宜的条件下，约经 6h 发育为感染期虫卵。雌虫在肛周产卵引起局部瘙痒，患儿用手搔痒时，感染期虫卵污染手指，经肛门-手-口方式形成自身感染，感染期卵还可散落在被褥、衣物、玩具、食物上，经口感染人体；感染期虫卵被人吞食后，在十二指肠内孵出幼虫，幼虫沿小肠下行，在结肠内发育为成虫。人体自食入感染期卵至虫体发育为成虫产卵，经需 2~4 周。雌虫寿命为 1 个月左右(图 15-2)。

3. 致病作用　成虫可造成寄生部位的肠黏膜损伤，轻度感染可无明显症状，重度感染可引起营养不良和代谢紊乱；雌虫在肛周、会阴处产卵，刺激局部皮肤，引起肛周皮肤瘙痒，为蛲虫病主要症状，常用手抓挠，抓破皮肤可继发局部炎症。患者常有烦躁不安、失眠、夜惊、食欲减退、消瘦等症状。雌虫还可侵入阴道、尿道、子宫等处异位寄生，引起炎症。

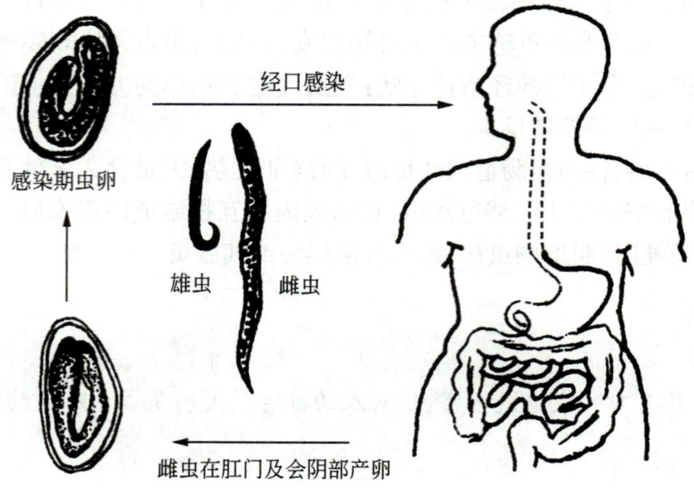

图 15-2　蛲虫生活史

4. *实验诊断*　根据蛲虫夜间肛周产卵的特性，可用透明胶纸法或棉拭子法于清晨排便前在肛周收集虫卵，也可于夜间直接肛周检查成虫。

5. *防治方法*　蛲虫的防治应以防止相互感染和自身体外重复感染为重点。教育儿童养成良好的卫生习惯，饭前便后洗手，不吸吮手指，勤剪指甲，勤换衣裤；玩具、食具经常清洁消毒；对儿童集中的托儿所、幼儿园、小学等进行定期普查普治。治疗的常用药物有阿苯达唑、甲苯达唑等；肛周局部外用药可用3%噻嘧啶软膏等。

（三）十二指肠钩口线虫与美洲板口线虫

寄生于人体的钩虫主要有十二指肠钩口线虫（简称十二指肠钩虫）和美洲板口线虫（简称美洲钩虫）。钩虫寄生于人体小肠上段，引起钩虫病。钩虫病是危害人民健康的重要寄生虫病之一。

1. *形态*

（1）成虫：虫体圆柱状半透明，长约 1cm，活时淡红色，死后呈乳白色。虫体前端有口囊，口囊两侧的头腺能分泌抗凝素；口囊腹侧，十二指肠钩虫有 2 对钩齿，美洲钩虫有 1 对板齿；雌虫稍大，尾端尖直；雄虫较小，尾端膨大，由角皮层向后延伸形成膜质交合伞，是鉴别钩虫虫种的重要依据。

（2）虫卵：呈椭圆形，无色透明，卵壳薄，卵内通常含 2~4 个卵细胞，卵壳与卵细胞之间有明显间隙，2 种钩虫虫卵形态相似，不易区别。

2. *生活史*　两种钩虫生活史基本相似，成虫寄生于人体小肠上段，以钩齿或板齿咬着于肠黏膜上吸食血液为食，雌雄交配后产卵，虫卵随粪便排出体外，在温暖、潮湿、荫蔽、含氧充足的土壤中，卵细胞不断分裂，经 1~2d 孵出杆状蚴，再经 5~8d，进行 2 次蜕皮后发育为具有感染能力的丝状蚴，丝状蚴与人体皮肤接触后，受人体温度刺激，活动能力增强，通过毛囊、汗腺或皮肤破损处钻入人体，在局部停留 24h，然后侵入血管或小淋巴管，随血液循环经右心至肺，穿破肺泡毛细血管进入肺泡内，再经支气管向上移行至咽，随吞咽活动，经食管、胃到达小肠，再经 10d 发育并 2 次蜕皮发育为成虫。自丝状蚴侵入皮肤至成虫交配产卵需 4~6 周，成虫寿命通常为 3~5 年(图 15-3)。

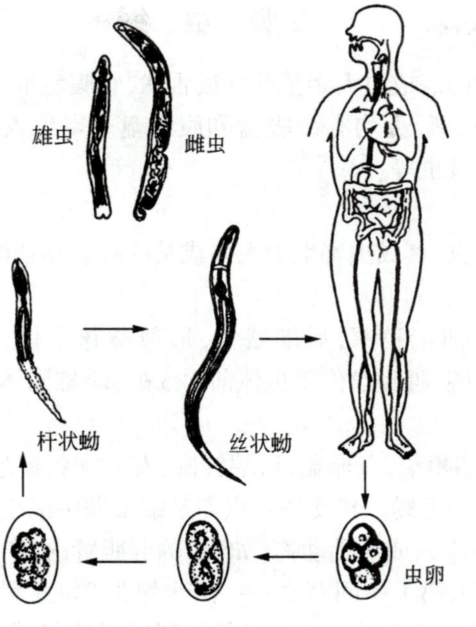

图 15-3　钩虫生活史

重点提示

①钩虫寄生部位在小肠上段;②感染阶段为丝状蚴;③感染方式主要经皮肤感染,也可经口腔黏膜。

3. 致病作用　两种钩虫的致病作用相似,丝状蚴的入侵、幼虫在机体内的移行以及成虫在小肠寄生均可对人体造成损害,但以成虫对人体的危害最大。

(1)幼虫致病:丝状蚴侵入人体皮肤,可引起局部皮肤奇痒和烧灼感,继而出现充血斑点或丘疹,称为钩蚴性皮炎。幼虫移行至肺,导致肺部的损伤,引起钩蚴性肺炎。

(2)成虫致病:钩虫以钩齿或板齿咬附在宿主肠黏膜上,吸食血液,同时头腺分泌抗凝素,阻止血液凝固,并不断更换吸血部位,新旧伤口继续渗血,造成人体长期慢性失血导致缺铁性贫血。轻度感染临床表现为皮肤蜡黄、黏膜苍白,乏力,劳动力减弱等,严重感染可有心慌、气促、下肢水肿等贫血性心脏病的症状。儿童严重感染可致发育障碍;妇女可出现闭经、流产等。少数患者还可出现“异嗜症”,喜食生米、生豆,甚至泥土、瓦片、破布等。这种喜食异物的现象称异嗜症。发生的原因不明,可能与铁的耗损有关。

4. 实验诊断　常采用直接涂片法、饱和盐水浮聚法查粪便中的虫卵,或采用钩蚴培养法查幼虫。其中饱和盐水浮聚法是诊断钩虫感染最常用的方法。

5. 防治方法　预防钩虫感染包括普查普治、加强粪便管理和个人防护等措施。个人防护可采取不赤足下地劳作,必要时在手足等皮肤暴露处涂抹 1.5% 左旋咪唑硼酸乙醇或硫化钾溶液等,可防止丝状蚴侵入。常用驱虫药物有甲苯达唑和阿苯达唑等。

二、吸 虫 纲

吸虫纲属于扁形动物门。成虫大多呈叶状或舌状,背腹扁平,雌雄同体;少数呈长圆柱状,且雌雄异体(如裂体吸虫)。吸虫均有口吸盘和腹吸盘。寄生人体吸虫主要包括:华支睾吸虫、卫氏并殖吸虫、日本血吸虫等。

(一)华支睾吸虫

华支睾吸虫又称肝吸虫,其成虫寄生于人体或某些哺乳动物的肝胆管内,引起肝吸虫病。

1. 形态

(1)成虫:虫体狭长,前端稍窄,后端略钝,形似葵花子仁,大小为(10~25)mm×(3~5)mm;口吸盘位于虫体前端,腹吸盘位于虫体前1/5处;雌雄同体,1对分支状睾丸,前后排列于虫体后1/3处。

(2)虫卵:黄褐色,前端稍窄,有卵盖,后端钝圆,有一疣状突起,卵盖周围的卵壳增厚形成肩峰,形似芝麻粒,卵内含一毛蚴。华支睾吸虫卵是蠕虫卵中最小者。

2. 生活史　成虫寄生于人或哺乳动物(如猫)的肝胆管内,产出的虫卵随胆汁进入消化道通过粪便排出。在水中侵入第1中间宿主——淡水螺类(如豆螺、沼螺等),在螺体内孵出毛蚴,再经胞蚴、雷蚴无性增殖为许多尾蚴;成熟的尾蚴自螺体逸出,在水中遇到第2中间宿主——淡水鱼、虾,侵入其体内发育为囊蚴。囊蚴是华支睾吸虫的感染阶段,囊蚴经消化道感染人体,在消化液的作用下,幼虫在十二指肠内破囊而出,逆胆汁至肝胆管内,发育为成虫,成虫寿命可达20~30年(图15-4)。

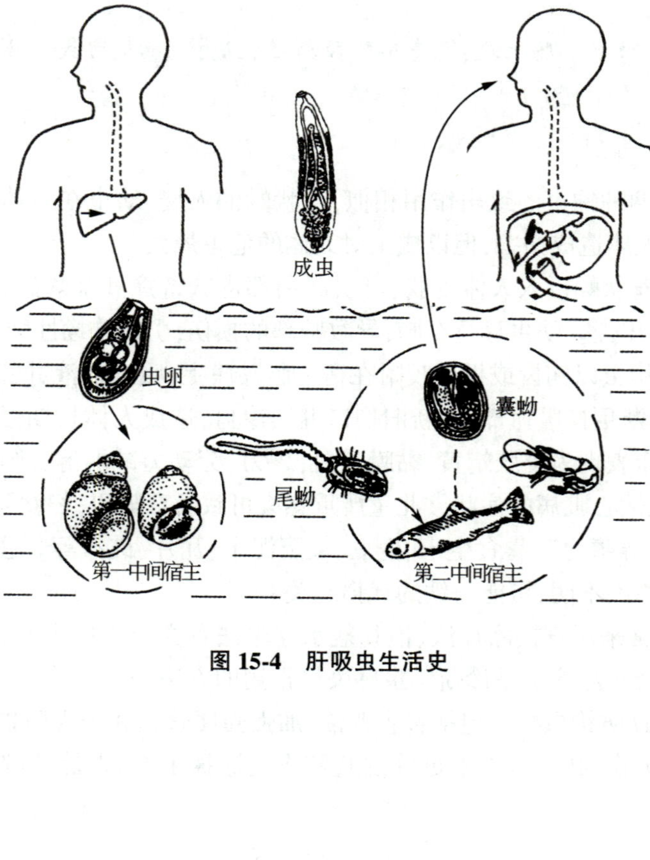

图15-4　肝吸虫生活史

重点提示

①肝吸虫成虫寄生于肝胆管;②感染阶段为囊蚴,感染方式是经口感染。

3. 致病作用　成虫的机械刺激及代谢产物作用,可引起胆管内膜及胆管周围的炎症或阻塞,轻者可无症状,严重感染可致腹痛、腹胀、食欲缺乏、肝区疼痛、消瘦等症状,甚至可出现肝硬化。儿童严重感染可致发育障碍,极少数可致侏儒症。死亡虫体、虫卵及脱落细胞等,可构成结石的核心,形成胆石症。

4. 实验诊断　粪便中查找到华支睾吸虫卵是确诊的依据。常用方法包括直接涂片法、集卵法、十二指肠胆汁引流法等。免疫学方法对该病的诊断也有一定的帮助。

5. 防治方法　积极开展普查普治;加强粪便管理;加强卫生宣传教育,改变不良饮食习惯,不生食或半生食鱼、虾。治疗药物有吡喹酮等。

(二)布氏姜片吸虫

布氏姜片吸虫简称姜片虫,寄生于人体小肠内,引起姜片虫病。

1. 形态

(1)成虫:虫体肥厚、扁平,形似姜片。活时为肉红色,死后灰白色。虫体大小为(20~75)mm×(8~20)mm,口吸盘较小,位于虫体前端,腹吸盘靠近口吸盘,呈漏斗状,较口吸盘大4~5倍,肉眼易见。

(2)虫卵:椭圆形,淡黄色,卵壳薄而均匀,一端有1个不明显的卵盖,内含1个卵细胞和20~40个卵黄细胞,是寄生于人体最大的蠕虫虫卵。

2. 生活史　成虫寄生于人或猪的小肠,虫卵随粪便排出进入水中,在适宜的温度下孵出毛蚴。毛蚴侵入扁卷螺体内,经胞蚴、母雷蚴、子雷蚴阶段无性增殖为许多尾蚴,成熟的尾蚴自螺体逸出,吸附于水生植物菱角、荸荠等表面形成囊蚴。囊蚴是布氏姜片吸虫的感染阶段。人或猪经食入囊蚴后,在消化液的作用下,囊内幼虫在小肠内脱囊而出,随即吸附于小肠黏膜,经1~3个月发育为成虫。成虫寿命1~4年(图15-5)。

3. 致病作用　成虫吸附于肠黏膜,可致局部炎症、出血、坏死,甚至形成溃疡或脓肿。常见临床表现有腹痛、腹泻、消化不良等,严重者可出现低热、贫血、腹水,甚至肠梗阻等。

4. 实验诊断　粪便中检查虫卵即可确诊。常用方法包括直接涂片法、离心沉淀集卵法等。

5. 防治方法　加强卫生宣传,不饮河塘生水,不生食菱角、荸荠等水生植物,加强粪便管理等。治疗药物为吡喹酮等。

(三)卫氏并殖吸虫

卫氏并殖吸虫简称肺吸虫。成虫寄生于人体肺组织,引起肺吸虫病。

1. 形态

(1)成虫:虫体肥厚,腹面扁平,背侧稍隆起,呈半粒黄豆。大小为(7.5~12)mm×(4~6)mm。口吸盘位于虫体前端,腹吸盘约在虫体腹面中部,口、腹吸盘大小相似。因卵巢与子宫并列于腹吸盘旁;睾丸两个,并列于虫体后1/3处,故得名为并殖吸虫。

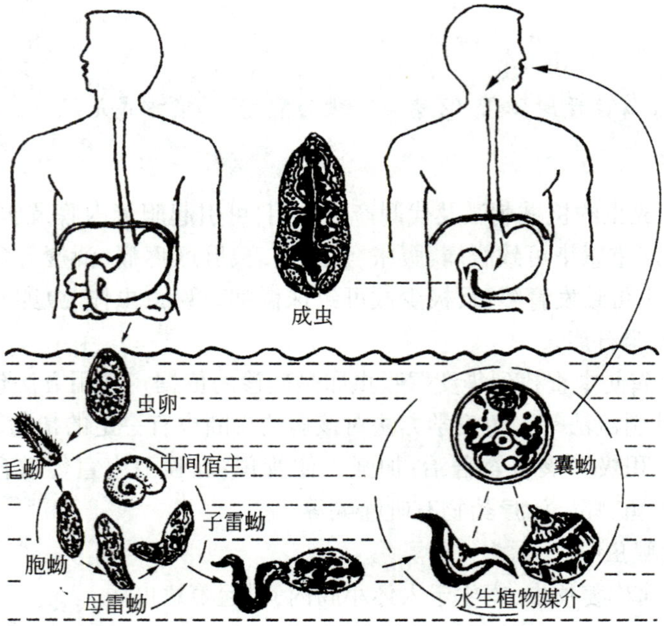

图 15-5 姜片虫生活史

(2)虫卵:椭圆形,金黄色,两侧多不对称,前端稍宽,卵盖大且明显,后端稍窄,卵壳厚薄不均,卵内含1个卵细胞和10余个卵黄细胞。

2. 生活史 成虫寄生于人或猫科和犬科等动物的肺组织,产出的虫卵随痰液排出或因咽下后再随粪便排出。虫卵进入水中,在适宜的温度下孵出毛蚴,毛蚴钻入第1中间宿主——川卷螺,经过胞蚴、母雷蚴、子雷蚴无性增殖为许多尾蚴。成熟的尾蚴自螺体逸出进入水中,遇到第2中间宿主——溪蟹、蝲蛄,侵入发育成囊蚴。囊蚴是卫氏并殖吸虫的感染阶段,囊蚴经消化道感染人体,在消化液作用下,幼虫脱囊而出,穿过肠壁,进入腹腔发育为童虫。童虫徘徊于各脏器之间或侵入组织,特别是肝,经1~3周移行窜扰后穿过膈肌经胸腔进入肺组织,发育为成虫并产卵。成虫寿命为5~6年,长者可达20年(图15-6)。

重点提示

①肺吸虫寄生部位在肺;②感染阶段为囊蚴;③感染方式是经口感染。

3. 致病作用 肺吸虫的童虫在人体组织器官内移行、窜扰,可引起相应组织损伤,甚至导致异位寄生。成虫寄生于肺组织,形成虫囊,引起肺吸虫病,临床表现为胸痛、咳嗽、咳痰、甚至咯血。

4. 实验室诊断 在痰液或粪便中找到虫卵、摘除的皮下包块中找到虫体即可确诊。常用方法包括直接涂片法、浓集消化法、活组织检查等,免疫学方法对该病的诊断也有所帮助。

5. 防治方法 积极开展普查普治;加强粪便管理;加强卫生宣传教育,不随地吐痰;改变不良饮食习惯,不生食或半生食溪蟹、蝲蛄。治疗药物有吡喹酮等。

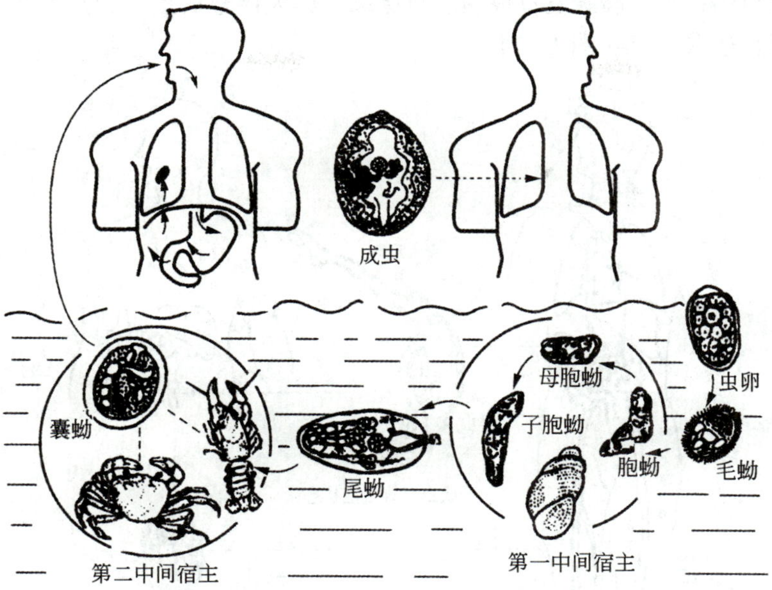

图 15-6　肺吸虫生活史

(四) 日本裂体吸虫

日本裂体吸虫简称血吸虫。成虫寄生于人肠系膜静脉内，引起血吸虫病。血吸虫病危害严重，是我国重点防治的寄生虫病之一。

1. 形态

(1) 成虫：虫体呈圆柱状，雌雄异体。雄虫粗短，乳白色，大小为(10～20)mm×(0.5～0.55)mm，口、腹吸盘均较发达，口吸盘位于虫体前端，腹吸盘突出如杯状，自腹吸盘以后虫体变宽，两侧向腹面卷曲形成抱雌沟。雌虫细长，灰褐色，大小为(12～28)mm×(0.1～0.3)mm，口、腹吸盘大小相等，雌虫常位于雄虫抱雌沟内，呈雌雄合抱状态。

(2) 虫卵：椭圆形，淡黄色，卵壳较薄，无卵盖，一侧有一小棘，卵壳外常附着坏死组织。卵内含一梨形毛蚴，毛蚴与卵壳之间可见大小不等的油滴状物质，为毛蚴分泌的可溶性虫卵抗原，并可释放到卵壳外，是虫卵的主要致病物质。

(3) 尾蚴：为叉尾型，包括体部和尾部，尾部又分尾干和尾叉。

2. 生活史　成虫寄生于人及其他多种哺乳动物的肠系膜下静脉血管内，以血液为食。当雌虫体内虫卵成熟后，雌虫逆血流到达肠黏膜下静脉末梢，并产卵于肠黏膜下静脉血管内。部分虫卵随血液到达并沉积于肝；部分虫卵滞留于肠黏膜下静脉血管内，由于虫卵可溶性抗原的释放，引起超敏反应，肠黏膜出现炎症、出血、坏死，在血流压力、腹内压的共同作用下，伴随肠道蠕动，坏死组织连同其内的虫卵被挤压进入肠腔并随粪便排出体外。虫卵进入水中，孵出毛蚴，毛蚴钻入中间宿主钉螺，在其体内经母胞蚴、子胞蚴等阶段无性增殖为许多尾蚴。尾蚴自螺体逸出，可在水面上游动。尾蚴是日本血吸虫的感染阶段。当人或哺乳动物接触到水中的尾蚴，尾蚴钻入皮肤而感染，脱去尾部发育为童虫。童虫经小血管或小淋巴管随血流经右心到肺，再由左心进入体循环，到达肠系膜动脉的童虫穿过毛细血管进入肝门静脉。初步发育后雌雄合抱，再移行至肠系膜下静脉发育成熟。自尾蚴感染人体至成虫产卵约需 24d，成虫的寿命约为 5 年，也可长达数 10 年(图 15-7)。

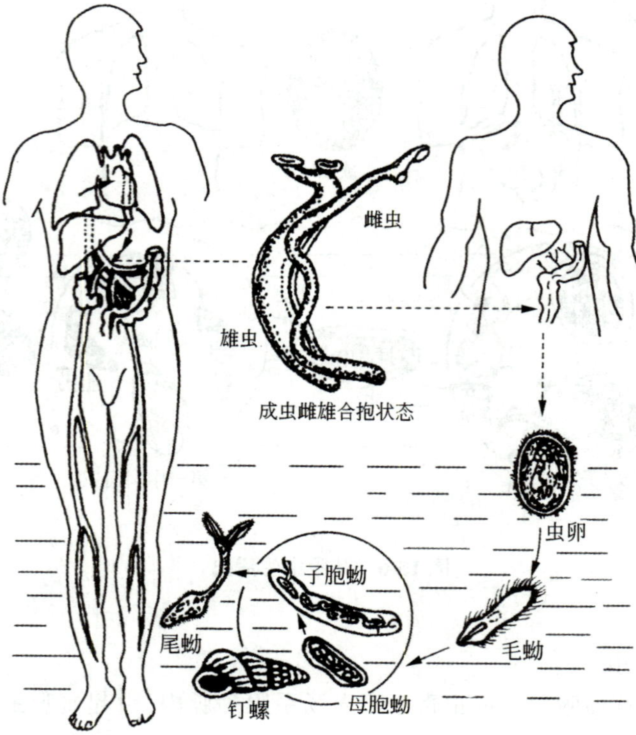

图 15-7 血吸虫生活史

3. 致病作用　成虫、虫卵、尾蚴和童虫均可致病，但以虫卵的危害最严重。

(1)尾蚴和童虫致病：尾蚴钻入皮肤可引起尾蚴性皮炎。童虫到达肺部可引起肺部炎症，患者可出现胸闷、咳嗽、咯痰、痰中带血和嗜酸粒细胞增多等。

(2)成虫致病：成虫可引起静脉内膜炎和静脉周围炎，其代谢产物等在宿主体内可形成免疫复合物，引起Ⅲ型超敏反应。

(3)虫卵致病：虫卵是日本血吸虫主要致病阶段。虫卵沉积于肝和结肠壁，不断释放可溶性抗原，导致淋巴细胞、巨噬细胞、嗜酸粒细胞等浸润，形成虫卵肉芽肿(Ⅳ超敏反应)，肉芽肿中心坏死即嗜酸性脓肿，随着病程的发展，卵内毛蚴死亡、组织修复，坏死组织逐步被吸收最后形成纤维化，破坏肝、肠组织结构，引起慢性血吸虫病。感染严重者由于肝纤维化可导致门脉高压、肝脾大、肝硬化等。

重点提示

血吸虫多个发育阶段都可对人体造成损害，但对人体危害最大的是虫卵，主要引起肝和结肠壁病变。

4. 实验室诊断　虫卵的检查是确诊血吸虫病的依据，常用的方法包括粪便直接涂片法、尼龙袋集卵法、毛蚴孵化法和直肠组织活检等。免疫学方法对该病的诊断也有一定的帮助。

5. 防治方法　采取综合性防治措施。积极治疗病人、病畜，首选药物是吡喹酮；加强粪便管理；消灭钉螺；做好个人防护，防止尾蚴感染。

三、绦　虫　纲

绦虫纲亦隶属扁形动物门。成虫背腹扁平，雌雄同体，分节呈链带状。虫体由头节、颈部和链体 3 部分；链体根据生殖器官发育成熟程度又分为幼节、成节和孕节。寄生人体绦虫主要包括链状带绦虫、肥胖带吻绦虫等。

(一)链状带绦虫

链状带绦虫又称猪肉绦虫、猪带绦虫或有钩绦虫。

1. 形态

(1)成虫：虫体扁平、分节呈链带状，乳白色，长 2～4m，虫体由 700～1000 个节片组成，包括头节、颈部和链体 3 部分。头节细小、似球形，直径为 0.6～1mm，有 4 个吸盘，有顶突，其周围有 2 圈小钩；头节后纤细、不分节的部分为颈部，5～10mm，有较强的生发能力；链体由幼节、成节和孕节组成。幼节短而宽，其内含有尚未发育成熟的生殖器官；成节略呈正方形，含有发育成熟的雌、雄生殖器官各 1 套；孕节呈长方形，节片中仅含有充满虫卵的子宫，子宫分主干和侧支，单侧子宫分支数为 7～13 个。

(2)虫卵：呈圆形，卵壳薄且易破裂，故镜检时不易查见。卵壳内为一较厚的胚膜，其上有放射状条纹，胚膜内含一个 6 钩蚴。

重点提示

各种绦虫虫卵形态相似，光镜下难以区别；头节的形态结构、孕节内单侧子宫分支数是鉴别虫种的关键。

(3)囊尾蚴：又称囊虫，卵圆形，黄豆大小，为白色透明、半透明的囊状物，囊内充满囊液，并可见白色点状向内凹陷的头节，其形态结构与成虫头节相同。

2. 生活史　成虫寄生于人体的小肠，以头节附着于肠黏膜。当孕节内虫卵成熟后，孕节常多节相连地从链体上脱落，脱落的孕节及其内的虫卵随粪便排出体外。孕节连同虫卵被中间宿主猪吞食后，虫卵在其小肠内经消化液作用，胚膜破裂，孵出 6 钩蚴，6 钩蚴钻入小肠壁，随血液到达全身各处，特别是运动较多的肌肉组织(股、腰、舌、心等)发育为囊尾蚴。含囊尾蚴的猪肉俗称为“米猪肉”或“豆猪肉”。囊尾蚴是猪肉绦虫的感染阶段。人因误食含活囊尾蚴的猪肉而感染，囊尾蚴在人体小肠内消化液作用下头节翻卷而出，吸附于肠壁，经 2～3 个月发育为成虫。成虫在人体内的寿命可达 25 年以上。

人除了作为终宿主外，同时也可成为该虫的中间宿主。虫卵通过自体体内感染、自体体外感染、异体体外感染方式感染人体，可在人体各组织中发育为囊尾蚴。囊尾蚴多寄生于人体的皮下、肌肉组织、脑、眼、心、肝、肺等处(图 15-8)。

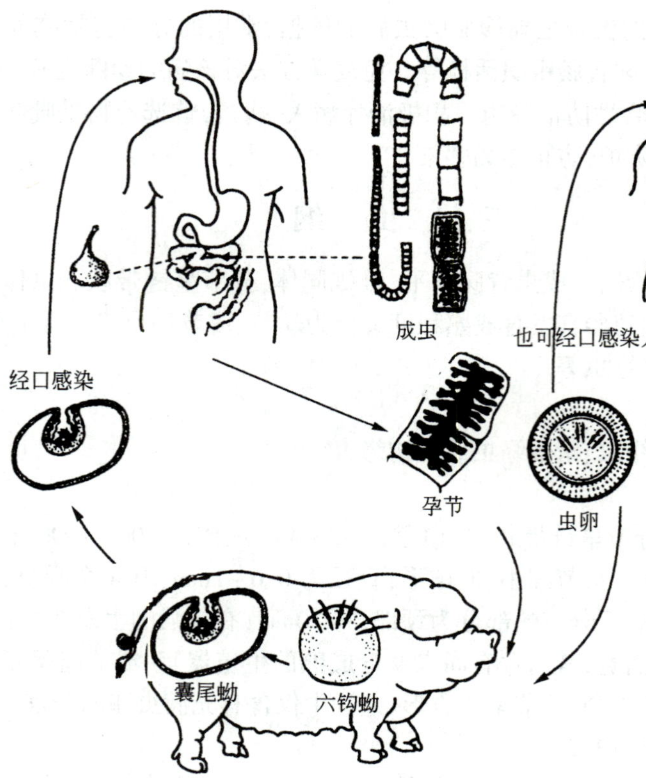

图 15-8 猪带绦虫生活史

重点提示

猪带绦虫有两个感染阶段，囊尾蚴和虫卵；感染囊尾蚴引起猪带绦虫病；感染虫卵引起猪囊虫病。

3. 致病作用 成虫和幼虫均致病，其中幼虫的致病引起囊虫病较为严重。

(1)成虫致病：成虫寄生于人体小肠，引绦虫病。一般无明显临床症状，感染较重者可有上腹不适、腹痛、腹泻、消瘦等。

(2)幼虫致病：囊尾蚴寄生人体引起囊虫病。囊尾蚴的致病性较强，其危害程度随感染的数量和寄生部位不同而异：脑囊虫病，可出现头痛、眩晕、呕吐、视力模糊、诱发癫痫等；眼囊虫病，可引起视力障碍甚至失明；皮下及肌肉囊虫病，可形成皮下结节、局部肌肉酸痛等。

4. 实验诊断 猪带绦虫病的诊断主要是检查粪便中虫卵或孕节，必要时可试验性驱虫。对皮下囊虫病的诊断可采用手术摘除，脑、眼囊虫病、可采用 X 线、B 超、CT 或 MRI(磁共振)等现代影像学检查方法，以协助诊断。

5. 防治方法 积极对病人进行治疗，既可消灭传染源又可预防囊虫病。改进养猪的方法严格肉类检疫，注意个人卫生、改变不良饮食习惯；治疗猪带绦虫病可用槟榔和南瓜子驱虫疗效较好，吡喹酮、甲苯达唑等均有驱虫效果；吡喹酮、阿苯达唑可使囊尾蚴变性、死亡，是治疗囊虫病的首选药物，根据病情囊虫病可采用手术摘除。

（二）肥胖带绦虫

肥胖带绦虫又称牛带绦虫、牛肉绦虫或无钩绦虫。成虫寄生于人体小肠引起牛带绦虫病。

牛带绦虫在形态、生活史等方面与猪带绦虫相似，尤其是虫卵，在光学显微镜下不易区别。但二者仍有一些差异，其主要区别见表 15-1。

表 15-1　猪带绦虫与牛带绦虫的主要区别

区别点	猪带绦虫	牛带绦虫
体长（m）	2～4	4～8
节片数	700～1000	1000～2000
头节	圆球形，具顶突及小钩	方形，无顶突和小钩
孕节	子宫分支不整齐，每侧分支数为 7～13	子宫分支整齐，每侧分支数为 15～30
感染阶段	猪囊尾蚴、猪带绦虫卵	牛囊尾蚴
中间宿主	猪、人	牛
孕节脱落情况	数节连在一起脱落，被动排出	单节脱落，常主动爬出肛门
致病性	猪囊虫病，猪带绦虫病	牛带绦虫病

讨论与思考

1. 线虫、吸虫、绦虫成虫形态有些什么主要区别？
2. 钩虫为什么会引起贫血？
3. 日本血吸虫卵为何可随粪便排出？

（李　英）

第二节　医学原虫

学习要点

1. 常见医学原虫的种类、感染阶段、感染方式
2. 常见医学原虫对人体的危害、实验诊断和防治
3. 溶组织内阿米巴引起的阿米巴痢疾肠壁溃疡的特点以及粪便特征
4. 疟疾周期性发作的典型临床症状与疟原虫在红细胞内裂体增殖的关系

原虫为单细胞低等动物。它们在自然界分布广泛，种类繁多。虫体微小，结构简单，须借助光学显微镜才能看见。多数营自生生活，少数营寄生生活，寄生于人体的原虫称为医学原虫。原虫依据其运动细胞器的有无和类型，分为叶足虫纲、鞭毛虫纲、纤毛虫纲和孢子虫纲四大类。

重点提示

医学原虫是寄生于人体管腔、体液、细胞或组织内的具有致病性的单细胞低等动物。

一、叶足虫纲

叶足虫是以伪足为运动细胞器的原虫。宽大叶状伪足可做变形运动,又称为阿米巴,其中对人类具有致病作用的为溶组织内阿米巴。

(一)溶组织内阿米巴

溶组织内阿米巴又称痢疾阿米巴,主要寄生于人体结肠内,在一定条件下可侵入肠壁组织,引起阿米巴痢疾;也可侵入其他组织器官,形成溃疡或脓肿,引起肠外阿米巴病。

1. 形态　溶组织内阿米巴的生活史中有滋养体和包囊2个发育阶段。

(1)滋养体:滋养体是原虫摄食、活动和繁殖的阶段。根据其大小、生理和寄生部位不同分为大滋养体和小滋养体。①大滋养体又称组织型滋养体,寄生于结肠黏膜、黏膜下及肠外组织器官中,如肝、脑、肺中;虫体较大,直径20~60μm,运动活泼;外形呈不规则,细胞质分为外质和内质,外质均匀、无色透明,常伸出伪足做定向阿米巴运动,内质呈颗粒状,内含细胞核、食物泡及被吞噬的红细胞。②小滋养体又称肠腔型滋养体,寄生于肠腔中;虫体较小,直径12~30μm,运动迟钝;内外质分界不明显,内质中可见被吞噬的细菌而无红细胞。

重点提示

胞质内有无被吞噬的红细胞是大滋养体与小滋养体的重要鉴别特征。

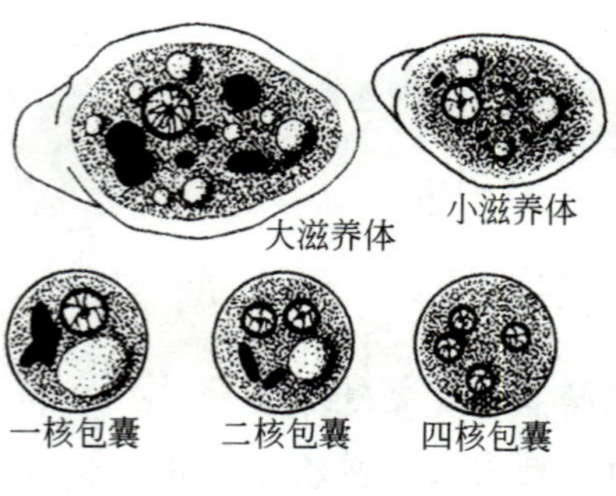

图15-9　溶组织内阿米巴

(2)包囊:呈球形,直径10~16μm,有未成熟包囊和成熟包囊之分。①未成熟包囊,内含1~2个细胞核,在囊内可见糖原泡及拟染色体;②成熟包囊又称四核包囊,是溶组织内阿米巴的感染阶段,内含4个细胞核,拟染色体及糖原泡随包囊的成熟而消失(图15-9)。

2. 生活史　溶组织内阿米巴发育基本过程是包囊→小滋养体→包囊。四核包囊污染水源和食物,经口感染,在十二指肠消化液的作用,囊壁变薄,虫体脱囊而出,四核虫体随即迅速分裂形成8个小滋养体,生活并定居在回盲部,以宿主肠黏液、细菌及消化食物为营养,并以二分裂法增殖。在结肠功能正常时,小滋养体在肠腔下段形成包囊,随粪便排出。此时的宿主为带虫者,是重要的传染源。

当人体免疫力下降、肠壁组织受损或肠功能紊乱时,肠腔内的小滋养体借伪足的运动和其分泌的溶组织酶、毒素侵入肠壁组织,吞噬红细胞和组织细胞变为大滋养体,并以二分裂法而大量增殖,致使局部肠黏膜和组织坏死,形成溃疡。肠壁组织内的大滋养体有时可侵入血流,并随血流到达肝、肺、脾、脑组织等器官寄生繁殖，引起相应脏器的病变。大滋养体也可随坏死组织落入肠腔，随黏液脓血便排出体外(图 15-10)。

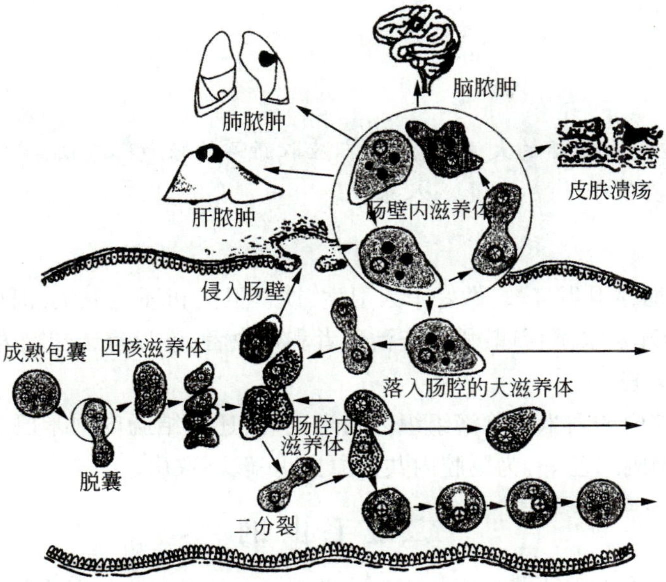

图 15-10　溶组织内阿米巴生活史

重点提示

①溶组织内阿米巴的致病阶段是大滋养体；②感染阶段是四核包囊；③感染途径是经口感染。

3. 致病作用　人体感染溶组织内阿米巴后，多数人表现为无症状的带虫者，带虫者为重要的传染源；当机体免疫力下降，可引起阿米巴病。

(1)肠阿米巴病：寄生于肠壁组织中的大滋养体能吞噬红细胞和组织细胞，分泌溶组织酶和毒素，引起组织溶解与坏死并形成口小底大烧瓶状溃疡，溃疡内的坏死黏膜组织、血液以及滋养体落入肠腔，出现痢疾症状，即阿米巴痢疾。典型的阿米巴痢疾粪便呈酱红色黏液血便，并有特殊的腥臭味。病变部位多发于盲肠、升结肠，其次为直肠、乙状结肠和阑尾，偶累及回肠。

(2)肠外阿米巴病：大滋养体可侵入肠壁血管，随血流至肝、肺、脑等部位，引起肝脓肿、肺脓肿和脑脓肿等肠外阿米巴病。

重点提示

①阿米巴痢疾肠壁溃疡的特点是口小底大呈烧瓶状；②典型的阿米巴痢疾粪便呈酱红色黏液血便，并有特殊的腥臭味；③肠外阿米巴病以阿米巴肝脓肿最常见。

4. *实验诊断* 病原学诊断主要是粪便镜检滋养体和包囊，方法有 0.9% 氯化钠溶液涂片法（检查活的滋养体）和碘液涂片法（检查包囊）等，对于肠外阿米巴病可应用超声波检查、计算机断层扫描等影像诊断。

重点提示

阿米巴痢疾主要是查活的大滋养体，标本应取新鲜的脓血黏液便，排便后立即送检，冬天注意保温，容器要洁净干燥，避免混入尿液。

5. *防治方法* 加强卫生宣教，做好个人卫生、饮食卫生和环境卫生，消灭苍蝇和蟑螂等传播媒介；加强粪便管理及水源管理；积极查治患者和带虫者，治疗首选药物为甲硝唑。

（二）结肠内阿米巴

寄生于人体肠腔内的阿米巴除溶组织内阿米巴外，还有结肠内阿米巴、哈内阿米巴、微小内蜒阿米巴及布嗜碘阿米巴等，为肠腔内共栖原虫，一般不致病。

二、鞭毛虫纲

鞭毛虫是以鞭毛作为运动细胞器的原虫。寄生于人体并对人体危害较大的鞭毛虫主要为阴道毛滴虫和蓝氏贾第鞭毛虫。

（一）阴道毛滴虫

阴道毛滴虫又称阴道滴虫，寄生于女性阴道、尿道及男性尿道、前列腺内，引起滴虫性阴道炎、尿道炎及前列腺炎。

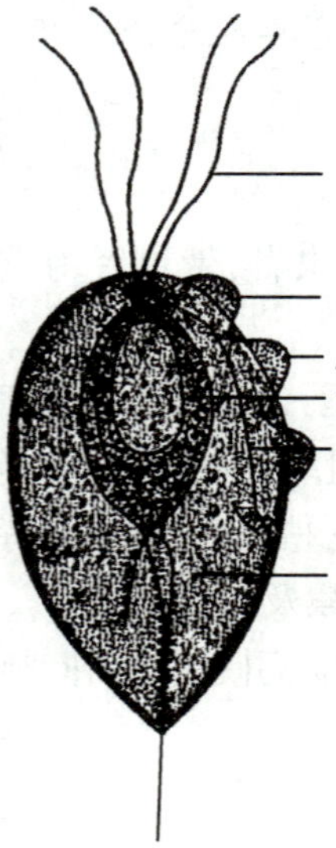

图 15-11 阴道毛滴虫

1. *形态* 阴道毛滴虫仅有滋养体期。滋养体呈梨形，大小为（7~32）μm ×（5~15）μm，在新鲜标本中，无色透明似水滴状。胞核位于虫体前端 1/3 处，为椭圆形，核的上缘有 5 颗排列成杯状的基体，由此发出 4 根前鞭毛和 1 根后鞭毛，后鞭毛向后伸展与波动膜外缘相连，波动膜位于虫体前半部的一侧，为虫体做螺旋式运动的器官。轴柱纤细透明，纵贯虫体并自后端伸出体外（图 15-11）。

2. *生活史* 阴道毛滴虫的生活史简单，滋养体既是本虫的感染阶段，又是致病阶段和繁殖阶段。滋养体以二分裂法繁殖，通过直接接触或间接接触方式进行传播。滋养体寄生于女性阴道内，多见于后穹窿处，也可在尿道内寄生；男性感染除寄生于尿道、前列腺外，也可在睾丸、附睾等处寄生。

3. *致病作用* 阴道毛滴虫感染人体后，能否致病与宿主内环境密切相关。正常情况下，健康女性的阴道内存在有乳酸杆菌，能酵解阴道上皮细胞内糖原产生乳酸，使阴道内保持一种酸性环境（pH 为 3.8~4.4），可抑制阴道毛滴虫和其他细菌的生长繁殖，称阴道自净作用。但在妊娠期、月经期、哺乳期或患有妇科病时，阴道 pH 接近中性，有利于滴虫和细菌生长，从而引起滴虫性阴道炎。常见症状为外阴瘙痒、白带增多呈黄色泡沫状，伴有特殊气味，严重时外阴部有灼热刺痛感。泌尿道如有感染时，可出现尿急、尿频、尿痛等症状，男性感染可引起滴虫性尿道炎和前列腺炎。

重点提示

①阴道毛滴虫生活史中只有滋养体期，其既是感染期又是致病期；②感染途径主要是接触感染。

4. *实验室诊断*　取阴道后穹窿分泌物、尿液沉淀物或前列腺分泌物 0.9% 氯化钠溶液涂片或涂片染色镜检，检出滋养体即可确诊。

5. *防治方法*　加强卫生宣教，注意个人卫生和经期卫生，不共用浴具，提倡淋浴；开展普查普治，对病人和带虫者进行及时有效的治疗，以减少和控制传染源，夫妻一方感染应双方同时治疗。首选药物为甲硝唑（灭滴灵），局部用 1∶5000 高锰酸钾溶液冲洗。

（二）蓝氏贾第鞭毛虫

蓝氏贾第鞭毛虫简称贾第虫，主要寄生于人体小肠内，引起以腹泻为主要症状的贾第虫病。该虫在我国分布广泛，儿童及旅游者感染率高，故称为“旅游者腹泻”。

贾第虫生活史包括滋养体和包囊 2 个阶段。滋养体形似纵切、倒置的半个梨，两侧对称，腹面扁平，背面隆起；腹面前半部向内凹陷形成吸盘状凹陷窝，借此吸附在宿主肠黏膜上。有 4 对鞭毛，活的虫体借鞭毛的摆动可做翻滚运动。包囊呈椭圆形，囊内可见鞭毛、轴柱、中央小体及 2~4 个细胞核。四核包囊为成熟包囊，是贾第虫的感染阶段。

人因误食四核包囊而感染，包囊在十二指肠内脱囊形成滋养体。滋养体主要寄生在十二指肠内，借吸盘状凹陷窝吸附于肠黏膜，以二分裂法增殖。若滋养体落入肠腔，在回肠下段或结肠内形成包囊，随粪便排出。腹泻时滋养体也可排出体外。人感染贾第虫，多数为无症状的带虫者，少数出现腹痛、腹泻、呕吐及发热等症状，腹泻呈水样便，量多、恶臭无脓血。有时虫体可寄生于胆道，引起胆囊炎和胆管炎。也可引起儿童贫血及营养不良。

三、孢子虫纲

孢子虫无明显运动细胞器，营寄生生活，主要寄生在宿主细胞内。生活史复杂包括无性生殖的裂体增殖和孢子生殖，有性生殖的配子生殖。危害较严重的是疟原虫和弓形虫等。

（一）疟原虫

疟原虫寄生于人体红细胞和肝细胞内，是疟疾的病原体。疟疾为我国五大寄生虫病之一。寄生于人体的疟原虫有 4 种，即间日疟原虫、恶性疟原虫、三日疟原虫和卵形疟原虫。我国以间日疟原虫多见。

1. *形态*　4 种疟原虫在红细胞内的各期形态不尽相同，是诊断、鉴别各种疟原虫的依据。经瑞氏或吉氏染色后，疟原虫的细胞质呈蓝色，细胞核呈红色，疟色素呈棕黄色。现以间日疟原虫为列描述其在薄血片染色后的各期形态特征。

（1）早期滋养体：又称环状体，是疟原虫侵入红细胞的最早发育时期。细胞核呈红色，细胞质蓝色，呈环状，形状像指环，由于虫体较小，也称小滋养体。被寄生的红细胞没有明显变化。

（2）晚期滋养体：由环状体发育而来，细胞核增大，细胞质增多，有伪足伸出，形状不规则，故又名阿米巴样滋养体或大滋养体。此期虫体胞质内开始出现细杆状、散在的棕黄色疟色素，被寄生的红细胞胀大、色变淡、出现红色的薛氏小点。

（3）裂殖体：晚期滋养体继续发育，虫体增大，伪足空泡消失，虫体变圆，细胞核分裂成 2～10 个，但细胞质尚未分裂，疟色素增多并开始集中，称为未成熟裂殖体；细胞核继续分裂成 12～24 个，细胞质也随之分裂，并包绕每个核形成相应数目的裂殖子，疟色素集中成块，称为成熟裂殖体。此时红细胞明显胀大，颜色变淡，可见染成淡红色的薛氏小点。

（4）配子体：红细胞内的疟原虫经过几次裂体增殖后，部分裂殖子进入红细胞后不再进行裂体增殖而发育成雌、雄配子体。雌配子体较大，细胞质致密呈深蓝色，核深红色，稍小，多位于虫体一侧；雄配子体较小，细胞质稀薄呈浅蓝色，核淡红色，稍大，多位于虫体中央。

重点提示

间日疟原虫在红细胞内的发育分为早期滋养体、晚期滋养体、裂殖体、配子体 4 个阶段，红细胞内各阶段形态有助于临床上疟疾的诊断。

2. 生活史　疟原虫的生活史包括在人体内和雌性按蚊体内发育和增殖。4 种疟原虫的生活史基本相同，以间日疟原虫为例简述如下（图 15-12）。

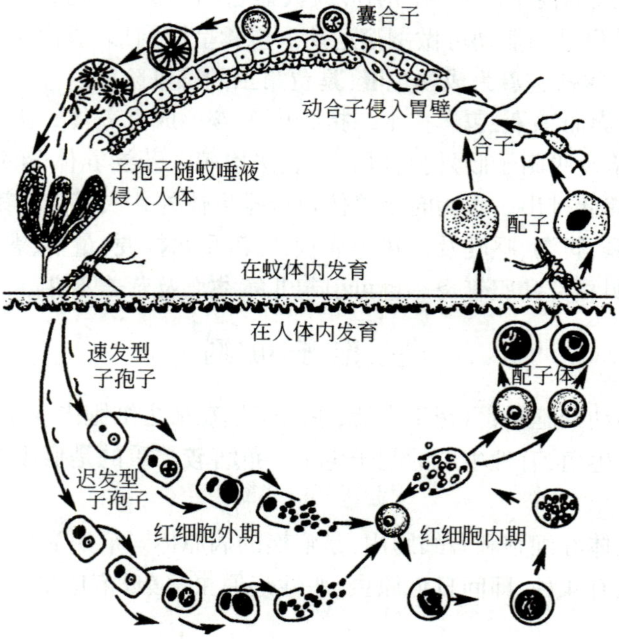

图 15-12　间日疟原虫生活史

（1）在人体内的发育：疟原虫寄生在人体，先后在肝细胞内（红细胞外期）和红细胞内（红细胞内期）发育增殖。

红细胞外期：当含有疟原虫的雌性按蚊叮咬人时，子孢子随蚊的唾液进入人体血液内，约 30min 侵入肝细胞。近年来认为间日疟原虫的子孢子在遗传学上具有 2 个不同的类型，即速发型子孢子和迟发型子孢子。速发型孢子在肝细胞内进行无性裂体增殖,形成红外期裂殖体。红外期裂殖体成熟后,胀破肝细胞释放出数以万计的裂殖子,部分裂殖子侵入红细胞,其余裂殖子则被吞噬细胞吞噬。而迟发型子孢子则经过一段休眠期后,才能完成红细胞外期的裂体增殖。休眠期的子孢子称之为休眠子,与疟疾的复发有关。

红细胞内期:肝细胞释放出的红外期裂殖子侵入红细胞,经早期滋养体、晚期滋养体、未成熟裂殖体发育成为成熟裂殖体。成熟裂殖体胀破红细胞,释放出裂殖子,一部分被吞噬细胞吞噬,一部分侵入正常红细胞重复裂体增殖。裂体增殖一代的时间,间日疟原虫为 48h,恶性疟原虫为 36~48h,三日疟原虫为 72h。红细胞内期疟原虫经过几次裂体增殖后,部分裂殖子侵入红细胞不再进行裂体增殖,而是分别发育成雌、雄配子体。

(2)在按蚊体内的发育:当雌性按蚊刺吸疟疾病人或带虫者血液时,疟原虫红内期各发育阶段随血流进入蚊胃,只有雌、雄配子体能存活并继续发育形成雌、雄配子。雌、雄配子受精结合形成合子,合子伸长能动成为动合子,动合子穿过胃壁,在蚊胃壁弹性纤维膜下形成囊合子,虫体在囊内迅速进行孢子增殖,形成数以万计的子孢子,最后到达蚊的唾液腺内。子孢子是疟原虫的感染阶段,当此按蚊再次叮咬人时,子孢子随唾液进入人体而感染。

重点提示

①疟原虫的感染阶段是子孢子;②传播媒介是雌性按蚊;③感染途径为经蚊叮咬。

3. 致病作用　疟疾潜伏期的长短与疟原虫的种株等因素有关,间日疟为一般 11~25d。疟疾的发作与红细胞内期疟原虫的裂殖体成熟后胀破红细胞,大量裂殖子、疟原虫的代谢产物、残余和变性的血红蛋白以及红细胞碎片等一并进入血流,刺激下丘脑的体温调节中枢有关。疟疾发作的典型表现为周期性寒战、高热和出汗退热的典型症状,称为疟疾发作。

疟疾发作的周期与疟原虫在红细胞内期裂体增殖的周期是一致的,即间日疟、卵形疟为隔日发作 1 次,三日疟为隔 2 日发作 1 次,恶性疟为 36~48h 发作 1 次。疟疾反复发作后,可引起贫血及脾大。贫血是疟疾患者常见的症状,而脾大是疟疾患者的主要体征。

再燃与复发:疟疾初发后,在无重新感染的情况下,残存于红细胞内的疟原虫大量繁殖,引起疟疾的再次发作,称为再燃,再燃的原因是由于疟原虫发生抗原变异及机体的免疫力下降所致。疟疾初发后,红细胞内的疟原虫已被消灭,在无重新感染的情况下,残存于肝细胞内的迟发型子孢子开始裂体增殖,引起疟疾的再次发作,称为复发。

此外,恶性疟患者可出现凶险型疟疾症状,其临床表现为持续性高温、剧烈的头痛、抽搐、昏迷、肾衰竭、严重贫血、剧烈腹泻,特点是病情凶险、发病急骤、病死率高。

重点提示

①典型疟疾发作的临床表现为周期性寒战、高热和出汗退热。②疟疾再燃是由于残存于红细胞内的疟原虫大量繁殖,引起疟疾的再次发作;疟疾复发是由于残存于肝细胞内的迟发型子孢子开始裂体增殖,引起疟疾的再次发作。

4. *实验室诊断* 病原学诊断简单方便，从受检者外周血液中检出疟原虫是确诊疟疾的最可靠依据。常采用厚、薄血膜联合检查法，即在同一张载玻片上同时进行厚、薄血膜涂片，经瑞氏或吉氏染色后镜检。采取血液标本的时间最好是在用药之前。恶性疟在发作时采血，间日疟在发作后数小时至10余小时采血可提高检出率。免疫学检查也可辅助诊断。

5. *防治方法* 采用综合性的防治措施。防蚊灭蚊，切断传播途径；对病人尽快控制并予以根治，对带虫者进行休止期治疗和抗复发治疗；对进入流行区的易感人群可通过服药进行预防；治疗药物有氯喹（杀灭红内期裂殖体）、伯氨喹（杀灭红外期疟原虫和血中配子体）等。

（二）刚地弓形虫

刚地弓形虫简称弓形虫。寄生于人和多种脊椎动物及鸟类的有核细胞内，造成多种脏器和组织损害，引起人畜共患的弓形虫病。也是一种重要的机会性原虫病，当宿主免疫功能低下或缺陷时，引起严重的临床表现。

弓形虫有5种不同形态的发育阶段：滋养体（又称速殖子）、包囊、裂殖体、配子体（包括雌、雄配子体）、卵囊；其生活史包括在终宿主体内的发育和中间宿主体内的发育。

1. *在中间宿主体内的发育* 成熟卵囊被人及其他中间宿主食入，子孢子在肠腔内逸出，侵入肠壁血管或淋巴管扩散到全身，并在脑、眼、心、肝、肺、肌肉及淋巴结内进行无性繁殖，形成假包囊。增殖到一定数量，宿主细胞破裂，速殖子释入血液及淋巴再侵入其他组织细胞。在机体免疫功能正常时，速殖子繁殖减慢，在其外形成囊壁，成为包囊。包囊为虫体在中间宿主体内的最终形式，可存活数月数年，甚至终生。

2. *在终宿主体内的发育* 终宿主为猫科动物。当猫食入成熟卵囊或动物肉中包囊及假包囊后，子孢子或滋养体侵入猫小肠绒毛上皮细胞内发育为裂殖体，进行裂体增殖，经数次重复裂体增殖后，部分裂殖子发育为雌、雄配子体，再发育为雌、雄配子，二者结合成为合子，再发育为卵囊。卵囊随粪便排出体外，通过食物感染中间宿主，或再感染终宿主。

重点提示

弓形虫寄生于人体组织器官的有核细胞内进行无性生殖，弓形虫的感染阶段多，有卵囊、包囊、假包囊。

滋养体是弓形虫的主要致病阶段。弓形虫在宿主细胞内反复增殖，破坏细胞，引起组织炎症和水肿。慢性感染时包囊一般不引起明显的病理反应，若包囊破裂可致炎症反应和坏死，或形成肉芽肿。

弓形虫病分先天性弓形虫病和获得性弓形虫病两种。先天性弓形虫病为母体内的虫体经胎盘传给胎儿，多影响胎儿发育，致畸或发生流产、死胎等。获得性弓形虫病多为长期隐性感染，少数出现淋巴结肿大、长期低热等症状。当机体免疫力下降时，如艾滋病、肿瘤等，可出现急性期病变，引起脑炎、脑膜炎、肺炎、心肌炎等。据报道，有6%～10%艾滋病患者并发弓形虫病，而艾滋病患者所患脑炎中有50%是由弓形虫引起。

目前国内外广泛使用的方法是用血清学方法检测患者血清中特异性抗体，用于弓形虫感染的辅助诊断和流行病学调查。

防治方法包括加强卫生宣传，普及弓形虫知识，不养猫等宠物，孕妇不要接触猫；加强饮食卫生,不食用未煮熟的肉类;定期对孕妇进行弓形虫抗体的检测,及时发现和治疗病人;治疗常用的药物有螺旋霉素、磺胺嘧啶、乙胺嘧啶等。

讨论与思考

1. 溶组织内阿米巴的四核包囊经口感染引起阿米巴病。

(1) 简述其生活史的基本形式和阿米巴痢疾肠壁溃疡的特点及粪便特征?

(2) 临床常见的肠外阿米巴病有哪些?

2. 疟原虫感染人体引起疟疾。

(1) 简述疟疾临床发作的特点和发作原因。

(2) 疟疾的再燃和复发有何区别?

(李 辉)

第三节 医学节肢动物

学习要点

1. 医学上最重要的危害人类健康的医学节肢动物
2. 常见医学节肢动物对人体造成的危害
3. 常见医学节肢动物可传播的病原体和引起的疾病

一、节肢动物的特征与分类

医学节肢动物是指直接或间接危害人类健康的节肢动物,主要有 5 个纲:昆虫纲、蛛形纲、唇足纲、甲壳纲和倍足纲,其中昆虫纲和蛛形纲在医学上意义最为重要。节肢动物的主要特征是:身体左右对称而分节;体表由坚硬的几丁质外骨骼组成;循环系统为开放式;发育过程有蜕皮和变态现象等。

昆虫从到卵到成虫的整个发育过程中,其形态结构、生理功能和生活习性等发生一系列变化,称为变态。变态可分为全变态和半变态两种。凡生活史经卵、幼虫、蛹和成虫 4 个发育时期,且各期的形态、生理及生活习性完全不同称为全变态,如蚊、蝇等。凡生活史经卵、若虫和成虫 3 个发育时期,若虫与成虫的形态和生活习性基本相似,称为半变态,如虱和蟑螂等。

1. 昆虫纲 虫体分头、胸、腹 3 部分,头部有触角一对,腹部有足 3 对,多数种类有翅 1~2 对。与人类疾病有关的主要有蚊、蝇、虱、蚤等。

2. 蛛形纲 虫体分头胸部及腹部 2 部分,或头、胸、腹合为躯体。无触角,无翅。若虫和成虫有足 4 对,幼虫足 3 对。具有医学意义的主要有蜱、螨类、蝎及某些蜘蛛等。

重点提示

昆虫的一生从体态到生活习性都以多变而著称。昆虫从到卵到成虫的整个发育过程中,其形态结构、生理功能和生活习性等发生一系列变化,称为变态。变态可分为全变态和半变态两种。

二、常见医学节肢动物的种类及对人体的危害

常见医学节肢动物的种类及对人体的危害,见表15-2。

表15-2 常见医学节肢动物的种类及对人体的危害

种类	传播方式	对人体的危害
蚊	叮咬、吸血	吸血、骚扰 传播丝虫病、疟疾、乙型脑炎、登革热、黄热病
蝇	机械性传播	骚扰,引起蝇蛆病 传播多种寄生虫病、细菌性疾病、病毒性疾病
蚤	叮咬、吸血	吸血、骚扰 传播鼠疫、鼠型斑疹伤寒
虱	叮咬、吸血	吸血、骚扰 传播流行性斑疹伤寒、回归热
螨	接触传播	疥螨引起疥疮 蠕形满引起寄生部位皮肤炎症反应,如毛囊炎、脂溢性皮炎、痤疮、酒渣鼻

(一)直接危害

1. 骚扰和吸血 吸血昆虫(如蚊、虱、蚤、臭虫、蜱、螨)通过叮刺吸血,造成骚扰,影响人们的工作和睡眠。

2. 蜇刺和毒害 有些节肢动物(如蜈蚣、蝎子、毒蜘蛛)有毒腺、毒毛或毒性体液,螫刺时分泌毒液注入人体而使人受害。螫刺人后,不仅引起局部红肿疼痛,还可出现全身中毒症状,甚至可导致呼吸衰竭死亡。

3. 过敏反应 节肢动物的唾液、分泌物、排泄物和皮壳等异种蛋白,可引起人体过敏反应。如尘螨引起的哮喘、鼻炎等。

4. 寄生 有些节肢动物的成虫或幼虫寄生于人体而致病。如蝇类幼虫寄生于胃肠、尿道或眼睛引起蝇蛆病,疥螨寄生于皮下引起疥疮,蠕形螨寄生于毛囊引起蠕形螨病等。

(二)间接危害

指医学节肢动物携带病原体传播疾病对人体的危害。按其传播过程中与节肢动物媒介的关系可分为以下2种。

1. 机械性传播 病原体在节肢动物的体表或体内,随节肢动物的活动被机械地携带、传播和扩散,无形态改变和数量增加,为机械性传播。如蝇传播痢疾或霍乱。

2. 生物性传播 病原体在节肢动物的体内,必须经过一定时间的发育和繁殖后,才能传播给新的宿主,为生物性传播。如蚊传播疟疾、丝虫病。

重点提示

医学节肢动物对人体的危害有直接危害和间接危害两大类,其中最重要的危害是间接危害。

讨论与思考

医学节肢动物对人体的危害既有直接危害又可传播病原体。

(1)你学过的医学节肢动物中对人体可造成哪些直接危害?举例说明。

(2)蚊、蝇、蚤、虱、螨分别传播哪些疾病。

(李 辉)

附录　病原生物与免疫学基础实验指导

实验室规则

病原生物与免疫学基础实验所接触的实验材料大多为病原微生物，稍有不慎，即可导致感染或污染，故要求同学们必须树立牢固的无菌操作观念，严格遵守下列实验规则。

1. 进入实验室必须穿工作服，离室时脱下并反折叠好，单独存放。工作服应经常清洗，保持洁净。

2. 带入实验室的实验指导、实验报告册和必要的文具，应远离操作台面，以防发生污染。其他与实验无关物品不得带入实验室。

3. 实验室内要保持安静，不得高声说话和谈笑，不要来回走动，以免影响他人。

4. 实验室内绝对禁止吸烟、饮食或用嘴湿润标签、舔铅笔等，不准口吸移液管。

5. 实验中要严格操作规程，集中精力完成各项操作。要仔细观察、及时记录和分析实验结果，并认真填写实验报告。

6. 实验中若不慎发生意外，如带菌材料破损或细菌污染桌面、地面、手、衣物及其他物品时，应立即报告老师及时进行处理，不得擅自处理。

7. 所有带菌材料均应按要求处理或放在指定地点，不得随意乱放，不能冲洗于水槽内。实验室内任何物品不得携出室外。

8. 要爱护公物。使用显微镜或其他贵重仪器时，须细心操作，倍加爱护。要节约实验材料，用毕后放回原处。若不慎损坏实验器材，应向老师报告，并进行登记。

9. 实验完毕，应整理实验用品并放回原处，清理桌面和地面，保持实验室整洁卫生。

10. 整理完毕，用消毒液泡手后再以清水洗净。离开实验室前关好水电、门窗。

（张晓红）

实验一　超 敏 反 应

（一）实验内容

豚鼠过敏反应。

（二）实验目的

观察豚鼠过敏反应的现象，分析并解释其发生的机制。

（三）实验材料

豚鼠、注射器、稀释的马血清（1∶2）、鸡蛋清（1∶2）。

（四）实验方法

示教或录像。

1. 取体重为250g左右的健康豚鼠2只，各皮下注射1∶2稀释的马血清0.1ml使之致敏。

2. 2~3周后，取1只豚鼠由心脏或耳静脉注入1∶2的马血清1ml，注射后密切观察豚鼠的反应。如果发生过敏反应，则注射后数分钟，发现豚鼠兴奋、不安、竖毛、搔鼻，继而抽搐、呼吸困难、大小便失禁，最后因豚鼠支气管平滑肌痉挛而导致窒息死亡。立即解剖，可见心脏仍在跳动，但有明显的肺气肿。

3. 对照注射将另 1 只豚鼠，由心脏或耳静脉注入 1∶2 的鸡蛋清，则不发生过敏反应。

(五)实验报告

记录豚鼠过敏反应的结果，并解释其发生机制。

（刘元洲）

实验二　免疫学应用

(一)实验内容

1. E 花环试验标本片观察。
2. 淋巴细胞转化试验标本片观察。
3. 玻片凝集试验。
4. 常用生物制品观察。

(二)实验目的

1. 掌握凝集反应的基本原理。
2. 熟悉常用的生物制品。

(三)实验材料

E 花环和淋巴细胞转化试验标本片、诊断血清、被检细菌、常用的各种生物制品。

(四)实验方法

1. E 花环试验标本片观察(示教)　在油镜下观察 E 花环示教片，淋巴细胞周围吸附 3 个以上绵羊红细胞即为 E 花环形成细胞。吸附绵羊红细胞的淋巴细胞即为 T 淋巴细胞，计致敏 T 细胞占淋巴细胞总数的百分比。

2. 淋巴细胞转化试验标本片观察(示教)　油镜下转化的淋巴细胞的特点，体积明显增大，是成熟淋巴细胞的 3~4 倍，染色质疏松成网状，核膜清晰，核内可见明显核仁 1~4 个。胞质丰富，嗜碱性，有伪足样突起，称为淋巴母细胞。

3. 玻片凝集试验(操作)

(1)原理：是用已知的诊断血清，与被检的未知细菌在玻片上进行凝集试验，如出现特异性凝集，可确定被检细菌的种属或型别。

(2)操作方法：取洁净的载玻片 1 张，用蜡笔分成 2 格，以灭菌接种环蘸取 0.9% 氯化钠溶液滴放于一侧作为对照，并用同样方法蘸取诊断血清 1 滴放于另一侧；用灭菌接种环挑取被检细菌少许，先放在 0.9% 氯化钠溶液内混匀，再蘸取混匀的菌悬液放入诊断血清中混匀；摇动玻片 2~3min 后观察结果。

(3)结果观察：若 0.9% 氯化钠溶液中的细菌不凝，而诊断血清内的细菌迅速凝集，为阳性；若 0.9% 氯化钠溶液和诊断血清中的细菌均不凝，为阴性；若 0.9% 氯化钠溶液和诊断血清细菌都发生凝集，则为假阳性，说明被检细菌有自凝现象。

4. 常用生物制品观察(示教)

(1)人工主动免疫常用生物制品:疫苗包括卡介苗、百日咳菌苗、百-白-破三联疫苗、脊髓灰质炎疫苗、麻疹疫苗、乙型肝炎疫苗、乙型脑炎疫苗、狂犬病疫苗、百日咳菌苗、腮腺炎疫苗、水痘疫苗、甲型肝炎疫苗等;类毒素包括白喉类毒素、破伤风类毒素。

(2)人工被动免疫常用生物制品:白喉抗毒素、破伤风抗毒素、丙种球蛋白、胎盘球蛋白、抗狂犬病毒免疫血清、多价肉毒抗毒素血清。

(3)免疫治疗常用生物制品:转移因子、干扰素、IL-2、胸腺素等。

(4)免疫诊断常用生物制品:伤寒O菌液、甲型 、乙型、丙型副伤寒H菌液,伤寒O诊断血清、伤寒H诊断血清,志贺菌诊断血清等。

(五)实验报告

1. 画出镜下所见E瑰玫花环、淋巴母细胞的形态。
2. 列出常用生物制品的用途及使用注意事项。

(刘元洲)

实验三　细菌的形态结构观察

(一)实验内容

1. 显微镜油镜的使用和保护。
2. 细菌的基本形态和特殊结构观察。
3. 细菌涂片制作方法及革兰染色法。

(二)实验目的

1. 学会显微镜油镜的使用与保护方法。
2. 能辨认显微镜下细菌的基本形态及细菌的特殊结构。
3. 学会制备细菌涂片,并熟悉革兰染色过程。

(三)实验材料

显微镜、各种细菌标本玻片、细菌基本形态和特殊结构标本片、擦镜纸、香柏油、二甲苯、滤纸、酒精灯、接种环、小滴管、载玻片、菌种、0.9%氯化钠溶液、革兰染液一套。

(四)实验内容

1. 显微镜油镜的使用与保护(操作)

(1)实验原理:香柏油与玻璃标本片的折光率很接近,因此,通过聚光器的光线经过玻璃标本片和香柏油后,不发生折射而直接进入镜筒,使观察到的物像更清晰。

(2)操作方法:用光学显微镜观察细菌时,通常选择的目镜为10×,物镜为100×(即油镜),其放大倍数为10×100=1000倍。将显微镜从镜箱中取出,平置于操作台上,按以下步骤操作。

①调节光源:旋转低倍镜至镜筒下方,再旋转粗调螺旋,使镜头和载物台距离在0.5cm为宜,上升聚光器使之与载物台表面相距1mm为宜;以左眼看目镜,调节反光镜。以自然光为光源用平面反光镜采光,以灯光为光源,用凹面反光镜采光;自带光源的显微镜通过调节灯光取得最合适的光亮度。

②油镜观察:在待观察的细菌染色标本片正面(有菌膜的一面)加一滴香柏油,将标本片平置于载物台上(载物台不可倾斜,否则香柏油会倾流出标本片而污染镜台,也不利于观察物

像),用弹簧夹固定好玻片,将有100×字样的油镜头转到对准载物台透光的位置,并扭动粗调螺旋,使油镜头浸入油中。用油镜观察时,宜用强光源。双目同时观看目镜内视野(若使用单目显微镜则以左眼观察),先小幅度调节粗调螺旋,看到模糊物像时,再调节微调螺旋,直到能看到清楚物像。使用推进器前后左右移动标本片以寻找最理想的观察目标。

观察完毕,将油镜头调离标本,用擦镜纸将油镜头上的香柏油擦拭干净。视油污情况可蘸取少许二甲苯辅助擦拭,再用擦镜纸将二甲苯擦净。将物镜转换成"八"字形,竖起反光镜(或关闭显微镜光源),下降镜筒和聚光器,罩好镜套,轻轻放入镜箱内。显微镜放置环境要注意通风干燥、防霉、防晒。油镜观察技术,须反复练习,方能熟练掌握使用。

2. 细菌的基本形态和特殊结构观察(操作)

(1)细菌基本形态观察:观察各类球菌、杆菌、弧菌的大小、形态、排列方式和染色。

(2)细菌特殊结构染色标本片:①荚膜,观察菌体与荚膜的区别,注意荚膜与菌体的颜色及荚膜的厚度;②鞭毛,观察鞭毛与菌体的颜色及鞭毛的形态、位置、数量;③芽胞,注意观察芽胞的位置、形态及芽胞直径与菌体横径的比例关系。

3. 细菌涂片制作(操作)

(1)涂片:在载玻片上加1滴0.9%氯化钠溶液,以无菌操作法用接种环取少许菌种,涂于载玻片的盐水中,涂匀呈混浊状的1cm左右的菌膜。

(2)干燥:将制成的涂片置于室温下自然干燥或微温干燥。

(3)固定:将载玻片迅速通过酒精灯火焰3次,进行固定。

4. 革兰染色法(操作)

(1)染色原理:细菌在碱性环境中带负电荷,易与带正电荷的碱性染料结合而着色。

(2)染色步骤:①初染,滴加结晶紫染液以覆盖菌膜,约1min,水洗;②媒染,滴加卢戈碘液,约1min,水洗;③脱色,滴加95%乙醇,轻微摇动载玻片,0.5~1min,水洗;④复染,滴加稀释复红,0.5~1min,水洗。用滤纸吸干,用油镜进行显微镜观察。

(3)结果判断:染成紫色,为革兰阳性菌(G^+菌),染成红色,为革兰阴性菌(G^-菌)。

(五)实验报告

1. 绘出显微镜下所观察到的细菌基本形态和特殊构造。
2. 简述革兰染色的步骤及染色结果。

(张小青)

实验四 细菌的培养与生长现象观察

(一)实验内容

1. 培养基种类介绍。
2. 细菌的接种方法。
3. 细菌的生长现象观察。

(二)实验目的

1. 了解常用培养基的种类。
2. 学会细菌的接种方法。
3. 学会观察细菌的生长现象。

（三）实验材料

各种类型培养基、大肠埃希菌和葡萄球菌菌种、酒精灯、接种环、接种针、记号笔、细菌培养箱等。

（四）实验方法

1. 培养基种类介绍（示教）

（1）按物理性状分为：液体培养基、半固体培养基和固体培养基。

（2）按用途分为：基础培养基、增菌培养基、选择培养基、鉴别培养基、厌氧培养基等。

2. 细菌接种法（操作）

（1）液体培养基接种法：①用右手取接种环，在酒精灯火焰上烧灼待冷；②取菌种洗入液体培养基中，烧灼试管口，塞好棉塞，烧灼接种环；③将接种的培养基标记后，置于 37℃ 恒温箱培养 24h，观察结果。

（2）半固体培养基接种法：①用右手取接种针，在酒精灯火焰上烧灼待冷。②取菌种直入半固体培养基距离管底 1/4 处，然后原路抽出。烧灼试管口，塞好棉塞，烧灼接种针。③将接种的培养基标记后，置于 37℃ 恒温箱培养 24h，观察结果。

（3）固体平板培养基接种法：常采用分区划线接种法，以达到分离细菌的目的，可得到单个细菌菌落。具体操作为：①用右手取接种环，在酒精灯火焰上烧灼待冷，取菌种。②左手取平板，稍稍开启皿盖，斜露一条缝，右手将接种环伸进平板表面，来回轻轻划线，约占平板 1/5，烧灼接种环待冷。③再将接种环伸入平板，在第一区划线处斜向相交 2～3 道划线后，然后做不相交划线，划完第 2 区，约占 1/5。烧灼接种环待冷；依次划完第 3、4、5 区（图附录-1），烧灼接种环待冷，并放回原位。④将接种的培养基标记后，置于 37℃ 恒温箱培养 24h，观察结果。

图附录-1　分区划线

（4）固体斜面培养基接种法：①用右手取接种环，在酒精灯上焰上烧灼待冷，取菌种。②左手取试管，烧灼试管口，拔去试管塞，将取有菌种的接种环由斜面底部向上划一直线，再由下至上在斜面上作曲线划线。③试管口烧灼后加塞，烧灼接种环。④将试管标记后，置于 37<℃ 恒温箱培养 24h，观察结果。

3. 细菌生长现象观察（示教）

（1）液体培养基中生长现象：浑浊生长、表面（菌膜）生长及沉淀生长。

（2）半固体培养基中生长现象：沿穿刺线生长（动力阴性）和扩散生长（动力阳性）。

（3）固体平板培养基上生长现象：菌落（注意观察其菌落的大小、形态、透明度、颜色、光滑与否及菌落周围有无溶血环等）。

（4）固体斜面培养基上生长现象：观察纯种细菌的生长现象。

（五）实验报告

记录细菌在不同培养基上的生长现象，分析其临床意义。

（张小青）

实验五　细菌的分布与消毒灭菌

(一)实验内容

1. 细菌在正常人体和自然界的分布检查。
2. 皮肤消毒试验。
3. 紫外线杀菌试验。
4. 药物敏感试验。
5. 实验室常用消毒灭菌器种类介绍。

(二)实验目的

1. 了解微生物在自然界和正常人体的分布,树立牢固的无菌观念。
2. 熟悉高压蒸汽灭菌器的使用方法及注意事项。
3. 观察紫外线杀菌作用。
4. 能正确报告细菌药敏试验的结果,分析其临床意义。

(三)实验材料

1. 仪器　高压蒸汽灭菌器、干烤箱、恒温培养箱、紫外线灯、煮沸消毒器。

2. 材料　普通琼脂平板、血琼脂平板、无菌棉拭子、无菌镊子、黑纸片、碘伏、无菌0.9%氯化钠溶液、记号笔、酒精灯、待测菌种、药敏纸片。

(四)实验方法

1. 细菌的分布检查(操作)

(1)物体表面细菌的分布:用无菌棉签按无菌操作法蘸取无菌0.9%氯化钠溶液,并在管内挤去多余水分,用沾有0.9%氯化钠溶液的棉签分别选择桌面、文具盒表面、窗台等不同部位涂抹后,再以棉签涂抹接种于普通平板表面,将平板标记后置于恒温箱培养18~24h,观察结果(观察细菌生长情况)。

(2)空气中细菌的分布:将普通琼脂平板盖打开,暴露于空气中约10min后,盖上平板盖,放置于恒温箱中培养24h后观察结果(可选择不同环境放置,细菌生长后,比较菌落数)。

(3)皮肤细菌的分布:用记号笔在无菌的基础培养基平板背面分区,然后将无菌棉签蘸取无菌0.9%氯化钠溶液并在管内挤去多余水分,用沾有0.9%氯化钠溶液的棉签分别在手指、面部等皮肤涂抹后涂抹接种于基础培养基平板不同区域内,放置于恒温箱内培养24h后观察结果。

(4)咽喉部细菌的分布:无菌棉签蘸取无菌0.9%氯化钠溶液并在管内挤去多余水分,以此棉签在咽喉部涂抹后以涂抹的方式接种于血平板,做好标记,然后放置于恒温箱内培养24h后观察结果。

2. 皮肤消毒试验(操作)　每两名同学取一个普通琼脂平板,用记号笔在平板的背面分5个区并标明序号,两人分别将没有消毒的手指指腹在基础培养基平板的两个分区轻轻内按压,再用碘伏消毒刚刚按压的手指的指腹后晾干,在基础培养基平板不同的分区轻轻按压(其中留一区做对照),放置于恒温箱中培养24h后观察结果。

3. 紫外线杀菌试验(操作)　①取细菌密划线接种于平板;②用小镊子取无菌黑色纸片贴于平板表面;③将此平板置于紫外灯下,打开平板盖,暴露培养基表面于紫外光下20~30cm处约30min;④取回平板,用镊子取出纸片焚烧;⑤盖上平板盖,置于37℃恒温箱培养24h,观察观察细菌生长情况。

4. 药物敏感试验(纸片法)(操作) ①取普通琼脂平板一个，在平板底部做好标记，以无菌操作法取菌种在平板表面均匀涂布3次，每次涂完后，平板旋转60°再行涂布，最后沿平板边缘涂布2圈。②小镊子蘸95%乙醇，于酒精灯火焰上烧灼灭菌3次，分别取药敏纸片贴于平板表面(每次贴纸片后小镊子于酒精灯火焰上烧灼灭菌)，纸片间距不少于24mm，纸片至平皿边缘距离不少于15mm。③平板置于37℃恒温箱培养24h，观察结果。④结果观察：观察药敏纸片周围有无抑菌环，用直尺从平板背面量取抑菌环直径(mm)，记录比较各抑菌环大小(一般以敏感、中度敏感、耐药3个等级报告结果)。

5. 常用消毒灭菌器介绍(示教)

(1)高压蒸汽灭菌器：使用时先向外筒中加水至标注线，把需要灭菌的物品放入内筒，盖好盖，将螺旋对称拧紧。打开排气阀，开始加热。待有大量蒸汽持续从排气阀排出(表明筒内冷空气已完全排出)时，关闭排气阀。此时筒内压力开始上升，注意观察压力表，当显示压力达到103.4kPa时，温度为121.3℃维持15~20min，可达到灭菌目的。灭菌完毕关闭热源，待压力下降到零时方可开盖取物。

(2)干烤箱：将待灭菌的物品充分干燥后包装好，置于烤箱内架板上，关好箱门通电加热，待温度上升至160~170℃时，维持2h。灭菌完毕，关掉电源，须待箱内温度自动降至50℃以下时，方可打开箱门取出物品，以防玻璃器皿发生爆裂。

(五)实验报告

1. 记录物体表面、空气、皮肤和咽喉部细菌检查结果。
2. 记录皮肤消毒试验和紫外线杀菌试验的结果并分析。
3. 记录药敏试验结果，根据教师所给判断标准，报告细菌的药敏结果。

(张小青)

实验六　常见病原菌

(一)实验内容

1. 各种常见病原菌的形态、特殊结构及培养物的观察。
2. 血浆凝固酶试验、抗“O”试验及肥达试验。
3. 抗酸染色法。

(二)实验目的

1. 辨认各种常见病原菌的形态、特殊结构及培养物的特点。
2. 理解血浆凝固酶试验、抗“O”试验及肥达试验原理、方法及临床意义。
3. 了解抗酸染色法的操作步骤及结果判断。

(三)实验材料

显微镜、香柏油、载玻片、试管、吸管、酒精灯、接种环、生物安全柜、试管架、水浴箱。各种病原菌染色标本、化脓性球菌和肠道杆菌培养物、生化反应培养基及试剂。

(四)实验内容

1. 常见病原菌形态及生长现象观察

(1)形态观察：显微镜下观察比较葡萄球菌、链球菌、肺炎链球菌、脑膜炎奈瑟、大肠杆菌、沙门菌、霍乱弧菌的形态、排列方式、染色性等;结核分枝杆菌抗酸染色标本片,观察结核杆菌的形态和染色性;白喉棒状杆菌异染颗粒标本片。

(2)特殊结构观察:①荚膜,肺炎链球菌的荚膜标本片;②鞭毛,伤寒沙门菌鞭毛标本片;③芽胞,炭疽芽胞杆菌、破伤风梭菌的芽胞标本片。

(3)化脓性球菌和肠道杆菌培养物观察:①观察葡萄球菌在营养琼脂、血液琼脂平板上的菌落形态、色素、是否存在溶血环;②观察大肠埃希菌、伤寒沙门菌在SS平板、半固体培养基中菌落大小、颜色等特征;双糖铁斜面培养基中的生化反应现象。

2. 血浆凝固酶试验——玻片法(操作)

(1)原理:致病性葡萄球菌能产生血浆凝固酶,能使抗凝的兔血浆或人血浆中的纤维蛋白原变成纤维蛋白,从而使血浆出现凝集现象。

(2)方法:①取0.9%氯化钠溶液,分别在载玻片两侧区域各加1滴;②按无菌操作方法用接种环取金黄色葡萄球菌培养物少许在玻片左侧盐水中研磨均匀,同法取表皮葡萄球菌于玻片右侧0.9%氯化钠溶液中磨匀作对照,观察有无自凝现象;③如无自凝,则在玻片左右两侧菌液中各加兔血浆1滴,摇匀。2min内如出现颗粒状凝集,即为阳性。

(3)临床意义:大多数致病性葡萄球菌能产生血浆凝固酶,而非致病性葡萄球菌则不能产生。因此,凝固酶是鉴别葡萄球菌有无致病性的重要指标。

3. 抗链球菌溶血素"O"试验——胶乳法(示教)

(1)原理:正常情况下,人体血清中含有一定量的抗"O"抗体,能与一定量的溶血素"O"特异性结合。当机体感染链球菌时,抗"O"抗体含量明显增高,除能与一定量的溶血素"O"结合外,还可与胶乳上的溶血素"O"结合,而使胶乳出现凝集。

(2)方法:略。

(3)临床意义:可作为急性肾小球肾炎、风湿热等与链球菌感染相关疾病的辅助诊断。

4. 肥达试验(示教)

(1)原理:用已知伤寒沙门菌O、H抗原,甲、乙、丙型副伤寒沙门菌鞭毛抗原与患者血清做定量凝集试验,以辅助诊断伤寒、副伤寒。

(2)方法:①取28支小试管分4排,每排7管排列于试管架上,于第一列上分别标明"O""H""PA""PB";②每管各加0.9%氯化钠溶液0.5ml;③每排第1管各加1∶10待检血清0.5ml,并做倍比稀释,即从每排的第1管开始轻轻混匀,然后吸取0.5ml置于第2管,如此类推,直至第6管混匀弃去0.5ml,第7管不加血清作为阴性对照,此时第1~6管的血清稀释度分别为1∶20、1∶40、1∶80、1∶160、1∶320、1∶640;④每排的第1~7管加相应诊断菌液(TO、TH、PA、PB)各0.5ml,至此第1~6管血清最终稀释度分别为1∶40~1∶1280;⑤混匀置室温或35℃温箱24小时后观察结果。

(3)结果判定:首先观察对照管,液体均匀混浊无凝集,但管底可有呈同心圆状的点状沉淀物,轻摇则消失,再分别与对照管比较观察各管的凝集情况。根据液体透明度和凝集块多少,以++++、+++、++、+、-等符号记录各管结果。以出现"++"凝集的最高血清稀释度为抗体效价。凝集程度判断标准是:

++++ 细菌100%凝集,管内液体清亮,可见管底有大片边缘不整的白色凝集物,轻摇时可见有明显的颗粒、薄片或絮状。

+++ 细菌75%凝集,液体轻度混浊,管底有边缘不整的白色凝集物,轻摇时也可见明显的颗粒、薄片或絮状。

++ 细菌50%凝集,液体较混浊,管底有明显可见的少量凝集物呈颗粒状。

+ 细菌25%凝集,液体混浊,管底凝集呈颗粒状,细小不易观察。

- 不凝集,液体混浊度及管底沉淀物与对照管相似。

5. 抗酸染色法(操作)

(1)方法:①涂片,用接种环挑取痰标本均匀涂布于载玻片上(厚涂片),在空气中自然干燥,经火焰固定;②抗酸染色法步骤,滴加苯酚复红液将涂膜覆盖,在酒精灯火焰上加热到有蒸气出现后放置10min,水洗;用3%盐酸乙醇脱色,直至红色染料基本脱净为止(脱色),水洗;滴加亚甲蓝染液(复染)1min,水洗,滤纸吸干后镜检。

(2)结果观察:结核分枝杆菌呈红色,为抗酸菌。染成蓝色的细菌为非抗酸菌。

(张晓红)

实验七 其他原核细胞型微生物及真菌

(一)实验内容

1. 螺旋体、立克次体、衣原体、支原体形态观察。
2. 真菌形态及培养物观察。

(二)实验目的

1. 辨认螺旋体、立克次体、衣原体、支原体的镜下形态及染色。
2. 熟悉真菌的基本形态、结构和菌落特征。

(三)实验材料

显微镜,螺旋体、立克次体、衣原体、支原体及真菌示教片,沙保琼脂斜面培养基。

(四)实验方法

1. 原核细胞型微生物形态观察(示教)

(1)螺旋体形态观察:①镀银染色观察,螺旋体呈棕色,螺旋密而整齐,有8~12个螺旋。②暗视野镜检,在黑的背景见钩体像一串发亮的微细珠粒,一端或两端弯曲成钩状。③回归热螺旋体姬姆萨染色,散在于血细胞间呈红色的螺旋体,螺旋稀疏而不规则。

(2)恙虫病立克次体的形态观察:细胞核呈紫红色,细胞质呈浅蓝色。在巨噬细胞胞质内有大量紫红色球杆状恙虫病立克次体,成堆密集于核旁。

(3)沙眼衣原体包涵体观察:姬姆萨染色后可见细胞质内排列疏松的包涵体,其内有许多染成深蓝色或暗紫色的原体和始体颗粒。

(4)肺炎支原体形态及菌落观察:形态多为球形小颗粒和较短的丝形体。菌落染色镜检,菌落被染成蓝色(中央深四周较浅),形状似油煎蛋样。

2. 真菌形态观察(示教)

(1)白色念珠菌革兰染色涂片:G^+圆形菌体,可见芽生孢子及假菌丝,出芽细胞呈卵圆形。

(2)新生隐球菌墨汁涂片:荚膜包围在菌体周围透明发亮,有时见发芽的菌体呈球形。

3. 真菌培养物观察(示教)

(1)酵母型菌落:白色菌落,圆形较大,边缘整齐,表面湿润光滑,如新型隐球菌。

(2)类酵母型菌落:似酵母型菌落,但菌落底层有假菌丝长入培养基内,如白色念珠菌。

(3)丝状型菌落:呈棉絮状菌落,底层有营养菌丝长入培养基内,菌落表面有气中菌丝,其表面和背面又可显示各种不同色素,如絮状表皮癣菌。

(五)实验报告

绘出镜下所见螺旋体和真菌形态图。

(李　辉)

实验八　病　　毒

(一)实验内容

1. 病毒包涵体形态观察。
2. 乙型肝炎病毒表面抗原(HBsAg)检测。

(二)实验目的

1. 初步认识病毒包涵体的形态特征。
2. 掌握 HBsAg 的检测及结果判断,并说出其临床意义。

(三)实验材料

狂犬病病毒和麻疹病毒包涵体染色标本片、显微镜、HBsAg 胶体金诊断试剂、一次性定量采血管、无菌采血针、血浆或全血标本(应尽量使用新鲜标本)、全血稀释液及待检血清等。

(四)实验方法

1. 病毒包涵体形态观察(示教)

显微镜下观察狂犬病病毒包涵体和麻疹病毒包涵体,注意包涵体的形态、着色性及在细胞内的位置。

2. HBsAg 检测(胶体金试纸法)(示教)

(1)实验原理:HBsAg 胶体金试纸法采用的是免疫层析技术。该法是以硝酸纤维膜为载体,利用微孔膜的毛细管作用,使待查标本从试剂条的加样区向另一端渗移,在其移动过程中可发生抗原-抗体反应。

(2)操作步骤:先将待检标本和试剂条恢复至室温(20~30℃)后再行操作。①打开密封桶,取出试剂条,立即封好密封桶(取出的试剂条须在 1h 内使用完毕)。②将试剂条下端的加样区浸入待检血清或血浆标本中(注意标本液面不得超过试剂条加样区的标记线)。若检测全血标本,可从耳垂、指尖或静脉采集。用一次性定量采血管吸取新鲜待检全血标本(50μl 左右),滴于试剂条的加样区。若血液黏稠影响渗移时,可在加样区滴加 1 滴(40~50μl)全血稀释液。③将试剂条放平,置于室温下 15min 内观察并记录实验结果。

(3)结果判断:①阳性,试剂条上在测试区和质控区各出现 1 条红色条带。表明标本中含有 HBsAg。②阴性,试剂条上仅在质控区出现 1 条红色条带。表明标本中未测出 HBsAg。③无效,试剂条上没有红色条带出现。表明操作过程不准确或试剂条已失效。

(五)实验报告

1. 绘出狂犬病病毒包涵体和麻疹病毒包涵体的镜下形态。
2. 记录并分析 HbsAg 胶体金试纸法的实验结果。

(崔　佳)

实验九 医学蠕虫

(一)实验内容

1. 常见蠕虫卵、幼虫、成虫镜下及大体标本观察。

2. 粪便直接涂片法。

3. 饱和盐水浮聚法。

(二)实验目的

1. 熟悉常见蠕虫成虫、幼虫、中间宿主的形态特征。

2. 熟悉常见蠕虫卵的形态特征。

3. 学会粪便直接涂片法,了解饱和盐水浮聚法。

(三)实验材料

示教标本、显微镜、载玻片、竹签、0.9%氯化钠溶液、饱和盐水、浮聚瓶等。

(四)实验方法

1. 常见蠕虫卵、幼虫、成虫镜下及大体标本观察(示教)

(1)蛔虫、钩虫、蛲虫、肝吸虫、姜片虫、肺吸虫、日本血吸虫、猪肉绦虫、牛肉绦虫等成虫标本的观察。

(2)蛔虫、钩虫、蛲虫、肝吸虫、姜片虫、肺吸虫、日本血吸虫、猪肉绦虫、牛肉绦虫等虫卵标本的观察。

(3)蛔虫含蚴卵、日本血吸虫毛蚴、尾蚴、猪肉绦虫孕节、牛肉绦虫孕节、猪肉绦虫囊尾蚴、牛肉绦虫囊尾蚴观察。

(4)肝吸虫、姜片虫、肺吸虫、日本血吸虫中间宿主的观察。

2. 粪便直接涂片法(操作)

(1)取干净载玻片1张,于中央滴加0.9%氯化钠溶液1滴。

(2)用竹签蘸取少量粪便,均匀涂抹于0.9%氯化钠溶液中,使成半透明的粪浆,并利用竹签涂抹成直径约为1.5cm椭圆形的粪膜。

(3)先用低倍镜浏览全片,再换高倍镜仔细观察、辨认。镜检时镜台要平放,光线不宜过强。

(4)按顺序移动视野,观察全片,临床为提高检出率需连续检查3张涂片。

3. 饱和盐水漂浮法(操作)

(1)用竹签取黄豆大小的粪便放入浮聚瓶内。

(2)加少量饱和盐水调匀成粪浆。

(3)再用滴管缓慢加入饱和盐水使液面略高于杯口,但不外溢为度。

(4)取一载玻片盖在杯口上,使与液面完全接触(不要有气泡),静置15min。

(5)将载玻片迅速翻转提起,盖上盖玻片。

(6)先用低倍镜观察,再用高倍镜仔细观察。

(五)实验报告

1. 描述镜下所见虫卵的形态特征。

2. 绘出蛔虫、钩虫、蛲虫、肝吸虫、姜片虫、肺吸虫、血吸虫、绦虫卵。

(李 英)

实验十　医学原虫与医学节肢动物

（一）实验内容

1. 常见原虫形态观察。

2. 医学节肢动物标本观察。

3. 蠕形螨检查。

（二）实验目的

1. 认识溶组织内阿米巴大滋养体和包囊的形态。

2. 认识阴道毛滴虫的形态。

3. 认识间日疟原虫滋养体、裂殖体、配子体的形态。

4. 了解蚊、蝇、蚤、虱、蜱、螨的形态。

（三）实验材料

示教标本、显微镜、载玻片、盖玻片、香柏油、透明胶纸、甘油、痤疮压迫器等。

（四）实验方法

1. 常见原虫形态观察（示教）

（1）溶组织内阿米巴滋养体活体标本的显微镜观察。

（2）溶组织内阿米巴大滋养体及包囊染色玻片标本的显微镜观察。

（3）阴道毛滴虫染色标本的显微镜观察。

（4）间日疟原虫早期滋养体、晚期滋养体未成熟裂殖体、成熟裂殖体以及雌雄配子体染色标本的油镜观察。

（5）蚊、蝇的针插标本观察。

（6）家蝇卵、幼虫和蛹的大体标本观察。

（7）蚤、虱、蜱、螨的成虫玻片标本观察。

2. 蠕形螨检查（操作）

（1）透明胶纸粘取法：取 5cm 长的透明胶纸于睡前粘贴于面部的鼻、鼻沟、额等处，次日清晨取下透明胶纸粘贴在载玻片上镜检。镜检时光线略弱。

（2）挤压涂片法：用痤疮压迫器刮取，或用手挤压受检部位皮肤，将刮出物置于载玻片上，加甘油 1 滴，铺开，加盖玻片镜检。镜检时光线略弱。

（五）实验报告

1. 绘出镜下溶组织内阿米巴大滋养体和包囊的形态图。

2. 绘出镜下阴道毛滴虫染色标本图。

3. 绘出镜下间日疟原虫红细胞内期各期形态图。

（李　辉）

《病原生物与免疫学基础》数字化辅助教学资料

一、网络教学资料

1. 网址 www.ecsponline.com/topic.php? topic_id=29

2. 内容

(1)教学大纲及学时安排

(2)教学用 PPT 课件

二、手机版数字化辅助学习资料

1. 网址(二维码)

2. 内容

(1)知识点/考点标注

(2)练习题:每本教材一套,含问答题、填空题、选择题等多种形式

(3)模拟试卷

三、相关选择题答案

第 1 章　免疫学概述

1. D　2. E　3. E　4. A　5. B　6. D　7. A　8. B　9. C

第 2 章　抗原

1. B　2. C　3. E　4. A　5. D　6. D　7. D　8. D　9. B　10. A　11. E　12. E　13. E　14. B　15. D

第 3 章　免疫系统

1.B　2.B　3.D　4.B　5.B　6.B　7.E　8.C　9.E　10.D　11.A　12.C　13.E　14.A　15.B　16.B　17.C　18.E　19.B　20.B　21.A　22.E　23.B　24.D　25.E　26.A　27.C

第 4 章　免疫应答

1. E　2. C　3. A　4. C　5. A　6. E　7. D　8. E　9. B　10. B　11. A　12. D　13. C　14. D　15. C　16. A　17. E

第 5 章　临床免疫

1. D　2. C　3. D　4. C　5. C　6. D　7. C　8. B　9. D　10. D　11. D　12. E　13. B　14. A　15. D　16. C　17. B　18. B　19. D　20. D　21. E　22. C

第 6 章　免疫学应用

1. D　2. C　3. D　4. B　5. B　6. B　7. A　8. E　9. C

第 7 章　微生物概述

1. D　2. C　3. D　4. C　5. B　6. A　7. B

第 8 章　细菌概述

1. A　2. D　3. C　4. A　5. C　6. B　7. D　8. A　9. D　10. B　11. A　12. C　13. A

14. A 15. D 16. C 17. E 18. C 19. E 20. D 21. C 22. C 23. D 24. A 25. E 26. D 27. A 28. E 29. C 30. C 31. C 32. D 33. B

第 9 章 常见病原菌

1. D 2. D 3. D 4. B 5. B 6. D 7. E 8. D 9. D 10. D 11. E 12. A 13. B 14. D 15. A 16. C 17. B 18. E 19. C 20. B 21. A 22. D 23. D 24. A 25. D 26. A 27. B 28. E 29. D 30. D 31. E 32. B 33. D 34. B 35. E 36. D 37. E 38. D 39. D 40. E 41. D 42. C 43. D 44. A 45. C 46. E 47. E 48. C 49. E 50. E

第 10 章 其他原核细胞型微生物

1. A 2. C 3. E 4. C 5. B 6. B 7. C 8. B 9. E

第 11 章 真菌

1. B 2. D 3. E 4. D 5. C 6. E 7. D

第 12 章 病毒概述

1. D 2. A 3. A 4. C 5. D 6. E 7. C 8. E 9. C 10. A 11. C 12. C 13. C 14. C

第 13 章 常见病毒

1. B 2. B 3. E 4. C 5. C 6. C 7. B 8. E 9. E 10. C 11. B 12. C 13. C 14. C 15. E 16. A 17. C 18. A 19. D 20. E 21. A 22. D 23. C 24. D 25. C 26. C 27. E 28. E 29. D

第 14 章 人体寄生虫学概述

1. A 2. B 3. B 4. C 5. D 6. C 7. E 8. B

第 15 章 常见人体寄生虫

1. B 2. B 3. C 4. C 5. D 6. D 7. A 8. B 9. A 10. E 11. C 12. E 13. C 14. B 15. C 16. D 17. C 18. E 19. B 20. B 21. C 22. C 23. D 24. A 25. C 26. A 27. C 28. B 29. C 30. D 31. E 32. C 33. B 34. A 35. D 36. A 37. D 38. C 39. D 40. A 41. D 42. B